人間関係のゲーミング・シミュレーション

共生への道を模索する

藤原武弘【編著】
FUJIHARA Takehiro

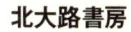

北大路書房

まえがき

　本書の最終的なねらいは，実験・実習・トレーニングに参加することで，社会心理学の理論と方法を学び，それと同時に他者や他集団と協調・共生する道を模索することにある。実験・実習・トレーニングに参加することと述べたが，正確にはゲーミング・シミュレーションに参加することで，疑似的に葛藤を体験し，その体験の中から共存の道を考えるためのヒントが得られるのではと思って本書を企画した。何のためにゲーミング・シミュレーションを行なうのか？　どのようにゲーミング・シミュレーションを行なえばよいのか？　ゲーミング・シミュレーションからどのような知見が得られるのか？　といった問いに答えるために，本書は，ゲーミング・シミュレーションの背景や理論，実施方法，適用研究例から構成しようと試みた。

　とはいっても，ゲーミング・シミュレーションとは何を意味するのだろうか？「ゲーム的側面をもったシミュレーションの活動」（新井, 1998）という定義はあるが，単に言葉を言い換えたにすぎないように思われる。そこで筆者なりに定義すると，ゲーミング・シミュレーションとは，現実を抽象化した仮想空間を舞台にして，複数の参加者が決められたルールに従い，コミュニケーションにより情報を交換しながら，意思決定や決断を行なうことで一定の課題を解決するプロセスであるといえるかもしれない。ゲーミング・シミュレーションに参加する主体や提供される場は，あくまで仮想であり，参加者は決められたルールに従い，ある種の役割を演じるのである。

　本書の章立てを計画するにあたって参考にした次元の1つは，発見的−検証的である（Duke, 1974）。デューク（Duke, R. D.）自身はこれらの次元の詳しい説明をしていないが，発見的は具体的，直観的，感情的という言葉に，検証的は抽象的，論理的，認知的という言葉に置き換えてもよいかもしれない。もう1つの次元は，研究や分析対象がマイクロ・レベルか，マクロ・レベルかということである。マイクロな対象とは，個人内・個人間のレベルを意味する。個人内レベルの意味は，個人が頭の中で感じ，考え，意思決定するという行動である。そして個人間レベルとは，2人の人間が話し合う，協力する，争う，憎みあうといった行為である。マクロな対象とは，集団内での行為や集団間の行為を意味する。具体的には数人からなる小集団内でのコミュニケーション活動，役割行動，集団内

で生じる心情関係等のことである。集団間レベルとは，自分が所属している集団と他者が所属している集団との協力関係，ある人種集団と別の人種集団との抗争関係等をさす。

この2つの次元を組み合わせると図に示したように，4つのパターンができあがるので，本書の章立ては4つの象限から位置づけることができる。

第1象限では，発見的な個人内葛藤の問題の1つとして，喪失を取り上げた映画を鑑賞することで，疑似的に喪失を体験させ，その問題について思索を深めさせる。第2象限は検証的な個人間葛藤で，囚人のジレンマゲームや最後通牒ゲーム，売り手と買い手の取引ゲームを紹介する。刺激条件として利得行列が操作可能であり，またミニマックス解といった数学的な解も存在することから，この象限のゲーミング・シミュレーションはすぐれて検証的，論理的な性格をもつ。第3象限では，集団内・集団間の葛藤問題で，個人の意見と集団の意見の軋轢，社会的ジレンマ事態における集団間関係ゲーム，イノベーション（革新）とイミテーション（模倣）の集団決定の問題を取り扱う。最後に第4象限では，異文化交流や適応のために開発されたゲーミング・シミュレーションが含まれる。具体的には，バーンガ（Barnga）というゲームを通じての異文化接触の疑似体験，異言語交流ゲームとその教育効果，ソーシャルスキルの訓練の問題を扱う。

ただし本書では，社会心理学の領域で開発されたゲームをすべて網羅したわけではない。たとえば，淡路・阪神大震災を契機に開発された防災ゲーム「クロスロー

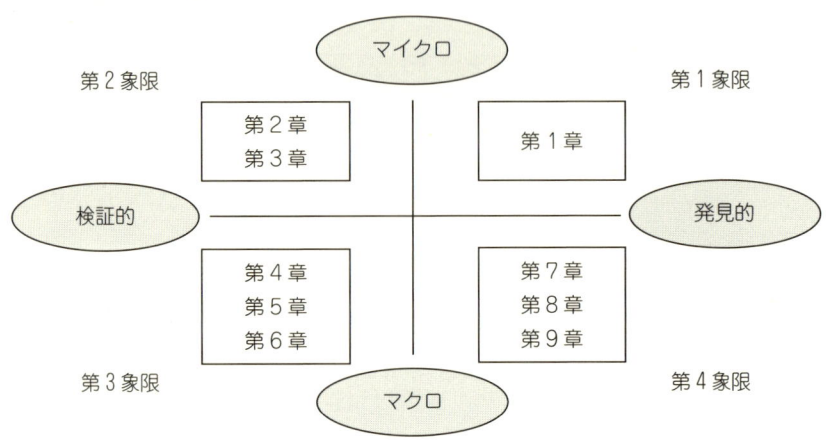

ド」(矢守ら, 2005) や現在開発途上にある広域災害における避難所運営ゲーム (松井ら, 2004) などは, 著書や学会論文集がすでに出版されているので, そちらを参照していただきたい。また本書で紹介されている適用研究例の多くは, 文部科学省 21 世紀 COE プログラム「人類の幸福に資する社会調査」の研究助成による。

引用文献

新井　潔　1998　ゲーミング・シミュレーションとは何か　新井　潔・出口　弘・兼田敏之・加藤文俊・中村美枝子 (著)　ゲーミング・シミュレーション　日科技連絡　Pp.1-43.

Duke, R. D.　1974　*Gaming: The future's language.* Sage. 中村美枝子・市川　新 (訳)　2001　ゲーミング・シミュレーション：未来との対話　ASCII

松井　豊・新井洋輔・水田恵三・西道　実・清水　裕・田中　優・福岡欣治・元吉忠寛・堀　洋元　2004　広域災害における避難所運営ゲームの開発 (1)　日本グループダイナミックス第 51 回大会論文集, 62-64.

矢守克也・吉川肇子・網代　剛　2005　防災リスクで学ぶリスク・コミュニケーション　ナカニシヤ出版

もくじ

まえがき　i

第1章　映画による喪失シミュレーション……………………1
第1節　喪失対象が「他者」である状況　1
1. シネマ・ワークから学ぶモーニング・ワーク　1
2. 『鉄道員』：雪に閉じ込められたポッポヤの心　3
3. 『普通の人々』：普通の人々からなる普通でない家族　7
4. 『オネーギンの恋文』：情念を理性で静める残酷さ　9

第2節　喪失対象が「自分自身」である状況　13
1. 「自分が死ぬ」という状況　13
2. 「自分の身体機能を失う」という状況　17
3. 「喪失がさらなる喪失を引き起こす」という状況　20
4. 映画による喪失シミュレーションの実践　23
5. まとめ　28

第3節　適用研究例：映画『世界の中心で，愛をさけぶ』で喪失シミュレーション度をはかる　30
1. 映画視聴とシミュレーション体験　30
2. 『世界の中心で，愛をさけぶ』の概略　31
3. 視聴者はこの映画をどのように受け止めたのか　33

第2章　囚人のジレンマゲーム・最後通牒ゲーム…………39
第1節　はじめに　39
第2節　囚人のジレンマゲーム（Prisoner's Dilemma Game）　40
1. ゲームのあらまし　40
2. ゲームの背景とこれまでの研究　40
3. ゲームの実践　44

第3節　最後通牒ゲーム（Ultimatum Game）　47
1. ゲームのあらまし　47
2. ゲームの背景とこれまでの研究　47
3. ゲームの手引き　51

第4節　適用研究例：くり返しのある囚人のジレンマゲームにおける相手選択の影響　53
1. 目　的　53
2. 方　法　53
3. 結果と考察　54

第3章 ● 売り手と買い手の取引ゲーム ……………………… 57
第1節　ゲーム理論のさまざまな展開　57
  1. ゲームの基本的前提　57
  2. 市場でのゲーム理論　58
  3. 進化論的アプローチ　60
第2節　社会心理学とゲーム理論　63
  1. ゲーム理論が見落としてきたもの　63
  2. ケリーとチボーの相互依存性理論　64
  3. 山岸の信頼理論　66
第3節　適用研究例：売買ゲームにみる相手プレイヤーの印象　68
  1. ゲームの概要　68
  2. 実験の実際　72
  3. ゲームからわかること　74

第4章 ● 個人の意見と集団の意見：集団規模の違いが集団意思決定の満足度に与える影響 ……………………………………… 79
第1節　はじめに　79
第2節　意見をまとめるということ　81
  1. 集団意思決定　81
  2. 集団意思決定課題の種類　82
  3. 集団意思決定を含んだゲーミング・シミュレーション　83
第3節　利害をめぐる集団意思決定　86
  1. ゲームの準備とねらい　86
  2. ゲームの方法とルール　87
  3. ゲームの可能性　89
第4節　適用研究例：利害をめぐる集団内の交渉　92
  1. 方　法　93
  2. 結　果　94
  3. 考　察　94

第5章 ● 社会的ジレンマ事態における集団間関係ゲーム ……… 97
第1節　社会的ジレンマとは　97
  1. 社会的ジレンマの構造　97
  2. 社会的ジレンマをめぐるもう1つの問題　98
  3. 環境問題における社会的ジレンマ構造　99
  4. 社会的ジレンマの解決方略　101

第 2 節　仮想世界ゲームの概要　102
　1．ルール改定の主旨　102
　2．ゲームの基本的構成　102
第 3 節　仮想世界ゲームの進行　105
　1．モデルケースのゲーム進行例　105
第 4 節　適用研究例：マイクロ−マクロ・データによる公正の検討を中心に　110
　1．目　的　110
　2．方　法　110
　3．結果と考察　111
　4．終わりに　113

第 6 章　イノベーション（革新）とイミテーション（模倣）の集団決定 …… 115

第 1 節　集団の適応と集団決定　115
　1．革新と模倣のメリット・デメリット　115
　2．集団内のコミュニケーション構造が促進する革新と模倣　117
　3．集団成員の動向にかかわるマイクロ指標と集団の動向にかかわるマクロ指標　118
第 2 節　企業戦略ゲームの手引き　120
　1．ゲームの概要　120
　2．ゲームの進行手順　121
第 3 節　適用研究例：マイクロ指標とマクロ指標の対応　123
　1．マクロ指標　124
　2．マクロ指標どうしの関連：3 つの戦略の頻度と最終資産　126
　3．マイクロ指標　127
　4．マイクロ−マクロ分析：成員のコミュニケーションと集団の戦略　128
第 4 節　企業戦略ゲームの結果からわかること　130
　1．外的環境と集団内のコミュニケーション　130
　2．共有知識とメタ知識　131
　3．個人の意図的行動が生み出す意図せざる結末：マイクロ−マクロ分析の観点　132

第 7 章　異文化シミュレーションゲーム，バーンガによる異文化接触の疑似体験 …… 135

第 1 節　はじめに　135
第 2 節　異文化トレーニング，異文化教育の重要性　136
第 3 節　異文化トレーニングとは　137
　1．異文化トレーニングの歴史的背景　137

2. 従来型「大学方式（University Model）」トレーニングの問題点　138
    3. 体験学習と異文化シミュレーション　139
    4. 異文化シミュレーションから期待される効果　141
  第4節　バーンガの手引き　144
  第5節　適用研究例：全国の市町村職員を対象とした「国際関連コース」における異文化トレーニングの試み　151
    1. 目　的　151
    2. 方　法　151
    3. 結果と考察　153

第8章　言葉の違いを中心とした異文化交流ゲームとその教育効果 …… 161
  第1節　言葉の違い　161
  第2節　異文化交流ゲーミング・シミュレーション　163
    1. ゲームの目的　163
    2. 「異言語交流ゲーム」の概要　164
    3. ゲームの流れ　164
    4. 使用器具　168
  第3節　適用研究例：コミュニケーションの成功・失敗が相手チームへの印象に及ぼす影響　168
    1. 目　的　168
    2. 方　法　169
    3. 結果と考察　170

第9章　異文化適応方略としてのソーシャルスキル学習 ……………… 179
  第1節　異文化間ソーシャルスキル学習とは　179
  第2節　異文化間教育における学習モデルとソーシャルスキル研究の概観　181
  第3節　異文化間ソーシャルスキル学習セッションの手引き　185
    1. ゲームの設定と準備　185
    2. セッション手続き　187
  第4節　適用研究例：多文化集団における異文化間ソーシャルスキル学習に関する心理教育的セッションの試み　193
    1. 目　的　193
    2. 方　法　193
    3. 結果と考察　197

第1章 映画による喪失シミュレーション

> こんな情景を想像してみるといい。おおぜいの人たちが鎖につながれている。みな，死刑の宣告をうけた人たちだ。その中の何人かが毎日のようにみなの見ている前で首を切られ，残った者はそういう仲間の身の上がやがて自分の身の上になるのを知って，希望もなく，悲しそうに顔と顔とを見合わせながら自分の順番がくるのを待っている。人間の条件を絵に描いてみればこうなる。
>
> —パスカル『パンセ』（田辺，1976）より—

第1節　喪失対象が「他者」である状況

1. シネマ・ワークから学ぶモーニング・ワーク

　喪失とは，個人が情緒的に愛着を感じている，対人的，物質的，象徴的な個人資源が減少することである（Harvey, 1996）。具体的に述べるなら，対人的資源の減少例としては，自分の好きだった人が死亡すること，恋人と別れること，物質的減少例では，大切にしていたモノを盗難等で失くすこと，地震で家が破壊されること，象徴的減少例では，老化のため記憶力や体力が衰えること，自信をな

くす，自尊心が低下するなどがあげられる。

　喪失という体験を疑似的につくり出すことはなかなか困難である。別の言い方をすれば，実験社会心理学の学問の俎上として，喪失を取り上げることは不可能に近いように思われる。なぜなら，独立変数として実験的に喪失状態を操作することには無理があるからである。不可能に近いが，仮に喪失状態がつくり出せても，実験協力者の心中に与えるインパクトの強さ，ショックの強度，そのアフター・エフェクト，実験倫理等の諸問題を考えるだけで，研究の遂行を躊躇せざるをえない。

　さて，筆者の趣味は映画鑑賞である。その趣味が高じて『シネマ・サイコ』という本を出版した。残念ながらこの書物は絶版になってしまったが，今でも心の片隅では映画とは絶縁になっていない。そんなとき「映画をシミュレーション刺激，題材に使えないだろうか？」とひらめいた。実験協力者に喪失に関する映画を鑑賞してもらって，疑似的に喪失を体験してもらうことで，喪失研究が可能にはならないだろうか？　まさに思いつきからの手探り状態で本章はスタートする。

　藤原（1989）は著書『シネマ・サイコ』で映画の魅力の1つとして同一化（Identification）を指摘し，その機能を次のように説明している。「映画という虚構の世界に自分の身を委ねることで，いろいろな人生や役割を体験できるのである。映画の主人公と自分を同じ人物とみなし（同一化），ときにはハンサムな役や美女の役，ときには強いヒーロ，そしてやさしいヒロインを演じる」(p.12)。

　同様のことは小此木（1992a）も指摘しており，投影同一化の機制とよんでいる。その機制とは「自分の心を映画の主人公に投影し，さらに，その主人公に同一化して，その主人公のハッピーエンドで自分の心もハッピーになったり，あるいはその主人公がいじめられたり，虐げられる気持ちに同一化して，迫害する人々に対する憎しみを味わったりという」(p.91) ものである。

　さらに小此木（1992b）は『映画でみる精神分析』の中で，対象喪失とモーニングにかかわる映画作品を取り上げ，精神分析家らしい鋭い論考を行なっている。対象喪失とは，愛情や依存の対象を，その死によって，あるいは生き別れによって失う体験のことである。対象喪失に引き続いて生じる心の過程を「モーニング（mourning）」とよんでいる。具体的には，失った対象への思慕の情，再会への願い，悲哀，絶望，怒り，悔やみ償いの気持ちのことである。彼が取り上げた作品は，『禁じられた遊び』（両親と友），『ひまわり』（夫），『風と共に去りぬ』（親友，恋人，夫），『愛と追憶の日々』（娘），『生きる』（自分自身），『道』，『愛と哀しみのボレロ』，

『ソフィーの選択』(子),『ジュリアス・シーザー』(親友),『陽のあたる場所』(恋人)の10作品。カッコ内は映画に登場する主な喪失対象。この本を読む以前に筆者が漠然と考えていた喪失作品と70％は一致する。そこで重複をさけるため，本稿では違った作品を選ぶことにする。

ところで，現実の生活の中で普通の人々はどれくらいの割合で対象喪失を経験しているのだろうか。また喪失体験の中身はいったい何なのだろうか。どんな喪失が多数を占めるのか。喪失体験から回復できるのか，回復するとすれば，どれくらいの時間が必要なのか。喪失後のモーニング過程の実態はどのようなものか，つまりどのような心理的な変化の道筋をたどって人々は立ち直るのか。こうした問いに答えるため，池内と藤原(2002)は西宮市に住む20歳以上70歳未満の成人を母集団とし，選挙人名簿から1,000名を無作為に抽出し，郵送法により対象喪失に関する調査を行なった。そして397名の有効回答を得た。これまでに何か大切なものを喪失した経験があるか否かを尋ねたところ，77.3％の人が何らかの喪失を体験している。具体的な喪失内容で，1番多いのは死別で40.4％を占める。2番目は離別で15.3％である。おそらく喪失対象の多くは，親，妻，祖父母，恋人，配偶者といった，重要な他者(significant others)とよばれるものであろう。またわれわれは，死別，離別といった対人関係の喪失は他の喪失に比較して，悲嘆からの回復により多くの時間を要するという実証的証拠を得ている。したがって，重要な他者の喪失は，それを失った人間の行動・思考・感情に多大な影響を与える。感情の側面でいえば，喪失は希望，喜び，高揚，安堵といったプラスの影響ではなく，絶望，悲しみ，抑うつ，怒り，不安といったネガティブな影響を及ぼす。またそれはストレッサーとしてのはたらきが強いので，強い身体的，精神的ストレスを喚起させるのである。

2.『鉄道員（ぽっぽや）』：雪に閉じ込められたポッポヤの心

喪失作品の1番バッターとして，娘と妻を喪失する『鉄道員（ぽっぽや）』(降旗康男監督)を取り上げる。『鉄道員（ぽっぽや）』は，北海道のローカル駅を舞台に，鉄道員として一生を送った，乙松(高倉健)の物語である。直木賞を受賞した浅田次郎の作品『鉄道員』が映画化されたものである。主人公は45年に及ぶ長い間，カマ焚き，機関士，駅長として愚直一徹なほどに職務をまっとうしてきた。だが職務に忠実なあまり，長女や妻に寄り添ってやれずに，彼女らを病院で死なせてしまった。時間的な順序でいえば，まず娘を失い，それからしばらくして妻を失う。そうした過去は時折挿入されるが，現在は廃線間近の幌舞駅の駅長をしながら定年

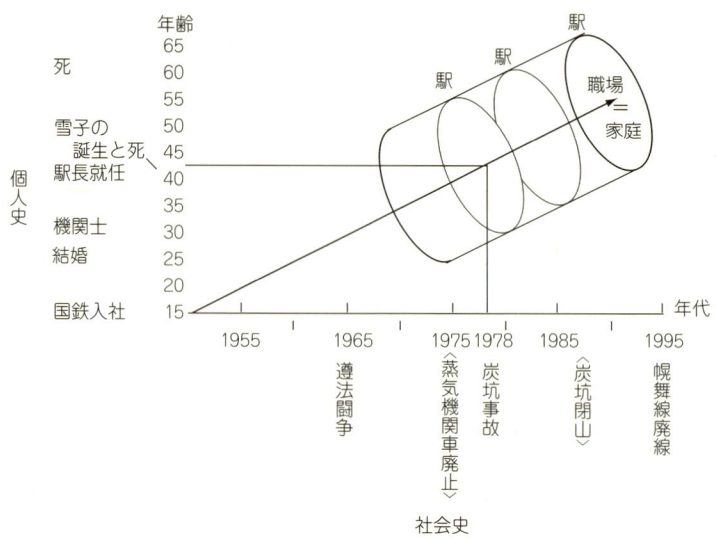

図 1-1　鉄道員の主人公の人生としての駅

を目前に控えている。駅の一部が宿舎になっており，仕事場イコール家庭で，空間的には限定された場所を中心として物語は展開する。幌舞駅は最寄りの炭坑が廃山となり，現在は200人あまりの住民しかいない過疎の村の駅である。時折美寄駅が登場するが，それは対比的ににぎやかな街の駅である。映画的時間は1月3日，4日という2日間，映画的空間は幌舞駅に限定されている。それに加えて，国鉄時代の遵法闘争，炭坑事故，幌舞線の廃線といった日本の戦後の社会史がカット・バックで挿入され，それに乙松の結婚，雪子の誕生と死，妻の病死といった個人史が回想シーンで絡められている。ラストのクライマックスでは，7歳，12歳，17歳のわが子，雪子が乙松の前に登場する。雪子との出会いは，乙松にとって人生最大の至福のシーンということになる。死んだ娘が生きていれば，こんな少女や娘に成長しているということを父親に見せるために，娘は父の前に姿を現わす。幌舞駅は，虚構と現実，再生と死，忘却と記憶といった，相反するベクトルの融合点である。この映画では，個人史と社会史の収束点としていつも駅が描かれている。したがって，一生を鉄道に懸けた乙松の人生縮図は，図1-1のように表現できるかもしれない（藤原，2004）。

　この映画の中で乙松は，社会史を中心に人生を生き抜いてきた。それはいわば個人史を犠牲にして成り立っていた。彼が生きた時代がそんな時代で，彼と同じ

世代の人間は，そうした生き方をせざるをえなかったのかもしれない。そうした意味で，乙松はまさに歴史的，社会的人間を象徴している。社会心理学の概念のうち自己を使って，別の表現をしてみよう。自己には社会的自己と個人的自己の2側面がある。つまり，ポッポヤとしての社会的自己，佐藤乙松としての個人的自己が主人公の中に共存しているのである。原作の著者も以下の文章に見られるように両者を区別している。

「一番つらかったのは何かと訊かれて，乙松は娘の死を語らなかった。それは私事だからだった。佐藤乙松として一番つらかったことはもちろん娘の死で，二番目は女房の死にちがいない。だがポッポヤの乙松が一番悲しい思いをしたのは，毎年の集団就職の子らを，ホームから送り出すことだった。」(浅田, 2000, p.37, 傍点は筆者)

最愛の娘が死んだ日も，ポッポヤの乙松が書く日報は，「本日，異常なし」である。そこにはパーソナルな自己，佐藤乙松を垣間見ることはできない。

個人史の乙松に目を移そう。個人的自己の佐藤乙松は，娘と妻という重要な他者を2人喪失する。ホームズとレイ（Holmes & Rahe, 1967）によると，配偶者の死はストレスの一番強い出来事である。自分の子どもの死に出会う確率はそんなに多くないことなので，ホームズとレイも子どもの死のストレス値は算出していないが，自分の子どもの死は，妻の死以上のストレスであることは間違いないように思われる。1番つらかったのは娘の死で，2番目は女房の死という，先ほどの引用にもその証拠は見られる。ハーヴェイ（Harvey, 2002）も子どもを失った親の悲嘆は慰められないほどに深く悲しく，救いがたいものであると述べている。また長年にわたってその傷をひきずる場合が少なくないようで，回復にも長い時間を要する（平山, 1997）。いずれにせよ乙松は喪失のダブルパンチを体験する。だが男は黙って悲しみを耐え忍ぶ。喪失への悲嘆反応は映画の中では細かく描かれていない。高倉健以外この役柄にはまる役者はいないだろう。映画の中では，個人的な心情はほとんど発露されないが，小説の中では「やりきれない」という言葉で本音があらわにされている。

「それもこれも，医者さえいないこの村に生れて，すきま風の吹く事務室つづきの部屋に寝かせていたからだ。仕事が子供を殺してしまったのだと思うと，乙松はやりきれない気持になった。」(浅田, 2000, p.26)

子どもの死，妻の死を経験したあと，乙松はどのような心理的反応を示したのだろうか。池内と藤原（2002）は，喪失後の一般的な心理的過程として，パニック→否認→怒り→絶望・抑うつ→立ち直り・回復といった過程をたどることを指

摘している。乙松が示した心理的過程は,「本日,異常なし」という日報への記録で象徴される,否認である。悲嘆反応を克服するために彼がとった方略は,仕事に意識を集中すること,個人的な自己を殺して,社会的な自己として生きたのである。皮肉なことに社会的な自己は,最後には乙松自身の命をも奪ってしまう。

　もう1つ『鉄道員(ぽっぽや)』から読み取れるテーマは,罪悪感と赦(ゆる)しである。日本映画によくあるように,この映画は,主人公の内面から描かずに,状況から内面を語らせている。また主体の立場で雄弁に喪失を語ろうとしないので,主人公が何を考えているのかが観客にも定かではない。個人的な自己は最後まで明らかにされず,主人公は職務にひたむきで,それをまっとうして死んでしまう。喪失後の心理的反応でそれほど一般的ではないが,ある程度見られる反応として罪悪感がある。池内と藤原（2002）の研究においても,喪失後の心理的反応として罪悪感を報告している者も少なからずいるし,また回復期間に影響を及ぼす有意な独立変数は,原因の有無であることを実証的に明らかにしている。原因が自分にあると思っていればいるほど,悲嘆から回復に時間を要する。この結果の背後には罪悪感が後押ししているのかもしれない。また実際に妻を亡くした体験を出版した社会心理学者の手記の中でも,後悔と自責が悲しみを深め,それらに苛まれることを報告している（相川, 2003）。罪悪感は特に子どもを亡くした親に頻繁に表われるという指摘もある（平山, 1997; Harvey, 2002）。親は,子どもを守りたいという欲求や子どもを一人前の人間に育てる義務を負っていることに罪悪感発生の原因があるものと思われる。小此木（1992b）は,『愛と哀しみのボレロ』と『ソフィーの選択』で母親を苦しめさせた罪意識について論じている。

　以上から類推すると,乙松が罪悪感を抱いていたことは間違いない。あるいは無意識の世界に罪悪感を封じ込めてしまったのかもしれない。無意識の中で抑圧された罪悪感が大きなエネルギーとなって,彼の前に姿を現わしたのかもしれない。小此木（1992b）の「罪意識は死者への脅えと恐怖となり,ときには,死者の亡霊や幽霊に脅えて錯乱する精神状態をつくり出す」（p.95）という指摘もあるように,乙松が見たのは雪子の幻影,幽霊なのである。別の言い方をすると,父を赦すために雪子が登場するのである。ここではじめて乙松は救われ,赦され,死ぬことができるのである。

　「そりゃおとうさん,ポッポヤだもん。仕方ないしょ。そったらこと,あたしなあんとも思ってないよ」（浅田, 2000, p.43）

　深読みしすぎたかもしれないが,「罪を無条件で赦すこと」が映画『鉄道員(ぽっぽや)』の隠れたテーマなのである。父の罪意識と子どもの赦しの相互作用,相反するべ

クトルがこの映画の中で止揚されている。

3.『普通の人々』：普通の人々からなる普通でない家族

　先ほど指摘したように『鉄道員』の内面はよく読み取れない。そこで次は『普通の人々』（ロバート・レッドフォード監督，1980年，アメリカ）を取り上げることにする。濱口（1977）の表現を使うと，『鉄道員』は絵巻物風形式，アウトサイド・イン型映画であるのに対して，『普通の人々』は，三単一の規則（the unities of time, place, and action）にもとづく，インサイド・アウト型映画である。両者を丹念に比較してみると，日本対アメリカ(西欧)という構図が浮かび上がる。濱口（1977）によると，三単一の規則とは，時・場所・筋に関して，それぞれが単一であることを必要とする。西欧の映画は，三単一の規則にのっとって製作されることが多い。時間的・空間的な状況を固定したうえで，主人公の性格・心理分析の解明を通して生活の本質を把握しようとする。それに対して日本の映画は，絵巻のように状況の変転を通して人生を直感的に観照しようとする。濱口（1977）によれば，「絵巻では，画面（事態）が漸次移り変わっていくプロセス，すなわち，時間的経過に伴う「状況」の推移そのものに面白さが感じられ，物語の主題や教訓は，その展開過程または何らかの結末から，鑑賞者がそれとなく読み取るのが建て前となっている」（p.37）。

　『普通の人々』で登場する主な人物は，弟，父，母の3人である。テーマは長男バックの喪失で，三者三様の喪失風景が淡々と描写される。ちょっと古い映画なので見ていない方も多いと思うので，あらすじを紹介しておこう。

　カルヴィン・ジャレット（ドナルド・サザーランド）は弁護士。妻ベス（メアリー・タイラー・ムーア）とは結婚して21年。息子コンラッド（ティモシー・ハットン）はハイスクールに通う17歳の青年で，聖歌隊のメンバーでもある。彼は時折悪夢にうなされる。彼は自殺未遂で4か月間病院に入院していた。退院しても完全には精神が回復していないようで，父の勧めで精神科医バーガー（ジャド・ハーシュ）の治療を受けている。彼の病気は兄バックの事故死が原因のようだった。コンラッドとバックは，湖にヨットで遠出した際にヨットが転覆しコンラッドだけが助かったのだった。秀才でスポーツ万能だったバックはみなに愛されていた。バックを溺愛していたベスは，コンラッドに対して，冷たく心を閉ざしている。病院で一緒だったカレン（ダイナ・マノフ）と，退院後久しぶりに会ったコンラッドは，彼女の元気な姿に安心する。コンラッドは病院を懐かしがっているが，カレンは病院の話題になると顔をくもらせ，演劇部の部会があると言って

あわただしく席を立っていった。父，カルヴィンはコンラッドとベスの間のわだかまりを解きほぐそうと努めている。聖歌隊の合唱仲間ジーニン（エリザベス・マクガヴァン）によい声だとほめられたコンラッドは，彼女とデートし，うきうきしている。クリスマスの休暇に入り，カレンに電話を入れたコンラッドは，そのときカレンが自殺したことを聞き強いショックを受け，取り乱してバーガーに助けを求める。バーガーは，コンラッドを苦しめている罪の意識から解放させる。落ちつきを取り戻したコンラッドは，ジーニンの家を訪れ，好きだと告げた。ある晩コンラッドが帰ってきたときに，父母は居間にいた。彼は初めて自分から進んでベスにキスをしたが，ベスは抱き返すことなくそのままの姿勢でじっとしているだけだった。また夜中に目を覚ましたベスは，階下の部屋でひとり泣いているカルヴィンの姿を見て当惑する。彼は妻に初めて「君への愛があるのかわからない」と本心を告げた。明け方彼女はトランクに荷物を詰め，家を出て行く。庭で1人立ちつくすカルヴィンのもとにコンラッドが近づき，父子2人は無言のまま抱き合うところで映画は終わる。

何回もこの映画を見たのだが，コンラッドへの母親の冷たさや意地悪さだけが印象に残っている。日本の母親なら自分の息子にあんな仕打ちはしないのにと思いながら，釈然としない気持ちをずっと抱いていた。喪失という観点からこの映画を観賞しなおすと，喪失への3人それぞれの取り組みが微妙に異なっていて，新しい見方をすることができた。

映画は，パッヘルベルのカノンをバックに，美しい湖の風景の描写から始まる。おそらく兄バックを飲み込んだ湖という伏線なのであろう。コンラッドは補欠のようだが水泳部に身を置いている。兄は水泳の選手としても活躍していたようで，部屋に記念写真や優勝のトロフィー，記念盾らしいものもたくさん残っている。精神科医の登場で映画はコンラッドの葛藤を中心課題として展開していく。当然のことながらコンラッドは兄の死で強い心的外傷にさいなまれている。嵐の中湖に落ちた兄を助けようとして手を差し伸べたが，兄はその手を握り返すことができなかった。コンラッドは自分が兄を殺したという罪悪感を強く感じ，自殺未遂を図って4か月ほど病院に入院していた。絶えず悪夢に悩まされるシーンが何度も出てくるので，コンラッドの心の傷は癒えてはいないことがわかる。父の勧めでしぶしぶ精神科医の治療を受けているが，心は閉ざしたままである。母親は冷たいが，父親の気配りや思いやり，週2回の治療，聖歌隊で好きなガールフレンドもできたことで，徐々にコンラッドは精神の回復を取り戻していく。

だが病院で知り合った女友だちの自殺で，コンラッドは強い衝撃を受け，精神

科医に必死の助けを求め，そこで初めて内面を精神科医に曝け出す。こんな簡単に治療が進むとは思われないが，感情の発露，カタルシス（浄化作用）で立ち直っていく。最初に精神科医を訪れたときコンラッドは自己抑制をしたいという希望をもっていた。だがどう見ても彼は自己抑制的な人間にしか見えない。また感情の表現が欠如していると分析医から指摘され，やがて自分の怒りや感情を素直に表わすようになっていく。「葬式で涙を流さなかったのはベスとコンラッドだけだった。2人はとても似ている」という父親の指摘どおり，2人とも愛情表現がへたで，自己抑制が強すぎる人間なのであろう。

　この映画で心の中がよくわからないのは父親である。家族の中で年齢が若く，一番耐性のないコンラッドに喪失のしわ寄せがおしかかるのは当然としても，父親の苦悩はこの映画から窺い知れない。最後になって涙ながらに妻に本音を告白する。「君は美しく，きまぐれ，慎重，がんこ，弱く，ひとりよがりだ。バックではなく，自分を愛していたのか」。やっと自分の本当の気持ちに気づくのである。また妻は自己愛が強すぎ，かつ完全主義な人間だという，正体にも気づくのである。彼女が旅行ケースに荷物を詰めるとき，涙を流しそうになるが，そこで堪えるシーンが印象的である。最後まで悲しみを抑制し，本心をあらわにしない。彼女は演劇，ゴルフ，パーティ等の現実逃避や否認という方略で彼女なりに心の平衡を取り戻そうとしていた。コンラッドに冷たいのも彼の存在がバックのことを無意識のうちに想起させるからである。

　「自己愛があまりにも肥大し，自分の弱さや依存を認めることができない人の場合には，対象喪失が起こっても，（中略）自分の心の中の悲しみや苦痛を否認する躁的防衛によってモーニングの心を味わうことが難しい」（小此木，1997，p.133）。彼女はモーニングに失敗したのである。

　この家族の中で兄バックだけが例外だったのだ。彼ははつらつとして，無鉄砲で，強く，感情や怒りを自由に発散して，他者を自由に愛していた，誰からも好かれるタイプの人間だった。バックの死が波紋となって，一見普通の家族が離ればなれになり解体する。最終的には，1つの喪失が原因となって別の喪失を生むという多重喪失（multiple losses）も含んだ，喪失の教科書のような映画である。

4.『オネーギンの恋文』：情念を理性で静める残酷さ

　「愛していると男は言った。待ってと女は言った。抱いてと女は言いかけた。うるさいと男は言った」。『突然炎のごとく』（フランソワ・トリュフォー監督）の冒頭での，カトリーヌ（ジャンヌ・モロー）の言葉である。藤原（1989）が指

摘するように，恋愛映画の本質は，観客の心の中にツァイガルニックな（緊張が持続した）状態をつくり出し，緊張関係や欲求不満状態を持続させることである。ヒーローとヒロインは愛していながらも，障害が立ちはだかり結ばれない，喪失を経験するのである。主な障害は戦争（『哀愁』『風と共に去りぬ』『愛の嵐』），身分の違い（『ローマの休日』），民族の違い（『旅情』『ウエスト・サイド物語』），相手に夫や妻がいる（『慕情』『カサブランカ』『恋におちて』『氷壁の女』），両親の反対（『ロミオとジュリエット』）等である。また愛する2人の気持ちの時間的なズレも障害の1つになる。『隣の女』（フランソワ・トリュフォー監督）では，男と女の気持ちのサイクルが微妙にズレ，2人は破滅に向かう。かつての恋人が隣の家に引っ越してくることから悲劇は始まる。再会した当初は女が積極的で，男は女を避ける。そして男が求めるときには，女が逃げ，映画の後半になって女が男を追いかけると，男は尻込みする。時間軸上で男と女の気持ちの強さのサイクルがズレる。

『オネーギンの恋文』（マーサ・ファインズ監督）も，すれ違う愛の悲劇を描いた文豪プーシキンの自伝的傑作の映画化である。1820年代のペテルブルグ，貴族オネーギン（レイフ・ファインズ）は，偽善と虚飾に満ちた上流社会に嫌気がさし，人生の意味を見いだせずにいる冷笑家である。享楽生活の末，自分の財産も使い果たした折，伯父の死で彼の地所を相続するために田舎にやってくる。そこで青年地主レンスキー（トビー・スティーブンス）と知り合い，2人の間には強い友情が芽ばえる。レンスキーはドイツの名門大学を出ているにもかかわらず，田舎で詩作にふけるロマンティストだった。レンスキーは未亡人マーシャ・ラーリン（ハリエット・ウォルター）の次女オリガ（レナー・ヒーディー）と婚約していた。オリガの姉タチヤーナ（リヴ・タイラー）は，オネーギンに一目ぼれをし，溢れ出る熱い思いを恋文にしたためる。あまりに純粋すぎる彼女の思いを拒絶するオネーギン。タチヤーナのパーティに招かれた彼は，彼女の思いを拒絶する。彼女への想いを断ち切るかのように，オリガと親しげにたわむれる。だがそれがレンスキーの嫉妬の炎を燃やすことになる。オリガは愚かで尻軽な女性だというオネーギンの侮辱的な言葉にレンスキーは怒り，決闘を申し込む。オネーギンはレンスキーの気持ちを静めようとするが，彼の決意は変わらない。早朝の湖畔での決闘ではオネーギンが生き残ることになる。親友の亡骸を抱きしめ，嗚咽にむせぶオネーギン。深い傷を負った彼は流浪の旅に出る。6年後ペテルブルグに戻ったオネーギンは，社交界の華として美しく変身したタチヤーナに再会する。彼女は3年前オネーギンの従兄弟と結婚し公爵夫人となっていた。失った愛の大き

さに悔恨し，愛を取り戻そうとするが，彼女は貞節を夫に捧げている身でもある。「恋の渇きに身を焼き尽くし　理性で静めている」という彼の恋文は遅すぎたのである。

　まずオネーギンの立場から彼の喪失を論じると，彼は決闘で親友（レンスキー）と将来伴侶になるかもしれない女性（タチヤーナ）の二重喪失を経験し，その結果として住んでいた環境や故郷を失うという多重の喪失を余儀なくされる。彼が彼女をふったように思われるかもしれないが，彼も秘かに彼女のことを愛していたのである。その証拠は映画の中で随所に散りばめられている。たとえば，タチヤーナに恋文を返そうとするシーンでも，「気持ちは？」と聞かれ「君のことが好きだ。魅力的だから，君の苦しむのを見るには忍びない」と応えている。「手紙には感動したけれど，でもあなたのためにならないので，手紙を持っているわけにはいかない」と相手のことを気遣って手紙を返却しようとしている。彼がタチヤーナにあてた恋文にも「決闘事件が僕らを引き裂き　僕はすべてを捨てて根無し草に　自由と安らぎは幸福に代わると思ったのです　何という間違いでしょう」とある。また一度暖炉に捨てたタチヤーナの恋文をあわてて取り出し，それをその後も思い出の品として大切に保存していたことからも，彼女への愛の証拠はうかがえる。6年間の流浪の旅の間も，恋文は絶えずオネーギンの心像中に侵入し続けたにちがいない。

　彼が彼女のことを愛していながら，彼女の愛を受け入れなかったのはなぜか。それは2人のライフスタイルがあまりに違いすぎることを，オネーギン自身がよく知っていたからである。最初に出会ったときの2人は好対照である。都会風，クール，批評家的，享楽的，自己中心的，自由な，大人的，ゲームのような遊びの愛のオネーギンに対して，タチヤーナは田舎風，ホット，情熱的，ストイック，献身的，束縛的，幼く，純愛至上的な愛の信奉者である。前者がソフィスティケイト（洗練）された人間なら，後者はナイーブ（純朴な）人間ということになる。オネーギンは熱愛というものは一時的なもので，それが持続せずいつかは壊れることを知っているし，自分は愛や結婚生活には向かない人間であるということも知悉している。「愛は官能を高めるが，知覚を鈍らせる」とか，「あなたにはもっとふさわしい男がいる」と彼女に言い訳している。要するに彼は厭世家，皮肉屋，偏屈，偽悪家なので，他者と仲良くできる人間ではないし，他者からも好かれない人間なのである。

　やっとできた，気の合う友だちも決闘によってみずからの銃で殺してしまったことから，彼は現実の世界から逃避せざるをえなかった。6年という期間は喪失から回復するのに十分な期間なのだろうか。池内と藤原（2002）の調査データに

よると，喪失の悲嘆からすでに立ち直っていると答えた者は76％である。そして回復に要する期間の算術平均は約2年2か月である。ただ回復に要した期間の分布は正規分布とはいいがたいので，算術平均値を算出することは無理がある。最頻値は「1年から1年半」「3年から3年半」でおのおの20％を占め，「4年以上」が9％存在する。また喪失の悲嘆から回復していない者が24％存在することを考慮すると，喪失から立ち直るには相当の期間が必要であることをわれわれのデータは示している。この映画でもオネーギンは回復してはいない。ただ流浪の旅に疲れ果ててペテルブルグに舞い戻ってきたのだ。一方のタチヤーナはどうだろうか。彼女は喪失から立ち直るために，結婚という方略を採用したのだが，彼への深層的な愛を夫への皮相的な貞操に転移しているだけである。彼女の傷もまた癒えていない。映画のクライマックスで，オネーギンはタチヤーナの愛を確かめるため，彼女の屋敷を訪れる。彼はすでに自分の思いを告白した手紙を送っていたのだが，不幸なことにちょうどその手紙が届いたときに夫がいたのだった。彼女はとっさに暖炉の中に手紙を放り込んだ。返事が来ないことに不安を覚えたのであろうか，彼は彼女の家を訪れるという大胆な行動にうってでる。彼女も華やかな社交界の生活は空虚でからっぽ，できれば取り替えたい，という心情を露呈する。以下がそこでの会話の一部である。

「傷は癒されたか？」
「ああ，まだ痛むわ」
「なぜ痛むのか？」
「もう手遅れ。来るのが遅すぎたのよ」
「僕を救ってくれ」
「できないわ」
「愛していると言ってくれ。嘘でもいいから」
「愛している。とても愛しているわ」

2人は相手のことを嫌いになったり，憎んで別離したりしたのではない。心の奥底ではお互いを求め合っている。しかしタチヤーナは結婚してしまっているので，2人が愛し合うことは許されない。死ぬまでこの2人は恋のジレンマにもがき苦しみ続ける。寒いベランダで虚ろにタチヤーナから手紙を待つシーンで映画は終わっている。別離という喪失も苦悩と残酷さをその内に秘めている。筆者は男性なので，無意識のうちにオネーギンに投影同一化して『オネーギンの恋文』を解釈してしまった。女性であればおそらくタチヤーナの立場にたって違った解釈をするに違いない。オネーギンはストーカだと？

第2節　喪失対象が「自分自身」である状況

　どうしてこうもわれわれは人の死に感動するのか。それは1つに，多かれ少なかれ他者を失うという状況に，あるいは他者の死そのものに，自分を重ね合わせるからではないだろうか。つまり，われわれは知らず知らずのうちに，そうした映画やドラマを通してみずからを追体験させているのである。だから，悲しいのである。だからこそ，せつないのである。本章冒頭のパスカルの言葉が示すように，人は生まれたときから死に向かって生き続ける。今ある若さも，健康な身体も，永遠には続かない。その事実を再確認する場をこれらの映像は与えてくれる。
　本節では，自分の命や身体機能を失うといった視点から描かれた映画の中で，シミュレーションの参考となりそうなものをいくつか紹介したいと思う。本節の第4項に各映画のシミュレーション・ポイントをまとめて記載しているので，そちらを参照しながら読んでいただきたい。

1.「自分が死ぬ」という状況

　もし突然，あなたが死を宣告されたなら，どのような気持ちになるであろうか。ショックのあまり呆然として，なかなか事実を受け入れられない状態が続くのだろうか。それともただひたすら泣き明かし，絶望感と不安の中で日々暮らしていくことになるのだろうか。前節で述べたように，このような喪失によって引き起こされる一連の心理的反応を，精神分析学では「モーニング」とよんでいる。モーニングの過程については，数多くの臨床家によってある程度類型化がなされてきているが，特に自分の死の受容に関する過程として最も有名なのは，キューブラー・ロス（Kübler-Ross, 1969）の5段階モデルであろう。彼女は，末期癌患者約200人へのインタビューを通して，死を宣告されてから死にゆくまでの過程を分析し，次の5つの段階を提唱している。

① 否認と孤立：予期しない衝撃的なニュースに接して，そのショックをまともに受け入れられずに，まず否定しようとする段階。
② 怒り：死という現実を認めざるをえなくなると，「なぜ自分だけがこんな目にあわなくてはならないのか」と，怒りや恨みの感情が起こる段階。
③ 取引：神や仏に対して，自分がどうしたら延命できるか取引しはじめる段階。
④ 抑うつ：取引をしてもむだであることを知り，気持ちがめいってうつ状態になる段階。この段階では，病気が進行し衰弱が進んで無力感が深刻となる。

同時に，この世との別れを覚悟するために，他人から癒されることのない絶対的な悲しみを経験することにもなる。
⑤ 受容：長い旅の前の最後の休息の時が訪れたかのような諦めの心境に至り，来るべき自分の終焉を静かに見つめることのできる段階。

　こうした自分の死に対する心の準備を描いた作品としては，古くは巨匠・黒澤明監督の『生きる』（1952年，日本）がある。

(1)『生きる』

　主人公の渡辺勘治は53歳。若くして妻に先立たれ，息子夫婦と3人暮らしである。市役所の市民課長である彼は，書類の山に囲まれながら，ただハンコを押すだけの淡々とした毎日を送っている。しかし，ある日病院で受けた検診で，医者から「軽い胃潰瘍ですよ」と告げられるも，自分が胃癌で余命いくばくもないことを悟る。事実，医師は渡辺が帰った後，若いインターンに尋ねる。「君がもし，あの人のように半年しか命がないとしたら，どんなことをするね？」と。(→シミュレーション・ポイント①)

　渡辺の場合，皮肉にも命が残り少ないと悟ったとき，これまでのことなかれ主義的な生き方に疑問を抱き，初めて真剣に「生きる」ことの意味を見つけようとする。もちろん最初は絶望感に襲われ布団の中でひとりむせび泣いたり，歓楽街で束の間の快楽を味わおうと自暴自棄になったりもしたが，偶然再会したかつての女性部下，小田切の言葉が彼を奮い立たせる。「私は，何かしたい。何かすることがある。ところが，それがわからない」という渡辺の問いに対し，彼女は「あたし，ただ，こんなもの作ってるだけよ。こんなもんでも作ってると楽しいわよ。……日本中の赤ん坊と仲良しになった気がするの。ねぇ，課長さんも何か作ってみたら？」といってウサギのおもちゃを差し出す。渡辺は翌朝，出勤するや否や書類をめくり直した。その彼の目に止まったものは，かつて彼が土木課へたらい回しにしていた「暗渠修理及埋立陳情書」であった。彼は最後の仕事として，市民の願いであった公園の建設を決意する。そして彼は，役所内の縄張り意識や官僚主義などの障害を乗り越え，周囲を説得し，とうとう努力と執念で念願の公園を完成させる。途中，助役が雇ったと思われるヤクザに絡まれるシーンで，部下の「だって課長は腹が立たないんですか。こんなに踏みつけにされて」という言葉に対する渡辺の答えが印象的だ。「いや，わしは人を憎んでなんかいられない。わしにはそんな暇はない」。渡辺はそれから5か月後に死んだ。雪の降る中，できあがったばかりの公園で彼はひとり静かに死を迎える。充実感とも達成感とも

とれる安らかな表情を浮かべ、ブランコの上で「ゴンドラの唄」を口ずさむ情景は、映画史上に残る名シーンとなっている。

　ところで、この映画の秀逸なところは、評論家の間では賛否両論があるものの、後半、いきなり主人公の葬儀シーンに話が移る点であろう。そして上述の公園建設の話は、実はすべて通夜の席での回想話で明かされていく。その通夜には役所の上司や同僚が列席していたが、助役は公園建設の功績が彼ひとりのものではないことを力説する。そんな中、「どうしても焼香をあげたい」とやってきたのが、公園建設を陳情していた主婦グループであった。彼女たちは、みな渡辺の遺影の前で感謝と悲しみの涙を流す。心からの涙だ。助役がいくら否定しても彼女たちの涙が、公園建設の真の貢献者が誰であるかを物語っている。そのようすを見ていた渡辺の上司や助役はバツが悪くなり、退散するのであるが、このシーンもわれわれに考える場を与えてくれる。（→シミュレーション・ポイント②）

(2)『死ぬまでにしたい10のこと』

　ところで、自分の存在しない世界について、あなたは考えたことがあるだろうか。自分がいなくなっても、この世界はずっと続く。スーパーでは明日も普通に商品が売られるであろうし、連続ドラマは何ごともなかったかのように、また翌週話が進んでいく。それはあたりまえのことだが、人生の終わりを悟った者だけがあらためて気づく辛くて重い現実である。この点について考えさせられるのが、イザベル・コヘット監督の『死ぬまでにしたい10のこと』（2002年、カナダ／スペイン）、原題は"My life without me（私のいない私の人生）"だ。

　主人公である23歳のアンは、母親の家の裏庭にあるトレーラーの中で失業中の夫と幼い2人の娘との4人暮らし。昼間は家事に、夜は大学での清掃作業にと、時間に追われる忙しい毎日を送っていた。だがある日、彼女は突然腹痛に襲われて病院に運ばれる。そして検査の結果、卵巣に腫瘍が発見され、すでに胃や肝臓にまで転移しており、医師から余命2,3か月という宣告を受ける。病院の待合室でその事実を知らされた彼女は、頭の中が真っ白になり、涙をポロポロとこぼすが、彼女は家族が悲しまないように病気のことは誰にも打ち明けないと決意する。そして夜更けのカフェで「死ぬまでにしたい10のこと」をノートに書き始めるのである。（→シミュレーション・ポイント③）

　ちなみにアンの場合は、「娘たちに毎日"愛している"と言う」「娘たちの気に入る新しいママを見つける」「娘たちが18歳になるまで毎年贈る誕生日のメッセージを録音する」「家族でビーチに行く」「好きなだけお酒とタバコを楽しむ」

「思っていることを話す」「夫以外の人とつきあってみる」「誰かが私と恋に落ちるよう誘惑する」「刑務所にいるパパに会いに行く」「爪とヘアスタイルを変える」であった。中には不貞なものも含まれているが,それはアンが17歳で妊娠し結婚に至った背景が関係しているのであろう。死の告知と同時に始まったアンの死ぬための準備。アンは誰にも知られることなく,残された時間の中で気丈にもこれらの項目を1つずつ実行に移していく。そして,先に紹介した『生きる』同様,死の宣告とともに,生への愛おしさをあらためて認識するのである。それは公開時のコピー,「彼女は23歳。あと2か月の命。初めて「生きる」と決めた」が端的に示している。

さて,この映画で特に印象的なのはアンが,隣に引っ越してきた偶然にも同じ名前の女性アンを,夕食に招待するシーンである。ナースをしている隣人のアンは,いかにも健康的で優しそうな女性である。彼女はもう起き上がる元気もないが,ベッドの上からキッチンで楽しそうに食事の支度をする夫,2人の娘,その側にいる隣人のアンを眺めている。そして「私のいない生活はきっとこんな感じなのだろう」ということを,病床でぼんやりと考えるのである。(→シミュレーション・ポイント④)

ところで,あらためて「死ぬまでにしたい10のことは何か」と聞かれても,実際に死を宣告されたときには,平常心を失い,アンのように冷静な判断がくだせないかもしれない。あるいは逆に,多すぎて優先順位がうまくつけられないかもしれない。事実,40年以上にわたって1万人を超える人の最期を看取り「死の専門家」といわれたキューブラー・ロスでさえ,自分の番がまわってきたとき,その死を受け入れることはできなかった。脳梗塞に倒れたベッドの上で「本当にいまいましい。……最低の毎日だわ」「自分自身を愛せよって?……誰が言ったの? 殺してやる」「聖人? ォェ～ッ,息が詰まる」などと非情な運命に怒りをあらわにしている(ETV特集第76回『最後のレッスン～"死の専門家"キューブラー・ロスの遺言』,2004年12月25日放送,NHK教育テレビ)。「死は誰にでも訪れるものだから恐れなくてもよい」と他人を励ましてきた人が,である。このキューブラー・ロスのエピソードは,「自分が死ぬ」という状況は頭の中で想像したり,あるいは映画で表現したりできるような簡単なものではないことを物語っている。そこには,直面したものだけが体験する,想像を絶するほどの深刻な闇が待ち受けているのであろう。しかし,「死ぬまでにしたい10のこと」を文字化するという作業は,死ぬこととは関係なく,自分のしたいことを明確にするという点で非常に意義深いと思われる。自分の人生に満足し,肯定して死ねる

ようになるためには，死ぬまでにこれだけはやっておきたいということを，たとえどんなものであれ整理し，明記しておくことは重要であろう。目的があることは，「生きがい」につながる。映画『生きる』でも，主人公の渡辺が病魔に冒されつつも最期まで「生きる」ことができたのは，明確な目的ができたからであろう。自分のしておきたいこと，あるいはやるべきことは，"その時"がきてもなかなか思いつかないものである。よりよく生きるために，自分の死について考えてみることも無駄にはならない。そういう意味で，これらの映画はわれわれに重要なことを教えてくれたといえるであろう。

なお，死への準備や死について考えるといった観点から描かれた作品は数多くあるが，ここでは追体験のしやすさから，とりわけ次の映画を紹介しておく。『飛鳥へそしてまだ見ぬ子へ』(1982 年，日本)[1]，『病は気から 病院へ行こう 2』(1992 年，日本)[2]，比較的最近の作品には，『永遠と一日』(1998 年，ギリシャ／フランス／イタリア)[3]，『モリー先生との火曜日』(1999 年，アメリカ)[4]，『海辺の家』(2001 年，アメリカ)[5] などがある。

2.「自分の身体機能を失う」という状況

数ある喪失体験の中で，「自分の死」に次いで辛くて悲しい体験は，おそらく「身体機能」の喪失であろう。他の喪失は時間の経過とともに，その苦しみや悲しみ

---

1) 骨肉腫に冒された若き内科医の井村和清が，片足を切断しつつも最期まで生きる勇気を失わず，わが子と妻，両親たちに向けて綴った同名の遺稿集が原作となっている。監督は木下亮。2005 年にはフジテレビ系にてドラマ化された。
2) 主人公の美容師がスキルス性の癌の診断を受け，ショックに打ちのめされる。そんな彼女を支える医師との恋を中心に，ホスピスでの生活やその患者，医師たちとの温かな交流が描かれている。監督は滝田洋二郎。
3) 原題は "MIA EONIOTITA KE MIA MERA"。不治の病に冒され，死を覚悟した老詩人アレクサンドレは，人身売買の現場から難民の子どもを助け出す。そしてこの子どもとの一日の交流を通して，いかに自分の人生に幕引きをするか，彼の対峙の旅が描かれている。途中，妻との想い出の追憶がからまりあい，現実と回想シーンが幾度も交錯する。
4) 原題は "Tuesday with Morrie"。スポーツコラムニストのミッチ・アルボムによる同名のノンフィクション小説が原作。多忙な日々を送るミッチは，余命数か月と知りながらも最後の日々を心豊かに生きるモリー教授から，生涯最後の授業を受ける。「人生の意味」について講義を受ける中で，しだいに仕事よりも大事なことに気づいていく。
5) 原題は "Life as a House"。建築デザイナーのジョージは，20 年間勤めた建築事務所を解雇され，さらに余命 3 か月と宣告される。彼は，初めて自分の人生に疑問を感じ，人生を見つめ直す。そして最期の夏，長年の夢であったわが家の建て直しを決意し，疎遠になっていた息子をむりやり手伝わせ，失われた絆を取り戻そうとする。

が薄れてくるであろうが、この喪失は違う。自分の臓器の一部であれ、身体の一部であれ、一生その事実と向き合っていかねばならない。日々の生活の中で、何か不自由を感じるたびに、その現実が突きつけられる。それでは、いったいどれくらいの人が、こうした苦しみに遭遇するのであろうか。

　池内（2006a）は,全国から抽出された18〜65歳の397名（平均年齢39.55歳, $SD=13.91$）に過去の喪失体験について調査したところ、"身体の一部を失うような病気"あるいは"怪我"を体験した人は、延べ約9.3%（病気：24名, 怪我：13名）であるといった結果を得ている。つまり約10人に1人が何らかの形で、こうした過酷な運命を背負わされていることになる。この割合は、「身体機能の喪失」がけっして他人事ではないことを示唆しているといえよう。われわれもどこかでこの事実がわかっているからこそ、身体の喪失を描いた作品に魅せられるのかもしれない。『解夏（げげ）』（2003年, 日本）もその1つである。

(1)『解夏』

　主人公の隆之は、東京の小学校で教師をしているが、突然ベーチェット病に倒れる。それは徐々に視力を失い、やがては失明にいたる難病であった。隆之には恋人の陽子がいたが、彼女の将来を憂い、思い悩んだ末、職を辞してひとり故郷の長崎に戻ることを選択する。しかし、隆之の病気を知った陽子は、彼の後を追って長崎にやってくる。そして隆之の実家で生活を始める。隆之はこの先の人生を思い悩みながらも、懐かしい長崎の景色を1つでも多く目に焼き付けようと、陽子とともに日々、坂の町を歩き始める。しかし無情にも、隆之の視界には日を追うごとに乳白色の霧が広がっていく。（→シミュレーション・ポイント⑤）

　この作品では、今日見えているものが、明日には見えなくなるかもしれないといった不安や焦燥感、少しずつ目の前がぼやけていくという恐怖の過程が、静かに、そしてリアルに描かれている。隆之は、最後に心に焼き付けるものとして、生まれ育った長崎の町並みと陽子の優しい笑顔を選ぶが、あなたなら何を思い浮かべるだろうか。こうしたシミュレートを通して、自分にとって本当に大切なものは何か、あらためて発見することになるかもしれない。

　ところで、この映画のタイトル「解夏」とは、仏教の僧が夏に行なう安居（あんご）という修行が終わる最終の日のことで、陰暦7月15日をさす。なお、修行が始まる日のことを「結夏（けつげ）」といい、陰暦4月16日にあたる（新村, 1998）。つまり、隆之の発病が「結夏」にあたり、途中病魔との闘いがまさに修行であり、その修行から解かれる瞬間、すなわち完全に失明し、「失明の恐怖」から解放された瞬間

が「解夏」というのである。隆之にそのことを告げるのは，偶然出会った聖福寺の林老人である。非常に辛くて悲しい現実を，柔らかな長崎弁で包み込んでいるのが印象的だ。「失明する恐怖という行ですな。辛い，辛い行ですなぁ。……失明した瞬間にその恐怖からは開放される。苦しか，切なか行ですたい。ばってん，残念ながらいつか，必ず来るとです。……その日があなたの「解夏」です」。（→シミュレーション・ポイント⑥）

(2)『1リットルの涙』

　身体機能の喪失を取り上げた作品としては，他にも『1リットルの涙』（2004年，日本）がある。2005年にはドラマ化もされたため，ご存知の方も多いだろう。

　主人公の木藤亜也は，中学3年生のとき，突然「脊髄小脳変性症」という難病に冒される。これは，身体のバランスをとったり，自分との距離を測って手足をスムーズに動かしたりするのに必要な小脳・脳幹・脊髄の神経細胞が変化し，ついには消滅してしまう病で，現代医学においても不治の病とされている。この作品では，体のふらつきに始まり，歩行が困難になり，手や指が不自由となり，しゃべるのも発音があいまいになるなど，それぞれの症状が少しずつ進行し，最後には寝たきりになってしまう過程を，どのように亜也が闘い，そして受け入れていったのかが一つひとつ丁寧に描かれている。

　この作品を通して気づかされるのは，病気により失うものは，けっして「健康な身体」だけではないということだ。たとえば，亜也の場合，普通校から養護学校への転校を余儀なくされるが，これは慣れ親しんだ環境や友人との別れを意味する。そして何より，自信やプライドといった精神面での喪失をも同時に体験する。なかなか受け入れられないようすが，言葉にも表われる。「"私は東高を去ります"なあんてかっこいいことが言えるようになるには，1リットルの涙が必要だった……」。

　また，亜也はやがて研修医の小林に淡い恋心を抱くようになり，主治医の山本に尋ねるシーンがある。「先生……，私……，結婚できる？」。山本は返す言葉に詰まるが，ひとこと言う。「できないと思う」と。これは希望や未来の喪失につながっている。こうした「本来の喪失（primary loss）」と同時に起こるか，あるいはその結果として引き起こされる喪失のことを，特に「副次的喪失（secondary loss）」という（Rando, 1993）。病気や怪我は，実に多くの副次的喪失につながることがみて取れるであろう。（→シミュレーション・ポイント⑦）

　なお，一般的に「副次的喪失」としては，どのようなものが考えられるので

あろうか。この点について池内（2006b）は，全国から抽出された19～65歳の185名（平均年齢40.11歳，SD=13.78）を対象に検討している。その結果，主な副次的喪失として，"人間関係"，"快適な生活"，"自信"，"資産・財産"，"目標・希望"といった項目が上位にくることが見いだされている。さらに「本来の喪失」と「副次的喪失」との関連性についても検討したところ，大切な人と死別した場合は"快適な生活"や"目標・希望"を，離婚や失恋などの生き別れ（離別）の場合は"自信"や"信頼"を，また身体機能を失うような病気にかかった場合は"健康な精神"を，それぞれ副次的喪失として生じやすいことなどが報告されている。

3.「喪失がさらなる喪失を引き起こす」という状況

上記の『1リットルの涙』のように，病による不安が次々と副次的喪失につながっていくさまを描いた作品として，他に『私を抱いてそしてキスして』(1992年，日本）がある。この作品は，日本で初めてエイズをテーマに，その実態を克明に描いた話題作である[6]。

(1)『私を抱いてそしてキスして』

平凡なOLの合田圭子は，ある日自分がエイズに感染していることを知り，驚愕する。人生に絶望して自殺を図るが死にきれず，恋人にも去られ，会社も辞めることになった。そんなある日，彼女の前に津島美幸というジャーナリストが現われる。最初は拒否する圭子だったが，美幸の真摯な態度に徐々に心を開いていった。しかし，美幸自身の中にも感染者に対する偏見があることを知り，ますます人間不信に陥っていく。圭子が美幸にぶつける言葉が胸に突き刺さる。「病気をもっている人間ともっていない人間では悪魔と天使ほど違う。同じ人間じゃない！」

なお，この作品は喪失という観点からすれば，もう1つ重要なポイントがある。それは圭子の背負った十字架がエイズという「非公認の悲嘆」であったということだ。「非公認の悲嘆（disenfranchised grief）」とは，たとえば人工妊娠中絶や自

---

[6] より最近の作品でエイズを扱ったものとしては『マイ・フレンド・フォーエバー』（1995年，アメリカ）がある。原題は"The Cure"。輸血が原因でエイズ感染したデクスターと，母子家庭で孤独なエリックの2人の少年の友情を描いたヒューマンドラマ。エリックはデクスターを助けるべく，エイズ治療の特効薬発見の記事を頼りに旅に出る。この作品では，エイズがもはやけっして特別な病気ではなく，日常の中で患者や感染者をいかにして受け入れるべきかを，エリックの目を通して気づかせてくれる。

殺など，一般の人々によってその喪失体験がスティグマ化される傾向にあるため，自分の悲嘆反応が社会的に受容してもらえるための条件を満たしていないと感じる喪失体験のことをさす（Harvey, 2002）[7]。こうした喪失は，家族にも言えず，差別や偏見の中でひとりせまりくる不安と闘わねばならないという点で，非常に孤独である。映画の冒頭シーンで，血液製剤で感染した血友病患者の言葉が，その事実を裏づける。「どうせ死ぬなら癌で死にたかったと思うこともあります。癌ならば人にうつらないし，同情されこそすれ，嫌われたり恐れられたりすることはありません。」（→シミュレーション・ポイント⑧）

このように圭子は，エイズに感染してから，恋人（最終的には戻ってくるのだが），仕事，生きる希望，人への信頼など，実に多くのものを失った。しかし副次的喪失は，必ずしも自身の病が原因で生じるとは限らない。たとえば本章の第1節でも取り上げられた『普通の人々』（原題は"Ordinary People"）では，平穏な日常生活を送っていた家庭が，兄の死をきっかけに，次男の自殺未遂，家族の信頼関係，夫婦の愛，親子の絆，そして母親の存在と，次々に大切なものを失っていくさまが，冷静に，そしてリアルに映し出されている。本節のタイトルからは少しずれるが，副次的喪失をとりあげた貴重な映画として，もう一度簡単に紹介しておこう。ストーリーの詳細については，第1節を参照していただきたい。

(2)『普通の人々』

17歳のコンラッドは，ハイスクールに通い，水泳部に所属している。しかし，彼には重い過去があった。それは兄バックとボート遊びをしている最中に，ボートが転覆し彼だけが生き残ってしまう。やるせない思いから彼は自殺を図り，そのことがきっかけで退院後，精神科医のもとに通うことになる。兄を亡くしてからも，家族には兄の幻影がつきまとう。特に母親のベスは，秀でてスポーツ万能だったバックを溺愛していたため，今もコンラッドに対して素直に愛情を表わすことができない。父カルヴィンは，そんなコンラッドとベスの間のわだかまりを解きほぐし，崩壊しつつある家族の絆を取り戻そうと必死に努力する。

しかしその試みは，結局実を結ばなかった。ある晩コンラッドは，居間にいた父母の元にやってきて，初めて自分から進んでベスにキスをした。しかし，ベス

---

[7] たとえば「非公認の悲嘆」にまつわる映画としては，『デッドマン・ウォーキング』（1995年，アメリカ）があげられる。死におびえて反抗しながらも，なお無実を主張する死刑囚マシューと，彼の精神アドバイザーを務めるカトリックの修道女ヘレンの心の交流を綴ったヒューマン・ドラマ。

は抱き返すことはなかった。その夜,ベスはキッチンでひとり泣いているカルヴィンの姿をみる。そして彼は,とうとうベスに胸のうちを告げる。「君の正体がわからない」「平穏だった生活は1つのことで一変した。むなしい人生だった」と。ショックを受けたベスは,明け方家を出て行く……。この最後のカルヴィンの言葉が,副次的喪失の悲しい現実を見事に言い表わしている。

なお,この映画は,「PTSD」(心的外傷後ストレス障害)や「カイン・コンプレックス」(他のきょうだいに両親の愛を奪われたという無意識の恨みや嫉妬),さらにはカウンセリングの意義・機能といった観点からも論考ができ,心理学的にみて非常に興味深い作品といえよう。

(3)『誰も知らない』

さて,家族の喪失が次々と新たな喪失につながっていくようすを,まったく別の視点からみて取れる作品として『誰も知らない』(2004年,日本)がある。主演の柳楽優弥が,史上最年少でカンヌ国際映画祭最優秀主演男優賞を受賞したことは記憶に新しいであろう。この作品は,1988年に東京の西巣鴨で実際に起きた「子ども置き去り事件」をモチーフに,是枝裕和監督が15年の構想期間を経て映像化したものである。

とあるアパートに暮らす,母親とそれぞれ父親が違う4人の子どもたち。しかし,その子どもたちの出生届は出されておらず,彼らは世間の目から隠れるようにして日々部屋の中だけで過ごしていた。そんなあるとき,母親は新しい恋人と暮らすために姿を消してしまう。そこからきょうだいたちだけの,楽しくも過酷な生活が始まる……。台本を用いずセミ・ドキュメンタリー的なタッチで描かれた本作品は,社会派の重々しいテーマを背負っていながらも,透明感に満ちあふれた作品となっている。みずみずしい空気感や子どもたちの無垢な姿が,見ているものを魅了する。

しかし,冷静にみるとそこには実に多くの喪失体験が描かれている。まず母親の失踪。それにもとづく親子の信頼関係,底をつくお金にライフラインの停止,最低限の生活,きょうだいの絆,そして大切な妹の死……。いや,もともと戸籍上存在しない彼らは,最初から失うものなどなかったともいえる。現実にあった出来事とはいえ,その実態はあまりに非現実的であり,本節で紹介した映画の中で最も追体験が難しい作品かもしれない。さらにまた,現代におけるコミュニティの崩壊,社会福祉のあり方,ネグレクト(養育放棄),心理的虐待など,多くの社会問題についても考えさせられる。(→シミュレーション・ポイント⑨)

4. 映画による喪失シミュレーションの実践

　ここでは上記で取り上げた映画をもとに，実際に喪失シミュレーションの手続きを紹介する。その際，喪失といった観点から追体験が可能なシミュレーション・ポイントをいくつか例示する。なお，追体験とは一般的に「他人の体験をあとからなぞり，自分の体験のようにとらえること」と定義されている（新村，1998）。したがって，映画の中で描かれた喪失を追体験するには，単に娯楽の対象として客観的に鑑賞するだけでなく，その中の登場人物になったつもりで体験者の気持ちを理解し，自分ならどうするかということを想像する能力が必要となる。もちろん，登場人物や自分自身がなぜそのような行為をとったか（とると思ったか）を解釈し，そこに意味を見いだすためには，論理的思考能力も不可欠である。したがって，ここで紹介する「映画による喪失シミュレーション」は，調査協力者（映画鑑賞者）にとっては，こうした能力の確認や訓練にもつながるといえよう。

　その他，期待できる効果としては，「喪失に対する教育的効果」や「語る行為そのもののもつ臨床的効果」などが考えられる。前者については，追体験による感情移入や投影といった作業を通して，喪失に対する「デス・エデュケーション（死への準備教育）」や「グリーフ・エデュケーション（死別悲嘆の準備教育）」が可能となる。また後者については，個人的経験や映画の感想を語るという表出行為によって，自己の問題がより明確になり，調査協力者自身のカタルシス（浄化）を導くことが期待できる。

（1）映画による喪失シミュレーションの手引き

　それでは，まず簡単に喪失シミュレーションのプロセスを紹介しよう。このシミュレーションの目的は教育と研究の両方にあり，具体的には，

① 調査協力者（映画鑑賞者）に映画で描かれた喪失体験を，シミュレーション・ポイントをヒントに追体験させること，

② 各人のライフストーリーを語ることによって，映画のとらえ方に個人的な過去体験がどのような影響を及ぼしているのかを，インタビューといった相互作用を通して明らかにしていくこと，

にある。そして，そのプロセスは，次の4段階からなる。

　STEP1：調査者は目的にあった喪失映画を選び，調査協力者に鑑賞させる（題材となる映画については，上記本文あるいは本節末の紹介欄を参照）。

　STEP2：次にあらかじめ用意したシミュレーション・ポイントについて，調

査協力者にインタビュー形式で質問していく。
STEP3：上記シミュレーション・ポイント以外に印象に残ったシーンやセリフなどを調査協力者に自由に述べてもらう。
STEP4：「ライフストーリー・インタビュー」（説明は後述）を通して，個人の生活史について語ってもらう。そしてSTEP2で取り上げたシミュレーション・ポイントの回答に影響を及ぼしたと思われる主な要因（経験）を，調査者は調査協力者自身とともに解き明かしていく。

なお，最終的には上記の手続きを通して，グラウンデッド・セオリーでいうところの「理論的飽和」[8]に達するまで，より多くの人にインタビューを行ない，回答内容と体験との間に何らかの関連性や法則を見いだすことをめざす。また，語られた言葉そのものを質的データとして用いて，テキストマイニング[9]などによって用語の関連性を検討するのも1つの方法であろう。

(2) シミュレーション・ポイントの例
次に，各映画の中で考えられるシミュレーション・ポイントの具体例を示す。ただし，ここで紹介しているシミュレーション・ポイントは，あくまでも一例にすぎない。下記以外にも追体験することに意味のある場面を見つけ出して，各自でシミュレーション・ポイントを提案し，実施してほしい。

■『生きる』の場合
【該当場面】
主人公の渡辺勘治は，病院で受けた検診で胃癌が発見され，余命いくばくもないことを悟る。
【シミュレーション・ポイント①】
・あなたならあと半年しか命が残されていないことを知ったとき，どんな気

---

[8] 「理論的飽和」状態とは，継続的比較分析により分析を進めていった際，データから新たに重要な概念が生成されなくなったときのこと。つまり，分析結果を構成する概念が網羅的になり，概念相互の関係，カテゴリーの関係がデータに裏打ちされたうえで，論理的にまとめられた状態をさす。「理論的飽和化」や「グラウンデッド・セオリー」の詳細については，たとえば木下（2003）を参照のこと。

[9] 「テキストマイニング」とは，自由記述などで集めた膨大なテキストデータを単語やフレーズ単位に分割し，それらの出現頻度や相関関係などさまざまな観点から分析して有効な情報を発掘する（＝マイニング）技術のことである。

持ちになると思いますか。
- また残された時間をどのように使いますか。

【該当場面】
　渡辺の通夜の場面で，上司や同僚たちが渡辺の功績を否定していたときに，生前渡辺に世話になったという主婦グループがやってくる。そして遺影の前で心の底から感謝し，涙を流す。
【シミュレーション・ポイント②】
- あなた自身の葬儀の場面（または通夜の場面）を思い浮かべてみてください。参列者の中で，本当の涙を流している人は，家族以外に誰がいますか。
- また，なぜそのように思ったのでしょうか。

■『死ぬまでにしたい10のこと』の場合
【該当場面】
　23歳のアンは，卵巣に腫瘍が発見され，医師から余命2,3か月の宣告を受ける。そして「死ぬまでにしたい10のこと」をノートに書き始める。
【シミュレーション・ポイント③】
- あなたはアンのように，医師から余命3か月と宣告されました。さて，あなたの「死ぬまでにしたい10のこと」はいったいどんなことでしょうか。

【該当場面】
　アンは死の淵で，キッチンで楽しそうに食事の支度をする夫，2人の娘，その側にいる隣人のアンを眺めながら，「私のいない生活はきっとこんな感じなのだろう」と想像する。
【シミュレーション・ポイント④】
- もし，あなたが亡くなったとして，あなたのいない家族の生活は，どのようなものだと思いますか。
- あなたの家族や友人，仕事の同僚などはどれくらいの期間で，あなたのいない生活に慣れると思いますか。

■『解夏（げげ）』の場合
【該当場面】
　主人公の隆之は，ある日突然ベーチェット病に倒れる。それは，やがて失明に

いたる難病であり，彼の視界は日を追うごとに霧がかかったようにぼやけていく。そして最後に心に焼き付けるものとして，故郷である長崎の町並みと婚約者である陽子の笑顔を選ぶ。

【シミュレーション・ポイント⑤】
- しだいに光を失う恐怖をあなたは想像したことがありますか。もし，失明するとしたら，あなたが最後に見たいものは何ですか。

【該当場面】
　「解夏」とは，仏教の僧が夏に行なう安居（あんご）という修行が終わる最終日のことで，修行が始まる日のことを「結夏」（けつげ）というが，偶然出会った聖福寺の林老人は，隆之の場合は発病が「結夏」にあたり，完全に失明することにより「失明の恐怖」から解放される瞬間が「解夏」にあたると静かに告げる。

【シミュレーション・ポイント⑥】
- 今のあなたにとって，最大の苦しみは何ですか。
- その苦しみから解かれる瞬間，すなわちあなたにとっての「解夏」は，いつどのような形で訪れると思いますか。

■『1リットルの涙』の場合

【該当場面】
　主人公の木藤亜也は，突然「脊髄小脳変性症」という病に冒される。これは，手足や発話が少しずつ不自由になり，やがては寝たきりになってしまう難病である。亜矢は，普通校から養護学校への転校を余儀なくされ，健康な身体だけでなく，慣れ親しんだ環境や友人，自信やプライド，希望や明るい未来など，次から次へとさまざまな形の喪失，すなわち「副次的喪失」を体験することになる。

【シミュレーション・ポイント⑦】
- もし，あなたが身体の自由を奪われる病に冒されたならば，その喪失体験はどのような副次的喪失につながると思いますか。

■『私を抱いてそしてキスして』の場合

【該当場面】
　主人公のOL合田圭子は，ある日エイズに感染していることを知る。圭子は，その事実を友人や家族にも言えず，会社も辞め，差別や偏見の中でエイズの恐怖とひとり闘おうとする。

【シミュレーション・ポイント⑧】
- 「非公認の悲嘆」といえる喪失体験として，どのようなものが考えられますか。
- また，あなた自身がそうした十字架を背負わねばならなくなったら，どのような生き方を求めますか。

■ 『誰も知らない』の場合
【該当場面】
　とあるアパートに暮らす，母親と4人の子どもたち。ある時，母親は新しい恋人と暮らすために忽然と姿を消してしまう。それにより，子どもたちの生活は窮地に追い込まれ，やがては大切な妹までも亡くしてしまう。
【シミュレーション・ポイント⑨】
- この映画の子どもたちは，母親に捨てられたことによって，何を失ったと思いますか。
- また，映画のラストシーンを見て，その後の子どもたちの生活を想像してみましょう。

(3) ライフストーリー・インタビュー
　同じ映画を見ても，受け取り方や印象に残る場面はさまざまである。その差異を規定する要因の1つとして，個々人のおかれている状況やこれまでの体験（生活史）の違いがあげられよう。こうした「生活史」を尋ねる調査法が，「ライフストーリー・インタビュー」とよばれるものである。
　これは質的面接法の1つであり，個人の生活史を面接によって聞き取り，構成したものである（保坂ら, 2000）。具体的には，子どものときから現在にいたるまでの時間軸に沿って，個人をとりまく環境の変化や主要な出来事をあげてもらい，それらについてより詳しい説明や意味づけを自由に語ってもらう調査法である。人間の内面に接近するのに非常に有効的な手法であるとされている。
　なお，本来のライフストーリー・インタビューでは，語り手（インフォーマント）と聞き手の関係性を重視し，語り手の経験の意味づけや，語りに込められた「声」のとらえ方が重要なポイントであるとされている[10]。また，その目的も，

---

[10]「ライフストーリー・インタビュー」の詳細については，桜井と小林 (2005), 徳田 (2004) を参照のこと。また「語り」といった観点からは，呉 (2005) が有益な示唆を与えてくれる。

不登校や引きこもり，DV（ドメスティック・バイオレンス：家庭内暴力）などの家族問題，少数民族や被差別部落などのマイノリティといった社会問題や社会現象を理解・解釈することにおかれる場合が多い。

しかし，「映画による喪失シミュレーション」の一環として行なうライフストーリー・インタビューでは，あくまでも"どういった過去の体験がおのおののシミュレーション・ポイントに関する回答に結びついているのか"といった個人的要因の探索が主目的となる。調査者は，調査協力者に映画を見せて追体験してもらい，その感想や意見について生活史と関連づけながら解釈することにより，映画のとらえ方と過去体験との間にさまざまな興味深い関連性を発見することができるであろう。

5. まとめ

本節では，自分の命や身体機能を失うことに関して，追体験が可能となる映画をいくつか紹介してきた。"自分に死がせまりくる"，あるいは"病気で身体の自由が奪われる"ことにより生じる恐怖や不安感，さらにはそこから生まれる新たな決意といったものは，そうした状況におかれた者でないと真に理解できないであろう。しかし，"その時"には，残された時間があまりに短く，冷静な判断が下せないかもしれない。その意味で，登場人物の苦悩にみずからを重ねることは，非常に意義あるものと思われる。さらに，映画の中で特に感情移入したのは誰か，それはなぜなのか……。これまでの自身の過去と照らし合わせて，こうした問題に目を向けることも，大切な作業と思われる。それにより，調査協力者自身もこれまで気づかなかった自身の内面や大切な事実が発見でき，これからの人生をより豊かに生きることにつながるかもしれない。

映画は，確かにつくられた虚構の世界である。しかし，そこにはさまざまな人生が凝縮されている。本書を読んで，喪失に関する映画や喪失体験のシミュレーションに興味をもった人のために，参考となりそうな作品をさらにいくつか紹介しておこう。小此木（1992b）や森（2002）でも数多くの映画が紹介されているが，ここでは極力それらとは重複しない作品をあげておく。ぜひとも追体験に臨み，"生きることの意味"を見いだしていただきたい。

＜自己の死・不治の病＞
『ベニスに死す』（1971年，イタリア／フランス：原題 "Morte a Venezia"）
『ラストコンサート』（1976年，イタリア／日本：原題 "The Last Concert"）

第 1 章　映画による喪失シミュレーション

『翼は心につけて』（1978 年，日本）
『オール・ザット・ジャズ』（1979 年，アメリカ：原題 "All That Jazz"）
『マグノリアの花たち』（1989 年，アメリカ：原題 "Steel Magunolias"）
『ドクター』（1991 年，アメリカ：原題 "The Doctor"）
『グッドナイト・ムーン』（1998 年，アメリカ：原題 "Stepmom"）
『大河の一滴』（2001 年，日本）
『スウィート・ノベンバー』（2001 年，アメリカ：原題 "Sweet November"）
『命』（2002 年，日本）
『ビッグ・フィッシュ』（2003 年，アメリカ：原題 "Big Fish"）
『ウォーク・トゥ・リメンバー』（2002 年，アメリカ：原題 "A Walk to Remember"）
『みなさん，さようなら』（2003 年，カナダ／フランス：原題 "Les Invasions Barbares"）
『世界の中心で，愛をさけぶ』（2004 年，日本）
『海を飛ぶ夢』（2004 年，スペイン／フランス：原題 "Mar adentro"，英題 "The Sea Inside"）

＜特殊な病＞
　『リック』（1988 年，アメリカ：原題 "The Dark Side of the Sun"）
　『ジャック』（1996 年，アメリカ：原題 "Jack"）
　『ダンサー・イン・ザ・ダーク』（2000 年，デンマーク：原題 "Dancer in the Dark"）
　『私の頭の中の消しゴム』（2004 年，韓国）
　『博士の愛した数式』（2005 年，日本）

＜高齢期に直面する喪失＞
　『恍惚の人』（1973 年，日本）
　『八月の鯨』（1987 年，アメリカ：原題 "The Whales of August"）
　『アバウト・シュミット』（2002 年，アメリカ：原題 "About Schmidt"）

第3節　適用研究例：映画『世界の中心で，愛をさけぶ』で喪失シミュレーション度をはかる

1. 映画視聴とシミュレーション体験

　映画を視聴することで，どの程度視聴者は主人公に同一化することができるのだろうか。映画視聴は疑似体験だが，どれくらいの現実感を視聴者に与えているのだろうか。視聴者はどの程度主人公の感情を追体験しているのだろうか。この問いをわれわれのテーマに沿って表現すれば，映画で描かれる喪失がどの程度のリアリティの重さを視聴者に与えているのか，あるいは主人公が経験する喪失は，どの程度自分の生活で実際に起こった出来事であるかのように感じさせるのかということになる。

　かつて藤原（1989）は『シャイニング』（1980年，イギリス）という恐怖映画がどの程度のリアリティの重さを鑑賞者に与えるかを調べる実験を行なっている。具体的には，実験室で実験協力者に『シャイニング』を鑑賞してもらい，同時に心拍，呼吸，皮膚電位反応を測定した。実験のねらいは，映画中の登場人物が感じているであろう恐怖を，どの程度観客が追体験しているのかを測定することであった。恐怖映画ということもあり，途中で実験を中止しようかと思ったほどで，視聴者はかなりのレベルの恐怖反応をあらわにしていた。確実に映画のインパクトを生理反応レベルで測定することに成功したのである。そして皮膚電位反応を分析した結果，1つの映画の中に興奮の山が2つあるというおもしろい事実が明らかになった。1番目の山は映画が始まっておおよそ60分のところに，2番目の山は120分のところにあることを見いだした。こうした結果から，鑑賞者は恐怖による覚醒と恐怖からの解放（弛緩）を交互に経験していると推測される。

　本節では喪失に関する映画を学生たちに視聴してもらって，彼らがどのような感想を抱いたのかを調査した例を紹介する。心拍，呼吸，皮膚電位といった生理反応を集団的に測定する装置はないので，質問紙調査で彼らの疑似体験の中身を探索してみよう。

　映画の選定にあたってわれわれが留意した点は，調査協力者と映画の間にへだたりがないこと，別の表現をすれば，類似点が高いということである。なぜなら，似ていると感情移入が容易にできるからである。そこでわれわれが選んだ映画は『世界の中心で，愛をさけぶ』（2004年，東宝）である。これは日本映画で，調査協力者と主人公の年齢も近く，若者に関心の高い恋愛をテーマにしたものであり，

また爆発的なヒットをした映画であることが理由である。
　この映画の主題は，大切な人（恋人）を死によって喪失するモーニング・ワークと純粋な愛という2点に集約できる。高校生のときに恋人を亡くし，それによって生じた悲嘆から17年後の主人公が立ち直っていく過程をこの映画は描いている。

2.『世界の中心で，愛をさけぶ』の概略

　原作である片山（2001）による同名の小説は，300万部以上を売り上げ，映画の他にテレビドラマ化や舞台でも演じられるなど人気を博した。映画の主な配役は，主人公である朔太郎の現在（成人役）に大沢たかお，主人公の高校生時代に森山未來，現在の恋人役に柴咲コウ，白血病で亡くなる高校生時代の恋人に長澤まさみ，朔太郎を陰ながら支える写真館の主，重じい（重蔵）に山崎努である。
　物語は朔太郎の現在（成人）と過去（高校生）を行き来する構成となっている。現在の朔太郎は婚約者の律子との結婚式を間近に控えていた。そんな折，引越しのための荷造りをしていた律子は，幼少時代に着ていたカーディガンから「86/10/28」とのラベルが貼られた古いカセットテープを発見する。テープを聞いた律子は何かを思い出し，涙を流す。そして，彼女は置き手紙を残し失踪する。行き先は，朔太郎，律子，そして朔太郎の亡き恋人である亜紀の故郷，高松。そのテープには，亜紀の最期のメッセージが吹き込まれていた。台風を告げるニュース番組に律子が映り，高松にいることを知った朔太郎も後を追うため空港へと走る。その走る姿は高校生時代の朔太郎へとオーバーラップし，舞台は1986年の高松へと移る。
　高校時代の朔太郎と亜紀は互いに惹かれ合い，交際を始める。ある日重じいの頼みで，その想い人である校長先生の墓から骨を取り出す。その過程で彼らは純愛について語り合う。そんな日々を思い出してか，高松に着いた現在の朔太郎は，実家にあったいくつものカセットテープをウォークマンで聞きながら思い出の場所めぐりをするのだった。
　再び場面は高校時代へ。朔太郎がラジオ番組に投稿した葉書の内容が読み上げられる。それは「僕のクラスメイトは白血病で……」という嘘の内容であった。「どちらが先にラジオ番組に葉書を採用させるかの勝負は僕の勝ちだ」と翌日の学校で勝ち誇る朔太郎に対して，亜紀は怒ったようなそぶりでカセットテープを渡す。そこには，「軽はずみな嘘で病気を扱ったことに怒っている」という内容が吹き込まれていた。翌日謝罪する朔太郎。そして，その日から2人の間でカセットテー

プによる交換日記が始まる（シーン①）。
　夏休みも終盤にさしかかる頃，友人の協力の下，ボートで無人島に渡った2人は，そこで1日を過ごす。幸せの絶頂にある2人（シーン②）。しかし，翌日帰路につこうとした際，亜紀が突然鼻血を流しながら倒れる（シーン③）。急いで病院へ連れて行こうとする朔太郎。そこへ知らせを聞いて駆けつけてきた亜紀の父親が到着し，朔太郎は殴られる。その後，亜紀は入院するのだった。
　思い出の場所めぐりをしている（シーン⑨）現在の朔太郎は，母校へたどり着く。そして，足は体育館へと。テープを聞きながら，朔太郎はピアノの前へ行く。そこで彼は，亜紀が今まさにそこにいるかのように錯覚する。ピアノを弾いている亜紀（シーン⑩）。「白血病」と打ち明ける亡き恋人の姿（シーン④）。「クラスメイトに白血病の女の子がいる」といった，自分のラジオ番組への投書を悔やむ高校時代の朔太郎。幻と抱擁を交わす現在の朔太郎。そして，友人に「今，亜紀に会った」と電話で話す現在の朔太郎。その朔太郎の姿を，現在の婚約者である律子は物陰から見つめていたが耐え切れなくなり，雨の中へと走る。雨宿りのために立ち寄った建物は，あの重じいの写真館だった。中に招き入れられた律子は，飾られていた朔太郎と亜紀の結婚写真を見て，「2人の約束を奪ってしまったんです」と重じいに言う。律子はかつて，病室から亜紀のメッセージが吹き込まれたカセットテープを，朔太郎の学校の下駄箱に届ける役目を負っていたのだが……。
　またまた舞台は高校時代へと。治療を続ける亜紀だが，髪の毛が抜け始めるなど徐々に弱っていく。そんな亜紀に朔太郎は「世界の中心」と思えるほど神聖な場所，ウルル（オーストラリア）へ一緒に旅行しようと持ちかける。パスポート用の写真を撮るために，重じいの写真館に2人は赴く。そこで，2人は結婚写真を撮る（シーン⑤）。「私，忘れられるのが怖い」という亜紀の言葉を受けて。病院に戻ると，亜紀と同じく白血病で入院していた河野君が突然亡くなっていたことがわかる。迫り来る死に怯える亜紀と慰める朔太郎。残酷にも病はどんどん進行し，亜紀はすべての髪の毛を失う（シーン⑥）。無菌状態にするために病室はビニールで覆われ，隔離される。見舞いに訪れた朔太郎は婚約届を亜紀に見せ，2人はビニール越しにキスを交わす。
　病院の廊下で亜紀の父親から，「俺は何もやってあげられない」と聞かされた朔太郎は決心をして，カセットテープで「ウルルに連れて行くことにした。迎えに行く」とのメッセージを伝える。台風が猛威を振るう真夜中に病室から亜紀を連れ出した朔太郎は，タクシーで空港へ向かう。しかし，無情にも台風のために飛行機が欠航になったとのアナウンスが流れる。「どうしても行かなきゃいけな

いんだよ」と空港スタッフに怒りをぶつける朔太郎。そんな中，ベンチに座っていた亜紀は倒れてしまう。「この次なんてないんだってば」との言葉を発し，亜紀は気を失う。亜紀を抱きかかえ，誰に対する呼びかけなのか，「助けてください」と朔太郎は絶叫する（シーン⑦）。

　病院へ戻った亜紀は，最期のメッセージをカセットテープに吹き込む。しかし幼少時の律子は，その最期のテープを高校時代の朔太郎には届けられなかった。交通事故に遭ってしまったからだ。

　大人になった律子は，重じいの写真館から現在の朔太郎に電話をかける。「亜紀さんの最期のテープを渡せなくて……」「ごめんね」と伝えるために。朔太郎は写真館へと急ぐ。しかし，そこにはもう律子はいなかった。「俺さぁ，亜紀の死からずっと逃げてきた。忘れられないんだよ。どうすればいいかわかんないんだよ」とそこにいた重じいに告白する朔太郎（シーン⑪）。それに対して，重じいは，「残された者にできるのは，後片づけだけだよ」とアドバイスする。その言葉に光明を得たかのように朔太郎は空港へと向かう。空港には律子がいた。謝る律子に対して朔太郎は，「亜紀は君を恨んじゃいないよ。あの日，彼女はここまでしか来ることができなかった。いつか必ず行こうって約束したんだ。後片づけしなきゃ」と言葉をかける。

　とうとうウルルに辿り着いた2人。朔太郎は，ウォークマンで亡き恋人の最期のテープに聞き入る。「最後に1つだけお願いがあります。私の灰を，ウルルの風の中に撒いて欲しいの。そして，あなたはあなたの今を生きて」と亜紀の遺言が流れる。その遺言通り，朔太郎は瓶に入った遺灰をウルルの風へと撒くのだった（シーン⑫）。

3. 視聴者はこの映画をどのように受け止めたのか

　調査協力者は社会心理学を学ぶゼミの3回生，9名（男性3名，女性6名）である。平均年齢は22.33歳（$SD=2.60$）。まず，「死によって大切な人を亡くすこと」というような喪失についての簡単な説明を行なった。続いて映画『世界の中心で，愛をさけぶ』を調査協力者に視聴してもらった（138分）。映画視聴後に質問紙を配り，1週間後のゼミの時間に各自が回答したものを提出してもらった。なお，回収日当日にゼミを休んだ者には後日郵送で提出してもらった。

　質問内容は，劇中の重要と思われる12のシーン（前述の映画概略中のシーン①から⑫）を時系列順に列挙しておき，主人公の幸福の度合いを+5～-5点で評定させた。なお，恋人が亡くなるシーン（シーン⑧）は実際には描かれていな

いが（最期は主人公と会わずにひっそりと息を引き取る），主人公の高校時代と成人後を分かつターニング・ポイントとして含めた。その他の質問項目としては，主人公が最も「幸せ」「後悔」「怒り」「悲しみ」を感じたシーン，「喪失から立ち直っていないことが描かれている」「喪失から立ち直るきっかけとなった」「死について考えさせられた」シーンについて記述させ，それを選んだ理由と感想の記入を求めた。

また劇中で描かれていた"後片づけ"（モーニング・ワーク）に関しては，「劇中で描かれていた現在のパートナー（律子）とオーストラリアのウルルに行き，亡き恋人の遺灰を撒く"後片づけ"をどう思うか？」「主人公と同じ状況になったと仮定するなら，どのような"後片づけ"を選択すると思うか？」という問いで感想を求めた。

図1-2は，調査協力者によって推測された，幸福値の平均値の推移と標準偏差を表わしたものである。この結果によると，恋人とつきあい始めたころに高い幸福値を示し，恋人が弱っていくにつれて幸福値が下がっていき，恋人が亡くなるころに最低となり，ラストの遺灰を撒くシーンで再び高い幸福値となる。

映画は，緊張と弛緩，喜びと悲しみ，恐怖と安堵といった，プラスとマイナス方向への極端な感情を経験させるように創作されていることが多い。この映画の製作者の意図は，おそらく感情のアップ・アンド・ダウンを視聴者に経験させることに違いない。そして視聴者の側も，主人公に同一化し，製作者の意図に沿っ

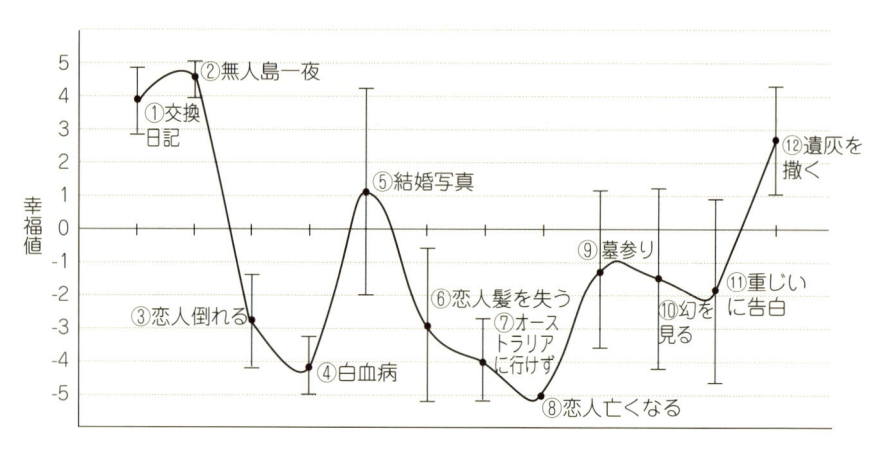

図1-2　主人公の幸福値の推移についての平均曲線

た形で追感情を体験していることをデータは示している。製作者側にたつと，この映画は幸福な気分からスタートさせ，白血病という不運で不幸の奈落に落とし，結婚写真を撮るシーンで一時的な安堵を経験させる。その後，恋人の髪の毛をすべて失う，台風という統制不可能な出来事のためオーストラリアに行けないということでネガティブ感情の底を打たせる。主人公が最も後悔，怒り，悲しみを感じたシーンは，という質問への回答結果から，幸福値のマイナス面の感情は，まず後悔，次いで怒り，最後に悲しみという具合に，時間的な順序で変化していたことが読みとれた。最後には故人の遺言に従い遺灰を撒くシーンでプラスの感情を経験させる。視聴者はみごとに意図どおりの感情曲線を描いている。横軸に時間軸を，縦軸に幸福感をとると，この映画はU字型を示している。こうした結果から，喪失映画視聴はある程度のリアリティを与え，観る者の主人公の感情への同一化をうながすのではないかと思われる。

この映画では高校時代から成人までの17年間の描写がまったくなされていないので，主人公がどのような生活を送ってきたのか不明である。シーン⑨，⑩，⑪の評定がマイナスであることから，この映画の主人公が喪失体験から回復していないのは明らかである。「主人公が恋人を亡くしたことから立ち直っていないことが，最も描かれていたシーン」については，66.7％が「残されたテープを聞き，亡き恋人の幻を見るシーン」と回答している。「亜紀がまるでそこにいるかのように手をつなぎ，抱き合っている気持ちになっている主人公は，本当に違う世界にいるのだなあと思った。重症だと思った」「大切な人を失うと，こんな何年も想い続けるのだろうかと思った」という自由記述からも，主人公の傷は癒えてはいないことが推測できる。たとえば亡き恋人の幻を見て，想像の中で会話をし，抱き合うということは，モーニング・ワークができていないことを意味する。モーニング・ワークのためには，相川（2003）が指摘するように，大切な人が死んだ，その人は逝ってしまい，けっして戻ってくることはないという事実を理性だけでなく情緒的にも受け入れることが必要である。映画の中で主人公は，「恋人の死からずっと逃げてきた」「恋人のことを忘れていた」とも語っており，悲嘆反応を正面から体験するという，モーニング・ワークを回避してきたのである。このことが主人公の喪失体験からの回復を遅らせたのであろう。

では次に，この映画ではどのようにして主人公は立ち直っていったのか。立ち直るきっかけとなったことが描かれたシーンとしては，新パートナーと後片づけに行くシーンをあげた人が55.6％，重じいが後片づけをするようにアドバイスしたシーンをあげた人が44.4％であった。亡き恋人は遺言として，「私の灰をウル

ルの大地に撒いてください」という内容を吹き込んだカセットテープを残していた。その遺言通りに主人公は後片づけの作業を行なった。視聴者の回答でも，この方法をとるとの意見が多く得られた。遺言に沿うことが，亡くした人のためになるし，自分にとっても後悔しないですむというメリットがあるとの考えをもったようだ。

映画に触発されて過去の喪失体験を思い出した学生もいた。たとえば，次のような回答が得られている。校長先生のお墓から骨を取り出すシーンから，「祖母の骨のことを思い出した。骨壺を持ったときに，ひとりの人間として生きていた祖母が骨となって1つの壺に入っていることの不思議さ，違和感を覚えた」。亜紀の髪の毛がすべて抜け落ちるシーンから，「祖母が入院していたときのことを思い出した。変わり果てた祖母を見て，とても辛かったこと，自分には何もできないことがよくわかることを思い出した」。

このように映画視聴はさまざまな反応を連鎖的に起こさせるようである。具体的には，映画視聴→同一化・投影作用による疑似体験（感情反応）→記憶の喚起（過去の自己体験への連想）→思考・熟考というプロセスの反応連鎖で記述できるかもしれない。

喪失研究の主目的は，「喪失による悲嘆に適応（adaptation）するための有効な方策を見いだすこと」に集約できる。しかしその一方で，「まだ喪失経験がない人々に，将来経験する可能性が大である大切な人の死に対して心構えをさせる（すでに経験した人々には再度の悲嘆をやわらげる）方法を見いだす」ことももう1つの重要な研究領域であるといえる。しかしながら，実験手法によって強制的に何かを失わせることは倫理的に許されない行為である。また同時に大切な人・ものになるためには長年の交流が必要不可欠であり，実験状況でそれをつくり出すことも不可能である。本章で紹介した映画による喪失のシミュレーションは，これからの喪失研究の1つの方向性を示しているのではないだろうか。すなわち，

① 喪失への対策を立てさせるという研究・教育的見地から，
② 疑似体験を通して，多くの人々からデータの収集ができるという純粋な研究上の見地から，

映画による手法には利点があるといえる。

死生学者のデーケン（1996）は，来るべき死への準備教育の重要性を説くとともに，喪失がもたらす悲嘆に備えるための教育も必要であると述べている。今回の調査の中で感想文形式の質問に回答させたことによって，どの程度喪失への考えが深まったか明らかではない。しかしながら，喪失をテーマとする映画を視聴

させ，それについて感想文を書かせたり，グループ・ディスカッションをさせることには，喪失への準備教育の可能性があることを示せたのではなかろうか。特に，「自分ならどのような"後片づけ"を選択するか」に対する回答は，調査協力者に来るべき喪失への対策を考える機会を提供できたと思われる。大切なことは，ただ映画を視聴させるだけではなく，その後に感想文やグループ・ディスカッションを通じて，自分なりの意見を表明させることである。従来の喪失研究の知見を披露する機会があれば教育効果はさらに高まるだろう。

引用文献

相川　充　2003　愛する人の死，そして癒されるまで：妻に先立たれた心理学者の"悲嘆"と"癒し"　大和出版

浅田次郎　2000　鉄道員(ぽっぽや)　集英社文庫

デーケン，アルフォンス　1996　死とどう向き合うか　日本放送出版協会

藤原武弘　1989　シネマ・サイコ　福村出版

藤原武弘　2004　社会的場としての駅への社会心理学的接近　関西学院大学社会学部紀要，**96**，111-120.

濱口惠俊　1977　「日本らしさ」の再発見　日本経済新聞社

Harvey, J. H. 1996 *Embracing their memory: Loss and the social psychology of story-telling*. Needham Heights, MA: Allyn & Bacon.

Harvey, J. H. 2000 *Give sorrow words: Perspectives on loss and trauma*. Philadelpha,PA: Brunner/Mazel.　安藤清志（監訳）　2002　悲しみに言葉を　誠信書房

Harvey, J. H. 2002 *Perspectives on loss and trauma: Assaults on the self*. Thousand Oaks, CA: Sage Publications.　和田　実・増田匡裕（編訳）　2003　喪失体験とトラウマ：喪失心理学入門　北大路書房

平山正実　1997　死別体験者の悲嘆について　松井　豊（編）　悲嘆の心理　サイエンス社

保坂　亨・中澤　潤・大野木裕明（編）　2000　心理学マニュアル「面接法」　北大路書房

Holmes, T. H. & Rahe, R. H. 1967 The social readjustment rating scale, *Journal of Psychosomatic Research*, **11**, 213-218.

池内裕美・藤原武弘　2002　対象喪失による心理的過程　日本社会心理学会第43回大会発表論文集，526-527.

池内裕美　2006a　喪失対象との継続的関係：形見の心的機能の検討を通して　関西大学社会学部紀要，**37**(2)，53-68.

池内裕美　2006b　喪失体験がもたらす心理的変化と副次的喪失：初発となる喪失体験からの喪失転移の様相　日本社会心理学会第47回大会発表論文集，580-581.
片山恭一　2001　世界の中心で，愛をさけぶ　小学館
木下康仁　2003　グラウンデッド・セオリー・アプローチの実践：質的研究への誘い　弘文堂
Kübler-Ross, E.　1969　*On death and dying*. New York: Macmillan Company.　川口正吉（訳）　1971　死ぬ瞬間：死にゆく人々との対話　読売新聞社
森　茂起　2002　トラウマ映画の心理学　新水社
呉　宣児　2005　語りに耳を傾ける　伊藤哲司・能智正博・田中共子（編）　動きながら識る，関わりながら考える：心理学における質的研究の実践　ナカニシヤ出版　Pp.77-91.
小此木啓吾　1992a　シネマ・ワークの研究へ　*imago* Vol.3-12, 88-95.
小此木啓吾　1992b　映画でみる精神分析　彩樹社
小此木啓吾　1997　対象喪失とモーニング・ワーク　松井　豊（編）　悲嘆の心理　サイエンス社
Rando, T. A.　1993　*Treatment of complicated mourning*. Champaign, IL: Research Press.
桜井　厚・小林多寿子（編）　2005　ライフストーリー・インタビュー：質的研究入門　せりか書房
新村　出　1998　広辞苑（第五版）　岩波書店
田辺　保　1976　世界の思想家8：パスカル　平凡社
徳田治子　2004　ライフストーリー・インタビュー　武藤　隆・やまだようこ・南　博文・麻生　武・サトウタツヤ（編）　質的心理学：創造的に活用するコツ　新曜社　Pp.148-154.

第2章 囚人のジレンマゲーム・最後通牒ゲーム

第1節 はじめに

　葛藤の多くは当事者間の利害対立から生まれる。利害葛藤の中で，人は少しでも自分の利益を大きくしたがり，自分が得になるような解決を望む。しかし，このような状況では自他の利害は絡み合っており（だから葛藤が生じているわけだ），一方が得をすることは相手の利害にも直結する。そして当然のこととして，葛藤の相手がこちらの利益を尊重してくれるとは限らない。こちらと同じように，少しでも（自分が）得をしたいと考えていることがほとんどだろう。

　このような状況では，「自分の利益のことしか考えていない相手に，いかにしてこっちの利益になるような行動をとってもらうか」ということが，互いに重要になってくる。自分が得をするためにどうすればいいのか，という問題は，自分勝手なように見えるが，実は，自分のことしか目に入らない利己主義者には手に余る要素を含んでいるのである。

　本章では，対人間の利害葛藤に着目し，このような葛藤の中で当事者どうしが互いに得をし，共生していくための方法について考える。両者がともに自分の利益を大きくするようなやりとりは，果たして可能なのだろうか。自分の利益だけを考える心を捨て去って利他的な心と入れ替えなければ，葛藤を乗り越えての共

生など無理な話なのだろうか。よく知られた2つのゲームを通して考えてみよう。

第2節　囚人のジレンマゲーム (Prisoner's Dilemma Game)

1. ゲームのあらまし

まず1つ目のゲームはこんなゲームである。

2人の人物が，共謀して罪を犯した容疑で捕えられ，別々に取調べを受けている。ただし，現状では2人を重罪に処すだけの証拠はなく，このまま自白が得られなければ，軽い余罪で刑に処すことしかできない。取調官は自白を得るために，2人に別々に次のような取引をもちかける。このまま2人とも黙秘を続ければ，証拠不十分で2人とも2年の刑になる。しかし，もしお前が自白して相手に不利になるような証言をするなら，捜査協力の名目で無罪放免してやろう。そのとき，黙秘を続けた共犯者は10年の刑だ。2人ともが黙秘しないで自白すれば，証拠がそろって2人とも5年の刑だ。黙秘を続けるか，自白するか。2人の被疑者は決断に迫られる。この取引は2人の被疑者に同時にもちかけられており，2人ともそのことを知っている。しかし，最終的な決断を下すまでは，相手がどちらに決めたのかを知ることはできない。さて，あなたがこの被疑者の立場なら，どう考えるだろうか。

2. ゲームの背景とこれまでの研究
(1) 損して得とれ

このゲームは，1950年にドレッシャー（Dresher, M.）とフラッド（Flood, M.）によってその原型が考案され，その後タッカー（Tucker, A.）によって囚人のストーリーに仕立てられるとともに囚人のジレンマと名づけられた（Poundstone, 1993）。

上のような状況で「得をする」ためにはどうしたらよいのだろうか。2人の被疑者にとっての行動選択肢と，そこから得られる結果をまとめた表2-1を見ながら考えてみよう。それぞれの人間が利己的かつ合理的に，自分の利益を最大にすることをめざしているとすれば，誰しも自分の刑期が短くなるに越したことはない。相手が黙秘していてくれるのなら，自分は自白すれば無罪放免となる。また相手が自白するのなら，自分だけ黙秘を続けて10年の刑に処されるよりは，さっ

表2-1 囚人A，Bにとっての利得

		囚人B	
		黙秘	自白
囚人A	黙秘	2年, 2年	10年, 0年
	自白	0年, 10年	5年, 5年

注）左の数値は囚人A，右の数値は囚人Bにとっての結果を示す。

さと自白して5年の刑のほうがよい。ということは，相手がどちらに決めようが，自分自身は自白したほうが刑期は短い。つまり，ここで「得をする」ための最良の方法は，相手の決定にかかわらず自白すること，ということになる。しかし，両者がともにその最良の方法を選択した結果は，ともに5年の刑である。これでは2人で黙秘を貫いた場合の2年の刑よりも重くなってしまう。

それぞれの人間が利己的かつ合理的に，自分の利益を最大にするように（経済合理的に）行動したはずの結果が，どちらにとっても得にならない結果となってしまう。逆にそれぞれが目先の利益にとらわれずに，相手の利益を大きくするように行動すると，互いにより大きな利益を得ることができる。このゲームが「ジレンマ」とよばれるゆえんはここにある。

この構造をもう少し一般的に表現すると，次のようになる。各プレイヤーは，それぞれ相手に「してほしいこと」がある（被疑者の例の場合，「黙秘」がこれにあたる）。互いに相手の「してほしいこと」をすれば，双方にとってよりよい状態が生まれる。相手にだけ「してほしいこと」をさせて，自分は相手の「してほしいこと」をしなければ，それよりもっと得をすることができる。しかし，両者がそのように自分の利益だけを考えて行動すると，双方にとって望ましくない結果しか得られない。

囚人のジレンマが意味するところは，「損して得とれ」「情けは人のためならず」といった慣用句と同じである。そしてこのような構造は，実はわれわれの社会で交わされる交換関係の基礎となっているものでもある。経済的な取引や外交上の交渉問題，恋人どうしの恋の駆け引き，隣人どうしの助け合いなどにも同じ構造をみることができる。二者間のやりとりを三者以上の関係に拡張して考えれば，環境問題や公共マナーの問題も同じ構造であることがわかるだろう（詳しくは第5章第1節の「社会的ジレンマとは」を参照）。ゲーム理論の分野では，上述の例で相手の「してほしいこと」をすることを「協力」，しないことを「裏切り」とよび，表2-2のような状況において各利得の関係が，T>R>P>S, R> (T+S)

表 2-2 囚人のジレンマ

		プレイヤー 2	
		協力	裏切り
プレイヤー 1	協力	R, R	S, T
	裏切り	T, S	P, P

注）左の数値はプレイヤー 1，右の数値はプレイヤー 2 にとっての結果を示す。アルファベットはそれぞれ Reward for cooperation（協力の見返り），Sucker's payoff（お人よしの利得），Temptation to defect（裏切りの誘惑），Punishment for noncooperation（非協力への罰）の略。

/2 となるような状況を囚人のジレンマと定義している（囚人 A と囚人 B の利得を示した表 2-1 の場合，表中の数字は負の利得を示すので，この大小関係を当てはめるときには数字にマイナスをつけて考えてほしい）。

(2) 長期的な関係としっぺ返し戦略

被疑者の例では，やりとりは一度限りだったが，われわれが築いている関係の多くは，同じ相手とある程度の期間継続して続けられるものである。それはちょうど，囚人のジレンマゲームを一度だけでなく，何度もくり返し行なうことに似ている。その場合，協力し合うことはより重要になる。互いに協力し合う関係を長く続けることができれば，互いに裏切り合う関係を長く続けた場合よりも，トータルの利益はずっと大きい。裏切りによって相手との協力関係が壊れるリスクを考えれば，協力を続けたほうが，長い目でみた利益を確保することにつながるのだ。つまり，長期的な関係が一度限りの関係と大きく異なっているのは，裏切りの利益と引き換えに相手の将来の協力を失うかもしれないという点である。

たとえば，表 2-3 のような利得表にもとづいて，ゲームを 200 回くり返すことを考えてみる。このとき，2 人がずっと協力し合うことができれば総得点は 4000 点になるが，ずっと裏切り続けた場合，得点は 2000 点にしかならない。もちろん，一，二度相手を出し抜くことに成功すれば，そのぶんだけ相手よりも得点は高くなる。しかし，裏切ったことによって，相手が自分に協力することをやめてしまったら，互いの協力によって得られたはずの将来にわたる大きな利益を逃してしまうことになるだろう。

したがって，このような構造をもつ関係の中で結果的に「得をする」ためには，目先の利益にまどわされることなく，相手との関係を長い目で見て，安定した関係を続けることが重要なポイントとなる。プルイットとキンメル（Pruitt &

表2-3 囚人のジレンマの例

		プレイヤー2	
		協力	裏切り
プレイヤー1	協力	20, 20	0, 30
	裏切り	30, 0	10, 10

注）左の数値はプレイヤー1，右の数値はプレイヤー2にとっての結果を示す。

Kimmel, 1977）は，くり返しのある囚人のジレンマにおいて安定した関係を築くための条件として，両プレイヤーが長期的な利益を目標としており，かつ相手もそれを望んでいると期待できることをあげている。しかし，こちらが協力を望んでいても，相手もそう思っているとは限らない。囚人のジレンマのような社会関係の中で，どんな相手ともうまくやっていく方法はあるのだろうか。

アメリカの政治学者アクセルロッド（Axelrod, 1984）は，さまざまな戦略どうしで囚人のジレンマをくり返し戦わせるコンピュータ・シミュレーションを行ない，そこでうまくやっていた戦略の特徴を明らかにした。その結果，最も高い得点を上げたのは，心理学者ラパポート（Rapoport, A.；詳細は第3章第1節を参照）が考案した「しっぺ返し戦略（Tit-For-Tat: TFT）」だった。これは，「1回目は協力する」「2回目以降は，前回相手が協力していれば協力し，裏切りなら裏切りを選ぶ」というシンプルな戦略である。

しっぺ返し戦略がうまくやれた理由は，ひとことで言うと，どんな相手も協力させる力をもっていたことにある。しっぺ返し戦略は，自分からは裏切らず，相手が協力している限りにおいて協力し続けた。このことは，協力的な相手との協力関係を損なわずに継続させることにつながった（逆に，相手を出し抜いて目先の利益を上げようとする戦略は，その裏切りによって相手の報復を招き，長期的な利益を損なってしまった）。またしっぺ返し戦略は，協力的な相手にもそうでない相手にも，そのままお返しをするというシンプルな方略をとっていた。このことによって，非協力的な相手にも，「しっぺ返し戦略に協力させるには自分が協力するしかない」ということを簡単にわからせることができた。相手に勝つことよりも相手に協力させることが重要であり，そのためには自分からは裏切らず，策におぼれず，わかりやすく相手に返報することが役立つのである。

(3) 返報性

しっぺ返し戦略のように，相手のポジティブな行動にはポジティブな反応を，ネガティブな行動にはネガティブな反応で応じることを，返報性（reciprocity）という。「お互いさま」「持ちつ持たれつ」といった表現に見られるように，返報性はわれわれにとってなじみの深い行動規範でもある。

相手の行動に対して律儀にお返しをすることは，自分の利益だけを考える利己主義者にとってはばからしく見えるかもしれない。しかし互恵的にふるまう人間の存在には次のような意義がある。互恵的な人間は，相手が協力しなければ協力しないので，たとえ利己主義者であっても，返報的な人間を相手にしたときには協力したほうが得になる。囚人のジレンマのような構造には常に裏切りの誘惑がつきまとっているが，相手が返報主義者かもしれない，と仮定するだけで，利己主義者にも協力することの合理的な理由が生じるのである。つまり，経済合理性の仮定に反するように見える人の存在が，利己主義者の中にも協力を生み出すことに一役買っているわけである（Camerer & Fehr, 2006）。

社会の構成員がすべて利己的であったり利他的であったりすることは現実にはほとんどなく，多くの場合，さまざまな人々が入り混じって構成されている。返報性の優れた点は，そのような多様な構成員からなる集団において，ガチガチの利己主義者も含め，多くの相手から広く協力を引き出せることである。多様な構成員からなる集団の中で，葛藤を越えて共生関係を取り結んでいくためのヒントがここにある。

3. ゲームの実践

(1) 事前準備

利得表（表2-3の「協力」を「グー」，「裏切り」を「パー」にそれぞれ書き換える），記録用紙（図2-1），筆記具，「秘伝の戦略」を書いた紙（図2-2）をペアの数だけ用意する。得点表を黒板にも書き，その見方について説明し，全員の理解を確認しておく。

(2) 基本的なやり方

参加者は2人で1組になり，チョキのないじゃんけんの要領でゲームを行なう。グーが協力，パーが裏切りに対応するが，参加者への事前説明には「協力」「裏切り」といった善悪と結びつく言葉は用いないようにする。各ペアで約30回ずつじゃんけんをくり返してもらい，結果をそのつど得点表に記入してもらう。得点表に

第 2 章　囚人のジレンマゲーム・最後通牒ゲーム

	名前：					名前：				
1	グー・パー	0	10	20	30	グー・パー	0	10	20	30
2	グー・パー	0	10	20	30	グー・パー	0	10	20	30
3	グー・パー	0	10	20	30	グー・パー	0	10	20	30
4	グー・パー	0	10	20	30	グー・パー	0	10	20	30
5	グー・パー	0	10	20	30	グー・パー	0	10	20	30
6	グー・パー	0	10	20	30	グー・パー	0	10	20	30
7	グー・パー	0	10	20	30	グー・パー	0	10	20	30
8	グー・パー	0	10	20	30	グー・パー	0	10	20	30
9	グー・パー	0	10	20	30	グー・パー	0	10	20	30
10	グー・パー	0	10	20	30	グー・パー	0	10	20	30
11	グー・パー	0	10	20	30	グー・パー	0	10	20	30
12	グー・パー	0	10	20	30	グー・パー	0	10	20	30
13	グー・パー	0	10	20	30	グー・パー	0	10	20	30
14	グー・パー	0	10	20	30	グー・パー	0	10	20	30
15	グー・パー	0	10	20	30	グー・パー	0	10	20	30
16	グー・パー	0	10	20	30	グー・パー	0	10	20	30
17	グー・パー	0	10	20	30	グー・パー	0	10	20	30
18	グー・パー	0	10	20	30	グー・パー	0	10	20	30
19	グー・パー	0	10	20	30	グー・パー	0	10	20	30
20	グー・パー	0	10	20	30	グー・パー	0	10	20	30
21	グー・パー	0	10	20	30	グー・パー	0	10	20	30
22	グー・パー	0	10	20	30	グー・パー	0	10	20	30
23	グー・パー	0	10	20	30	グー・パー	0	10	20	30
24	グー・パー	0	10	20	30	グー・パー	0	10	20	30
25	グー・パー	0	10	20	30	グー・パー	0	10	20	30
26	グー・パー	0	10	20	30	グー・パー	0	10	20	30
27	グー・パー	0	10	20	30	グー・パー	0	10	20	30
28	グー・パー	0	10	20	30	グー・パー	0	10	20	30
29	グー・パー	0	10	20	30	グー・パー	0	10	20	30
30	グー・パー	0	10	20	30	グー・パー	0	10	20	30
31	グー・パー	0	10	20	30	グー・パー	0	10	20	30
32	グー・パー	0	10	20	30	グー・パー	0	10	20	30
33	グー・パー	0	10	20	30	グー・パー	0	10	20	30
34	グー・パー	0	10	20	30	グー・パー	0	10	20	30
35	グー・パー	0	10	20	30	グー・パー	0	10	20	30
合計	（		）ポイント			（		）ポイント		

図 2-1　囚人のジレンマ用記録用紙

秘伝の戦略

1 回目は「グー」を出す。
2 回目以降は、前回に相手が出した手をそのまま出す。

図 2-2　秘伝の戦略の紙

は記入欄が35回まであるが，適当なところで打ち切り，30回までの得点を合計するように指示する。くり返し回数をあらかじめ知らせておくと，最終回を見越して裏切るなどの行動が生じてしまうことがあるからである。

全体に対して「○点以上だった人」などと呼びかけて挙手させることで得点状況を尋ね，最高得点，最低得点を調べて黒板等に書き出す。いくつかのペアに得点を報告してもらい，高得点を上げられたと思うか，うまくいった／いかなかった理由は何だと思うか，などを尋ねてみる。グーを出した回数，パーを出した回数も尋ね，獲得得点との関係を考えてみる。

後半に入る前に，ペアのうちのどちらか一方のみに「秘伝の戦略」を書いた紙を手渡す。紙を手渡すプレイヤーはランダムに選んでもよいし，出席番号や着席位置等で一律に決めてもよい。手渡されたプレイヤーは紙に書かれた内容を読んだら，相手には見えないようにしておく。もちろん内容は相手には教えない。

後半を前半と同様にくり返し，結果を記録する。ただし，紙を手渡された側のプレイヤーは，紙の指示通り，しっぺ返し戦略にしたがって手を決めなければならない。もう一方のプレイヤーは前半と同様，自由に手を決めればよい。

(3) 終了後のふり返りと発展

後半が終了したら，前半と同様に全体の得点状況を尋ね，最高／最低得点を黒板等に書き出す。さらに，前半と比べて得点が上がった人，下がった人にも挙手させ，しっぺ返し戦略を使うことで，ペア全体の獲得得点が上がっていることに気づかせる。

紙をもらわなかったほうのプレイヤーに，相手がどんなルールで手を決めていたと思うかを報告してもらい，しっぺ返し戦略がゲーム時の行動だけで相手に伝わるシンプルでわかりやすいルールであることを共有する。また紙を受け取ったほうのプレイヤーには，そのルールのどんなところが有効だったと思うかを報告してもらう。最後に，上で述べたしっぺ返し戦略の特徴について解説し，理解を深める。

小規模のクラスであれば，発展形として，約30回くり返すごとにペアの相手を変え，全員と総当たりでゲームをくり返して総合得点を競う，という「人間アクセルロッドシミュレーション大会」も可能である。しっぺ返し戦略が強いことを知ったうえで，各自で自由な戦略を採用してゲームに臨み，高得点者には終了後，自分の戦略の極意について報告してもらう。この場合も，最終回での裏切りを防止するために，コーディネーターの合図で開始して同じく合図でやめる，な

ど，くり返し回数をランダムに制御する必要がある。

第3節　最後通牒ゲーム（Ultimatum Game）

1. ゲームのあらまし
　次に2つ目のゲームを紹介しよう。
　2人のプレイヤーに対していくらかの金額が与えられ，2人でこれを山分けする。ただし，山分けの仕方に以下のようなルールがある。2人のうち片方が「提案者」，もう片方が「回答者」となる。提案者は与えられた金額を2人の間でどのように分けるかを決め，回答者に提案する。回答者は，提案を受け入れるか拒否するかを決める。回答者が提案内容を受け入れれば，2人のプレイヤーは提案どおりの分配額を受け取ることができる。しかし，回答者が提案を拒否すれば，2人とも何ももらえない。
　なお，提案内容を考えたり，受け入れるかどうか決めたりするときは，2人とも相手に相談することはできない。提案も回答も一度きりで，相手の出方を見ながら落としどころを探ることはできない。さて，自分が少しでも「得をする」ために，あなただったらどのような分配方法を提案するだろうか。あるいは，どんな分配方法だったら受け入れてもよいと思うだろうか。

2. ゲームの背景とこれまでの研究
(1) 経済合理性と人間行動
　上で紹介したようなゲームは，最後通牒ゲーム（または最終提案ゲーム）とよばれる。このゲームを使った実験を初めて行なったのは，ドイツの経済学者のギュースら（Güth et al., 1982）である。大学院生21ペアにお金を分配してもらった実験の結果，最も多かったのは均等分配であり，3分の1の提案者が自分と相手に同額を分配していた。全額をひとり占めしようとした提案者は2人いたが，1人の回答者はこの提案を拒否し，もう1人は受け入れた。他には，20%以下の分配額を提示された回答者1名が提案を拒否した。さて，この実験結果を聞いてどう思っただろうか。ありそうな結果だと納得しただろうか。それとも，全額をひとり占めしようとした提案者がいたことに驚いただろうか。
　囚人のジレンマゲームのときと同様，まずは人間が利己的かつ合理的に行動す

るという仮定に立って，このゲームで最も「得をする」ためのふるまいについて考えてみよう。まず回答者にとっては，いかなる提案であっても拒否すれば何も得られないわけだから，分け前がわずかでもゼロより大きければ，受け入れたほうが「得をする」ことになる。このとき，提案者にとって最も「得をする」分配方法は，ゼロより大きな最小単位を相手に分配し，残りを自分のものにするということである。回答者がゼロより大きな提案ならすべて受け入れるのであれば，相手にはできるだけ少なく分け与え，自分の獲得量を最大にしたほうが「得」だからである。

　ギュースらの実験で，全額をひとり占めしようとした提案者がいたこと，またそれを受け入れた回答者が（わずか1人でも）いたことに驚いた人もいるかもしれない。しかしこれも，経済合理性の観点からみれば驚くにはあたらない。回答者にとっては，提案を拒否しても受け入れても何も得られないことには変わりはないのだから，提案を拒否しても受け入れてもかまわない。提案者は「得をした」ことになるし，回答者も損はしていない。

　つまり，経済合理性という基準からみると，提案者はできるだけ相手の分け前を小さくし，回答者はどんな提案でも受け入れる，というのが「得をするための最良の方法」となる。しかし改めて指摘するまでもなく，このやり方はわれわれの素朴な実感とかけ離れている。ギュースらの研究以来，数多くくり返されてきた実験の結果は，多くの人は経済合理性の予測どおりにはふるまわないことを示している。これまでの実験の結果では，総じて提案者の多くが相手に4〜5割を分配している。相手に2割以下しか分け与えなかったり，逆に半分以上を相手に分けたり，といった提案はほとんどみられない。全体での平均提案額は3〜4割程度であり，均等分配やそれに近い提案はまず拒否されないが，2割を下回る提案は半分くらいの割合で拒否される（Camerer, 2003）。

　実際，1,000円を2人で山分けするときに，相手に1円しか与えないという提案には気がとがめる人が多いのではないだろうか。また，1円しかもらえないという提案には憤然とする人がほとんどだろう。経済合理性だけを基準とした考え方が，われわれの素朴な感覚と乖離している一番の理由は，不公正に対する人間の感情的反応，という心理的な問題を考慮していないことだろう。最後通牒ゲームでみられる行動の背景には，われわれの公正志向と，不公正への怒りという強い感情がある。以下では，損得勘定とは別のところではたらくこれらの心の動きについて述べる。

(2) 返報行動と感情

　まず，多くの提案者がひとり占めやそれに近い分配を避けることについて考えてみよう。このような提案者の行動は，公正感にもとづくものだろうか。それとも，回答者に拒否されることを恐れて，受け入れられそうな提案をしているだけなのだろうか。フォーサイスら（Forsythe et al., 1994）は，この点を区別するために，最後通牒ゲームをアレンジした独裁者ゲーム（dictator game）を行なって結果を比較した。独裁者ゲームでは，回答者は提案を拒否することができず，提案者が提案した内容がそのまま各プレイヤーの取り分となる。つまり，提案者は回答者に拒否される心配なしに提案額を決めることができる。実験の結果，独裁者ゲームでの分配提案額は最後通牒ゲームでのそれよりも若干低く，平均で2～3割であった。

　提案額の減少は，最後通牒ゲームで見られる均等提案のうちの一部が，拒否されることへの懸念にもとづく戦略的行動だったことを示している。しかし一方で，拒否される心配がまったくなくても，相手に対してゼロよりかなり大きな分配がなされたことにも注意する必要がある。このことは，均等に近い分配が，拒否回避という戦略的側面だけでなく，公正感や利他心に支えられた側面をあわせもつことを意味する。

　実験状況の匿名性を高め，クイズでの高得点者が提案者になるよう設定するなどの手続き変更をした別の実験では，相手への提案額はさらに急減した（Hoffman et al., 1994）。つまり，提案の権利をランダムに与えられた場合は相手にも相当の分配を行なうが，自分のはたらきで権利を獲得した場合は自己に有利な提案を行なうわけである。結果の公正だけでなく，そこにいたるまでの過程を含めて公正がとらえられていることがわかる。

　では，自分の取り分を棒に振ってまで少額提案を拒否する，という回答者側の行動を引き起こしているものは何なのだろう。カメレールとフェール（Camerer & Fehr, 2004）は，人は少額提案に対して強い怒りを抱き，この感情が自分の利益を棒に振っても相手を罰させるのだとしている。

　たとえば，提案を拒否しても，回答者の取り分がゼロになるだけで提案者はそのままの額を受け取れるように設定すると，回答者は低い額の提案でも受け入れるようになった（塚原，2003）。また，1人の提案者に対して回答者を複数にし，受諾限度額が最も低い回答者との間で取引が成立するようにした実験でも，少額提案が受け入れられる傾向がみられた（Roth et al., 1991）。前者の状況では，提案をはねつけられたところで提案者は痛くもかゆくもない。また，後者の状況で

も，自分が拒否しても他の誰かが受諾したら，やはり少額提案者に罰を与えることはできない。つまり，これら実験の結果は，少額提案の拒否は不公正への罰であり，拒否することが罰としての意味をもたなくなった場合，人々は少額提案でも受け入れることを示している。

囚人のジレンマゲームで注目されたのが，「(目先の利益を減らしても)ポジティブな行動（協力）にポジティブな行動（協力）で応じる」という正の返報的関係だったことと対比させると，最後通牒ゲームで注目される関係は，「(目先の利益を減らしても)ネガティブな行動（極端な少額提案）にネガティブな行動（拒否）で応じる」という負の返報的関係といえるかもしれない。自分を犠牲にしてまで他者に協力することと，自分を犠牲にしてまで他者を罰することは，一見するとまったく異なった行動に見えるが，返報的なふるまいという観点から見ると同じ構造をもっている。このような返報行動を引き起こすうえで，不公正への怒りといった強い感情は重要な役割を果たしている。われわれの中にある感情は，経済合理性にもとづく計算を超えて社会関係をつないでいく原動力ともいえる。

(3) 文化差

最近になって，上で述べてきたような「公正」への志向性が，すべての文化圏に普遍的なものではないことがわかってきた。ペルーのマチグエンガ族を対象として最後通牒ゲームを行なった研究では，相手に対する提案額で最も多かったのは全体の15%であり（平均提案額26%），そのような低額提案にもかかわらず，拒否された例は21ペア中1ケースしかなかったことが報告されている（Henrich, 2000）。マチグエンガ族は狩猟，採集，焼畑式農業を営んでいるが，生活は家族単位で独立しており，商取引などの広範囲な他者との交換関係がほとんどない。このような社会的孤立性が，資源の分配や共有に関して異なる規範を育んだ可能性が指摘された。

その後の比較研究では，マチグエンガ族の行動がけっして特異なものではないことが明らかになった（Henrich et al., 2004）。15の文化的に異なる集団を対象とした研究の結果，約3分の2の集団で，欧米での結果よりもずっと低い提案額が観察されたのである。その一方で，捕鯨民族であるインドネシアのラマレラの人々など，平均提案額が50%を上回った集団もあった。社会集団によってこれほどに提案額が異なる背景には，生活を支えるための生産活動や経済活動の様相の違いが考えられる。集団ごとの提案額の違いを分析した結果，生活を支える生産の過程で協同活動を必要とするほど，また，市場統合が進んでいるほど，提案

額が大きくなる可能性が示唆された。

　家族が必要な分だけを自分で賄う社会，大型の獲物を力を合わせて捕まえて分け合う社会，そして高度に発達した経済ネットワークの中で取引を介して利益を生み出す社会。それぞれの社会で共有され，前提とされる公正のあり方はどうやら異なっているようだ。「相手に半分くらいは分けるもの」「あまりに少なければ拒否して当然」という素朴な感覚も，われわれ自身が高度資本主義経済の中で暮らしていることと切り離しては考えられない。しかし，それぞれの社会にはそれぞれに共有された公正規範があり，それに反する行為は感情的に受け入れられない，という点は共通しているといえるだろう。

3. ゲームの手引き
(1) 事前準備
　分配対象となるものを，1ペアにつき20個用意する。参加者の年齢や実施状況に応じて，お金，おもちゃのコイン，キャンディ，シールなどを準備する。さらに，回答用に裏表に「〇」「×」を書いたカードと，記録用紙（図2-3），筆記具を用意しておく。

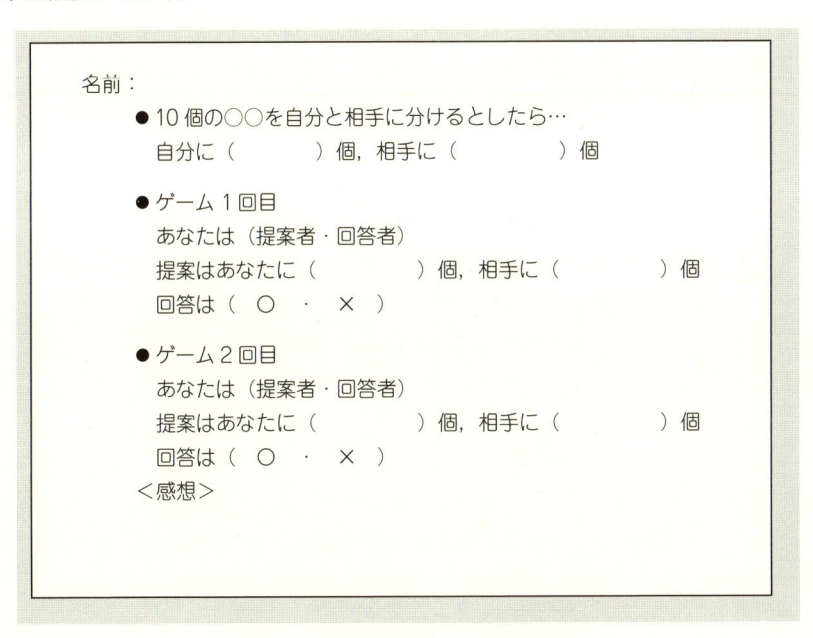

```
名前：
　●10個の○○を自分と相手に分けるとしたら…
　　自分に（　　　）個，相手に（　　　）個

　●ゲーム1回目
　　あなたは（提案者・回答者）
　　提案はあなたに（　　　）個，相手に（　　　）個
　　回答は（　〇　・　×　）

　●ゲーム2回目
　　あなたは（提案者・回答者）
　　提案はあなたに（　　　）個，相手に（　　　）個
　　回答は（　〇　・　×　）
　＜感想＞
```

図 2-3　最後通牒ゲーム用記録用紙

(2) 基本的なやり方

最後通牒ゲームを始める前に，10個のものを自分の一存で自分と相手に分けるとしたら，相手にいくつあげると思うかを尋ね，書き留めておいてもらう（独裁者ゲームでの行動を尋ねることに相当する）。

次に，最後通牒ゲームのルールを説明し，全員の理解を確認する。2人1組になり，1人が「提案者」，もう1人が「回答者」になる。役割を決めるときは，出席番号の奇数・偶数や着席位置の右・左など，なるべく成績や能力と無関係なものを利用するほうがよい。

提案者は，分配方法の提案として，10個の分配対象を2人の間で分けてみせる。一度提案された内容は変更できない。回答者は，カードの「○」「×」どちらかの面を見せて，この提案を受け入れるか拒否するかを回答する。交渉によって提案の内容を変えさせることはできない。

回答が出たら，記録用紙に提案額と回答を記録する。回答者が提案を受け入れた場合，ペアはそれぞれの分配対象を自分のものにする。提案者／回答者の役割を交代し，残り10個の分配対象を使ってもう一度ゲームをくり返し，結果を記録する。

(3) 終了後のふり返りと発展

ゲームが終わったら，それぞれの役割の中で何を考えたか，相手の提案や回答をどうとらえたか，などをまずペアの中で話し合ってもらう。その後，全体に対して提案額を尋ね，「0」「1」「2」「3」「4」「5」「6以上」の提案者の人数を黒板等に書き出す。またそれに対する回答を尋ね，各カテゴリーにおける拒否者と受諾者の比率を集計する。最小／最大提案が行なわれたペアや，ごく少ない分配提案を受け入れた回答者がいれば，提案や回答の意図や背景を尋ね，さまざまな考え方を共有する。さらに，初めに尋ねた，相手が拒否権をもたないならどれだけ分配するか，に対する答えも同様に集計し，全体での結果をこれまでの研究結果と比較してまとめとする。

さらに考えを発展させるには，いろいろな状況を想定して，そこでの行動の変化について参加者自身に考えてもらうとよい。まったくの匿名状況下だったらどうだろうか，試験やクイズでの成績上位者が提案者になれるなど，分配のさじ加減が何らかの権利の反映だったらどうだろうか，提案内容があらかじめ実験者に決められたものだったらどうだろうか，ペアの相手が同じクラスの人のときとそうでないときでは違うだろうかなど，いろいろな状況を想定することで，「あた

りまえ」と思っている心の動きに，影響を与えている要因がみえてくるだろう。

第4節 適用研究例：くり返しのある囚人のジレンマゲームにおける相手選択の影響[11]

1. 目 的
　ゲームの相手が互いに選択しあった相手であるかそうでないかによって，くり返しのあるゲームでの行動にいかなる違いが生じるかを検討する。

2. 方 法
(1) 参加者
　大学の4つのゼミに所属する学生85名（男性39名，女性43名，不明3名）がゼミごとに参加した。

(2) ペアの設定
　事前に希望調査を行なって，ゼミ内でペアを組みたい相手3名の氏名を記入してもらい，それをもとに希望者どうしのペアと非希望者どうしのペアを設定した。以下，希望者どうしのペアを「選択群」，非希望者どうしのペアを「非選択群」とする。

(3) 課 題
　表2-3の利得構造をもつ囚人のジレンマゲームを用いた。協力を「白」，裏切りを「黒」として表現し，参加者には白または黒のカードを提示することによって自分の行動を示すよう求めた。参加者は得点を記録用紙に記録し，得点に応じておもちゃのお金（ダラー）を貯めることができた。

---

[11] ここに記載するデータは，野々山知里・長岡幸子両氏が筆者の指導のもとで行なった卒業研究データの一部を再分析したものである（野々山知里・長岡幸子　2004　対人葛藤の解決過程に関する一考察：発達的変化と相手との関係性の影響　2003年度関西学院大学社会学部卒業論文）。データの利用をご快諾くださった野々山・長岡両氏に感謝します。

(4) 手続き

ゲームは，ゼミごとに20名程度で行なわれた。

① 黒板等に利得表を示し，録音したインストラクションによってゲームのルールとやり方を説明した。
② 課題の理解度を確かめるために確認問題を行ない，全員の正答を確認した。
③ ペアを発表し，ペアごとに隣どうしになるよう席を移動してもらった。事前の希望どおりにペアを組めた人と，進行役によって希望にかかわらずペアを決められた人がいることを説明した。
④ 協力／非協力を示す白と黒のカードを1人に1枚ずつ，おもちゃのお金（1ダラー札50枚，100ダラー札5枚）と記録用紙（1枚）をペアごとに配布した。
⑤ 進行役の合図に従って1試行ずつゲームを実施した。1試行の流れは，「合図と同時にペアどうしでカードを見せ合う」「得点を確認し，自分と相手のカードの色と得点を記録用紙に記入する」「得点分のダラーを手元に取る」という3つの行動からなっていた。
⑥ 記録用紙には13試行までの記入欄を設けていたが，進行役が10〜13試行の間でランダムにゲームを打ち切り，合計得点を記入してもらった。
⑦ ゲーム終了後に「囚人のジレンマ」という言葉を聞いたことがあるかどうか，聞いたことがある人にはどの程度知っているのか（「1.言葉を聞いたことがあるが，内容は思い出せない」「2.言葉を聞いたことがあり，何となくだが内容を覚えている」「3.内容をはっきりと覚えている」）について尋ねた。
⑧ 最後に実験の目的と背景について説明し，参加者からの質問に答えて（ディブリーフィング），ゲームを終了した。

3. 結果と考察

以下では，囚人のジレンマについて「聞いたことがない」または「聞いたことがあるが，内容は思い出せない」と回答した69名（男性30名，女性36名，不明3名）の，第10試行目までの行動を分析の対象としている。

ゲーム時の協力行動を選択群と非選択群で比較した結果を図2-4に示す。前後半の各5試行における協力試行数，自他ともに協力した試行数（相互協力数），自分だけが協力した試行数（一方的協力数）を従属変数とし，「選択／非選択」×「前半／後半」を独立変数として分散分析を行なった。協力数自体には選択・非選択による差は認められなかった。しかし，協力の内訳をみると，選択群のほうが非選択群よりも一方的協力数が少なく（$F(1, 67)=4.40, p<.05$），相

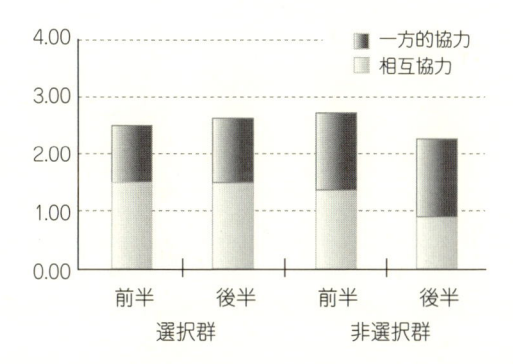

第2章　囚人のジレンマゲーム・最後通牒ゲーム

図2-4　条件と前半・後半（各5試行）別にみたゲーム時の協力回数（平均値）

互協力数（$F(1, 67) = 3.40, p<.10$）が多い傾向がみられた。また，協力数全体（$F(1, 67) = 3.02, p<.10$）と相互協力数（$F(1, 67) = 3.75, p<.10$）にはそれぞれ交互作用に傾向がみられた。下位検定の結果，前後半の要因は非選択群においてのみ有意であった（協力数全体 $p<.10$，相互協力数 $p<.01$）。すなわち，選択群では前後半で相互協力のレベルは変化しないが，非選択群では後半になって相互協力数が減少し，それによって協力数全体も低下することが示された。

以上の結果から，互いに選びあった関係では，ある程度の水準で相互協力が維持されるが，互いに選択しあっていないペアの場合，協力のタイミングがかみ合わず，後半に相互協力数が低下していることが考えられる。互いに選びあった関係であるかどうかは，相手に対して協力する回数自体に影響するわけではなく，相互協力を維持できるかどうかに影響しているようである。

本文でも述べたように，くり返しのある囚人のジレンマにおいて安定した関係を築くためには，両プレイヤーが長期的な利益を目標としており，かつ相手もそれを望んでいると期待できることが必要である。本来，長期的な関係について検討するにはもっと多数の試行をくり返すことが必要ではあるが，本研究の結果は，相互に選びあった関係は，この条件を満たしやすく，ゆえに相互協力を維持しやすいことを示唆していると考えられる。

引用文献

Axelrod, R. 1984 *The evolution of cooperation.* New York: Basic Books. 松田裕之（訳）1998 つきあい方の科学：バクテリアから国際関係まで　ミネルヴァ書房

Camerer, C. F. 2003 *Behavioral game theory: experiments in strategic interaction.* Princeton: Princeton University Press.

Camerer, C. F. & Fehr, E. 2004 Measuring social norms and preferences. In J. Henrich, R. Boyd, S. Bowles, C. Camerer, E. Fehr, & H. Gintis (Eds.), *Foundations of human sociality: Economic experiments and ethnographic evidence from fifteen small-scale societies.* New York: Oxford University Press. Pp.55-95.

Camerer, C. F. & Fehr, E. 2006 When does "Economic man" dominate social behavior?: Beliefs about other-regarding preferences in a sequential public goods game. *Science,* **311,** 47-52.

Forsythe, R. L., Horowitz, J. S., Savin, N. E., & Sefton, M. 1994 Fairness in simple bargaining games. *Games and Economic Behavior,* **6,** 347-369.

Güth, W., Schmittberger, R., & Schwarze, B. 1982 An experimental analysis of ultimatum bargaining. *Journal of Economic Behavior and Organization,* **3,** 367-388.

Hoffman, E., McCabe, K., Shachat, K., & Smith, V. 1994 Preferences, property rights and anonymity in bargaining games. *Games and Economic Behavior,* **7,** 346-380.

Henrich, J. 2000 Does culture matter in economic behavior? Ultimatum game bargaining among the Machiguenga of the Peruvian Amazon. *American Economic Review,* **90,** 973-979.

Henrich, J., Boyd, R., Bowles, S., Camerer, C., Fehr, E., & Gintis, H. (Eds.) 2004 *Foundations of human sociality: Economic experiments and ethnographic evidence from fifteen small-scale societies.* New York: Oxford University Press.

Poundstone, W. 1993 *Prisoner's dilemma: Johann von Neumann, game theory, and the puzzle of the bomb.* New York: Oxford University Press. 松浦俊輔（訳）1995 囚人のジレンマ：フォン・ノイマンとゲームの理論　青土社

Pruitt, D. G. & Kimmel, M. J. 1977 Twenty years of experimental gaming: Critique, synthesis, and suggestions for the future. *Annual Review of Psychology,* **28,** 363-392.

Roth, A. E., Prasnikar, V., Zamir, S., & Okuno-Fujiwara, M. 1991 Bargaining and market behavior in Jerusalem, Ljubljana, Pittsburgh, and Tokyo: An experimental study. *American Economic Review,* **81,** 1068-95.

塚原康博　2003　最終提案ゲームにおける第2プレイヤーの行動動機の検証　人間行動の経済学：実験および実証分析による経済合理性の検証　日本評論社　Pp. 145-153.

第3章 売り手と買い手の取引ゲーム

第1節 ゲーム理論のさまざまな展開

1. ゲームの基本的前提

　前章でもふれたゲーム理論について，本章ではまず，いくつかの発展的モデルについて紹介していきたい。その前にまず，フォン・ノイマン（von Neumann, J.）とモルゲンシュタイン（Morgenstern, O.）が考えた，初期のゲーム理論は以下のような3つの前提があったことを確認しておこう。
　① 利得行列によって関係が表現される，という前提
　　　2人のプレイヤーは，それぞれいくつかの取りうる手がある。プレイヤーAがn種，プレイヤーBがm種の手があるとすると，$n \times m$種の組み合わせによって，それぞれの得点（利得）が決まる。
　② プレイヤーは合理的経済人である，という前提
　　　プレイヤーは，合理的な経済人である。すなわち，理詰めで考える人で，かつ，お金もうけをしよう（利得をあげよう）としている人である。
　③ 完全情報ゲームという状況設定
　　　プレイヤーは，上のような自分と相手のゲーム状況（利得行列の状況）を互いによく知っており，相手も自分と同じような状況下で手をとろうと

している，ということを念頭においたうえで，自分のとる手を決めなければならない。

最初の前提①は，ゲーム理論最大の特徴であるといえる。このようにありうる組み合わせをすべて書き出す，ということから，人の行動が予測できると考えるのである。もちろん，予測するためには，人が何らかのルールにもとづいて行動していると考えなければならない。それが前提②である。合理的経済人とは，経済学が考える消費者の基本的モデルで，この前提によってゲーム理論が成立する，といってよいほど大切なものでもある。なぜなら，"合理的"でなければ，プレイヤーは運を天に任せて，コイントスで出たほうの手をとるとか，その日の気分で決めるとか，複雑でよくわからないから決められない，といったことになる。これでは，理論を組み立てていくことはできない。また，プレイヤーが"経済人"でなければ，勝っても負けてもよいとか，前回は勝ったので今回は負けたい，と思っていることになる。これは，極端にいえば「ゲームをやる気がない」ということであり，もはやゲームのプレイヤーとはいえないだろう。ゲームとは，まじめにやって，勝つ気のある人間がプレイするものだからである。前提②は，ゲームのプレイヤーとして必要最低限のルールを決めたものといえるだろう。

さてでは，最後の前提③はどうだろうか。これは，実は話を簡単にするためにおかれたもので，必ずしもこれがなければゲーム論として成り立たない，というわけではない。人は，いつでも自分と相手のおかれている状況がすべてわかって，勝負しているわけではない。特に，プレイヤーの数が多くなる場合は，全部の組み合わせを考えると膨大な組み合わせ方があることになってしまうから，全部が全部わかっていてプレイする，というわけにはいかなくなる。

特に，市場でのゲームというのは，相手のことがよくわからないまま，駆け引きをしなければならない。

2. 市場でのゲーム理論

ゲーム理論の中では，プレイヤーが2人以上いる場合，一般にn人ゲームという。n人ゲームでは，もはや利得行列による表現が難しくなるので，展開型とよばれるツリー状の表現でもって利得を表わしたりする（図3-1）。

また，すでに述べたように，完全情報ゲームという前提がおきにくい。このような不完全な情報の中ででも，できるだけ合理的な手をとろうとするゲームというのが考えられている（不完全情報ゲーム）。

n人不完全情報ゲームの例として，オークションの状況があげられる。最近は

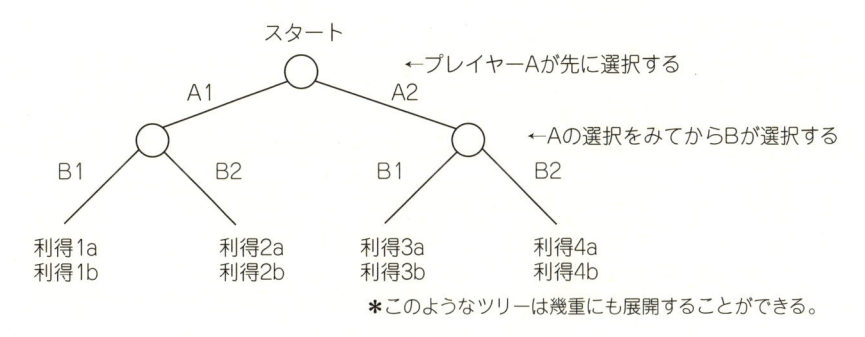

第3章　売り手と買い手の取引ゲーム

```
              スタート
                ○       ←プレイヤーAが先に選択する
          A1  /   \  A2
             /     \
            ○       ○    ←Aの選択をみてからBが選択する
       B1 / \ B2  B1/ \ B2
         /   \     /   \
      利得1a 利得2a 利得3a 利得4a
      利得1b 利得2b 利得3b 利得4b
```
＊このようなツリーは幾重にも展開することができる。

図 3-1　展開型ゲームの例

インターネットなどでも催されており，非常に身近になったこの売買形態は，ルールとしてはいたってシンプルである。すなわち，バイヤーが売りたい商品を提示して，オークションに参加する人が自分の購入したい値段をつける。参加者の中で，最も高い買い値をつけた人がその値段で商品を購入することができる，というものである。この状況をみると，まずオークションに参加している人数がすでに多数である。しかも，何人参加しているかもはっきりとわからない。さらに，参加している人が，どれぐらいの値段をつけるのかがまったくわからない。おそらく，自分の持っている全財産を上限として，その中でプレイヤーが「これぐらいなら……」と考える値段を提示してくるのである。もちろん，各プレイヤーの財産総額などを知りようがないし，「これぐらいなら」と考える値段も予想しようがない。こういった不完全な情報しかないときに，ゲームに勝つ，すなわち商品を競り落とすためにはどうすればよいか。しかも，できるだけ安い値段で競り落とすためにはどうすればよいか，とプレイヤーは頭を悩ませるのである。

オークションに限らず，市場でのやりとりは得てしてこのように，不完全な情報しか入らないという状況下にある。われわれは物を買うときに，その値段が最安値かどうか，ということはもちろん，適正価格かどうかの情報すら得られないことがある。あるいはまた，上場してある株式においては，他の誰が買っているのか，売っているのかという情報を，会社の持ち主ですら知らないということがある。

ゲーム理論は，こういった状況下でもどのような戦略をとるべきか，数理モデルを展開して答えを導き出す。詳しくは，岡田 (1996) やオズボーンとルビンシュタイン（Osborne & Rubinstein, 1994）を参照されたい。

59

3. 進化論的アプローチ

　複数のプレイヤーがいるゲーム状況についての研究は，もう一つ別の発展を遂げたものがある。それは経済学でも（数理）社会学でもなく，政治学の分野で発展してきた，ゲームのコンピュータ・シミュレーションである。

　アクセルロッド（Axelrod, 1984）が行なった「反復囚人のジレンマゲーム・トーナメント」がそれである。ゲーム状況としては，第2章でも紹介されていた囚人のジレンマゲームである（囚人のジレンマの構造は，表2-1, 表2-2, 表2-3を参照）。この状況では，2人のプレイヤーが共同して得る利得よりも，抜けがけしてひとり勝ちする利得のほうが高く，2人そろって抜けがけをたくらんだ場合は損失が大きい。アクセルロッドのトーナメントが，普通の囚人のジレンマゲームと違うのは，①ゲームがくり返し行なわれる，②さまざまな戦略をもったプレイヤーによる総当たり戦である，ということである。

　前者の「ゲームがくり返される」というのは，このゲームにおいては大きな変更である。なぜなら，1回しかゲームしないというときは裏切ったほうがよい，という結論にすぐに行き着くからである。もちろん，2人そろって協力したほうがよいことはよいのだが，「あわよくば，抜けがけできる」ということと，「互いに裏切り合ったとしても，2人とも損をし，自分だけが損するわけではない」ということから，プレイヤーにとっては裏切りのほうがうまみの大きい手になるからである。

　ところが，これがくり返し行なわれるとなると，そんなに簡単な話ではなくなる。1回目に裏切って抜けがけたとしても，2回目以降には相手が怒って裏切られ続けるかもしれないのである。そうすると，長期的に見た場合，裏切り合ったペアは協力し合ったペアに比べて圧倒的にもうけが少ないことになる。だからといって，こっちが協力しかしないとなると，相手になめられて，ずっと抜けがけされ続け，裏切り合うよりも損する結果になってしまうかもしれない。このため，適度に裏切り，相手を怒らせずに，全体的に勝ちを収めるにはどうすればよいかを考えなければならない。この通時的な，手をとる方針のことを「戦略」という。たとえば，何回くり返されるかわかっている場合は，裏切り続けることが状況に最も適している戦略（最適解）といえるだろう。なぜなら，①たとえば10回くり返されるとわかっている場合，10回目に裏切れば相手に負けることはない。②ということは，相手も10回目は裏切ってくるだろう。③とすると，9回目に裏切っておかないと，相手を出し抜けない。④ということは，相手もそれをさせまいと，9回目は裏切るだろう。⑤ということは……と，どんどんさかのぼり，

結局1回目から互いに裏切り合うべきだ，ということになる。

さて，アクセルロッドは，この「戦略」どうしを戦わせるトーナメント大会を開催した。参加者は，戦略をコンピュータプログラムに書き換え，トーナメントに参加する。トーナメントに参加した，いくつかの「戦略」を表3-1 にあげておく。さて，このプログラムどうしの総当たり戦で，利得の合計得点が一番高かったのはどのプログラムかを調べたところ，「しっぺ返し戦略（TFT戦略）」であった。これは，最初の手は協力を選ぶが，2回目以降は相手が前回取った手をそのまま

表3-1　さまざまな戦略プログラム（Axelrod, 1980 より抜粋）

戦略名	内　容
DAVIS	この戦略は最初の10回Cを出し，その間相手にDがあればゲームの終わりまでDを出し続けるもの。
DOWING	この戦略は，相手はある固定された確率からCを取っていると仮定し，その確率を推定する。それにもとづいて，次に何の手をとれば自分が利得を最大化できるかを算出し，行動する。
FELD	この戦略はTFTから始まり，相手が200試行中に出すCの確率が0.5を下回るにつれて，Cを出す確率を減らしていく。また，相手のDの後には，必ずDを出す。
FRIEDMAN	これは相手がDを出すまでCであり続け，いったんDになったらずっとDにするものである。
GROFMAN	プレイヤー2人が，前回の手と違う動きをしたら，2/7の確率でCを取る。それ以外は常にC。
JOSS	この戦略は相手のCの後は，90%の確率でCを出す。相手のDの後は必ずD，というものである。
Name Withheld	この戦略は確率Pにもとづいて Cを出す。最初P＝30%にされているが，10試行ごとに更新されていく。この戦略にもとづいて行動すると，Cが確率30%〜70%の範囲で出ることになるため，他のほとんどのプレイヤーにとって，この戦略はランダム戦略にみえる。
RANDOM	乱数にもとづく手をとる。
SHUBIK	相手がDを取るまでCを取り，その後一度だけDを出す。この戦略のCが断られて再び相手がDを取れば，この戦略は2回Dを取る。一般的にいうと，相互Cからお互いが離れるにつれて，1回ずつ報復の長さが伸びていく。
Tit For Tat (TFT)	最初はC。その後は，相手が前回出した手をとる。
TULLOCK	この戦略は最初の11回はCでいく。それから以前の10回をみて，相手がCを出すのよりも10%低い確率でCを出す。

＊協力はC（Cooperation），裏切りはD（Defection）と略記。

取り返すという,仕返しをするだけの「目には目を,歯には歯を戦略」である。

　この戦略は,さまざまな角度からその強さが検証されている。最近注目されているのは,進化ゲームとよばれる環境下での結果である(Axelrod, 1997)。進化ゲームとは,「適者生存」「強い者が生き残る」という(この世界のような?)仮想社会をコンピュータの中につくり上げ,さまざまな戦略をもつどの種が生き残るかを見ていくものである。世界の中につくられる個体はエージェントとよばれ,最初はごく単純な戦略しかもたないエージェントだけで構成されている。このエージェントたちがこの世界の中で出会うと,反復囚人のジレンマゲームを始める。そのゲームの結果として,エージェントごとに得点の優劣ができる。次にエー

順位	戦略	得点
1	a	2045
2	g	1522
3	d	1360
4	c	1245
5	b	988

第0世代：さまざまな戦略の混在

決戦：戦略どうしの戦い（反復囚人のジレンマゲーム）

成績に応じて次世代に子孫を残すことができる

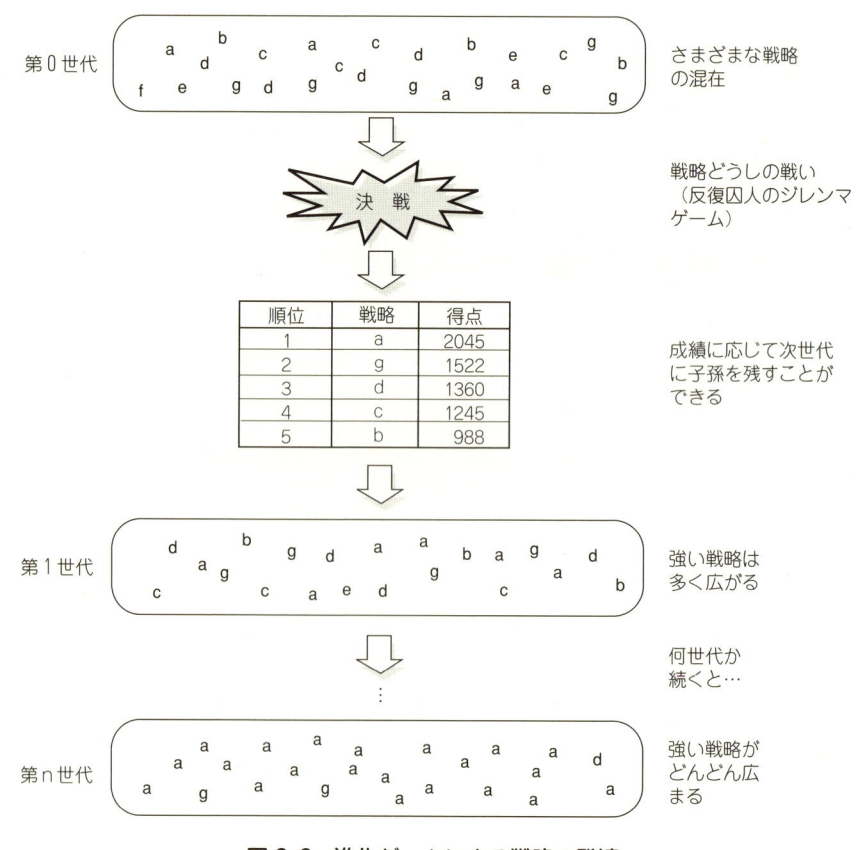

第1世代：強い戦略は多く広がる

何世代か続くと…

第n世代：強い戦略がどんどん広まる

図3-2　進化ゲームによる戦略の発達

ジェントたちは子孫をつくる。このとき，ゲームの成績がよかったものは，より多くの子孫を残すことができるし，逆に悪かったものはより少ない子孫しか残すことができない。また，子エージェントは親エージェントから戦略を遺伝的に引き継ぐので，数世代たつとこの反復囚人のジレンマゲームの世界に最も適した戦略をもつ種が生き残っている，ということになる（図3-2）。

何世代かにわたる競争と繁殖の結果，最終的に生き残るのはやはりしっぺ返し戦略であった。しかもしっぺ返し戦略が増えた世界では，他の戦略がしっぺ返し戦略以上に適応的であることができないという特徴がある。このような戦略を進化的に安定した戦略（Evolutionarily Stable Strategy: ESS）という[12]。

ふり返ってみると，われわれ人間は，好意には好意を，悪意には悪意を返すという返報性といわれる性質をもつように進化してきた（互報性，互酬性ともいわれることがある）といえるかもしれない。プレゼントをもらったらお返しをしなければならないような気がするし，嫌なことをされたらやり返そうとするものである。これは長い歴史の中で「目には目を」の考え方を獲得してきた結果なのかもしれない。

第2節　社会心理学とゲーム理論

1. ゲーム理論が見落としてきたもの

前節ではゲームにおける返報性とその研究例を紹介したが，「返報性」という言葉は社会心理学の中で生まれてきたものである。社会心理学の基礎理論の一つに，対人行動に関する研究があり，「返報性」はその中で社会的交換として紹介されることが多い。

返報性は，やられたことと同じことをそっくりそのままお返しする，ということである。たとえば1,000円のプレゼントをもらえば，同じく1,000円ぐらいのプレゼントをお返しする，というのが適切な返報にあたるだろう。もっとも，実際の人間社会では，まったく同じものをお返しすることはない。テディ・ベアのぬいぐるみをもらったから，まったく同じテディ・ベアのぬいぐるみを買って返

---

[12] ちなみに，「他の戦略が入り込めない」という意味では，いつも裏切るという戦略もESSである。ESSについての詳細は，メイナード・スミス（Maynard Smith, J., 1982）を参照されたい。

す，ということはまずないといってもよいぐらいである。大事なことは，まったく同じものではなくて，同じ程度に価値があるものを返す，ということなので，テディ・ベアをもらってミッキーマウスのお返しをする，ということでよいのである。たとえば仕事をしてその対価をもらう，というのも返報性によるものだといえるだろう。

このように考えると，対人行動のかなりの部分が，こういったお返しのやりとりで占められていることに気づかされる。他者とのやりとりを広く「社会的交換」ととらえると，問題は何が正しい「お返し（返報）」になっているか，ということになってくる。ここに心理学の出番がある。

経済学などで扱われるゲーム理論では，利得行列などで表わされる選択肢は一つの意味しかもたない。協力か裏切りか，売るか買うか，損か得か，である。しかし，何を協力だとみなすか，とか，何を「得」と考えるかが状況や人によって変わってしまうことがある。それが現実であり，経済学的・政治学的・数理社会学的ゲーム理論の見落としてきたところでもある。ゲーム理論が示す「その状況下で，最もよい利得をあげることのできる選択」が，必ずしも実現しないときに，心理的な影響があったと考えなければならない。

このことをふまえて，社会心理学的なゲーム理論がどのように展開してきたかを紹介しよう。

2. ケリーとチボーの相互依存性理論

理屈通りにいかないのが人間だ，といってしまうと，2人ゲームの前提の一つ，「合理的経済人仮説」が間違っていたのではないか，と考える向きもあるかもしれない。しかし，そう考えるのは早計である。すでに述べたように，ここを否定してしまうと，人間は行き当たりばったりで何も考えていない，ということになってしまう。そうではなくて，表わされた利得行列のとらえ方が，人の価値観や考え方によって変わってしまうのである，ととらえたのがケリーとチボーの『対人関係論』（Kelley & Thibaut, 1978）に代表される相互依存性理論である。彼らの理論の特徴は，
　① 利得を変換した「実効マトリックス」を想定すること
　② 利得行列の要素の分解
にある。

まず，利得行列の変換について説明しよう。

社会的状況や環境から考えて，2人の関係がある利得行列で表現できたとしよ

う。これをいきなり行動予測のよりどころとするのではなくて，これを2人の価値観を含めた「実効マトリックス」に変換する必要がある。状況的利得行列には，プレイヤーAが行動Aを，プレイヤーBが行動Bを取るほうがよいと示されていても，たとえば「愛し合う2人はなるべく同じ行動を取りたがる」という価値観があれば，それを加味した実効マトリックスに書き換えなければならない。こういったある価値観の重みをつけた実効マトリックス上で，人は合理的経済人として行動する，と考えるのである（図3-3）。

このように，利得行列に価値観の重みを足していきながら実効マトリックスをつくることができるのであれば，逆に実効マトリックスを価値観に分解していくこともできるのではないか，というアイディアが，この理論の第二の特徴になる。

分解すべき要素は，FC，BC，RCの3つである。FCはFate Controlの略語で，運命統制と訳される。プレイヤーAがプレイヤーBに影響を与える方法として，Aが自分の行動を変えれば，Bがそれに応じて変更せざるをえなくなるような場合，AはBに対してFCをもつという。BCはBehavioral Controlの略で，行動統制と訳される。Aが自分の行動を変えるとき，Bも合わせて行動を変えたほうが望ましくなるように仕向けることができれば，これはAがBに対して行動統制をもつという。FCとBCの大きな違いは，前者が1人の行動で単独に算出される効果であり，交換の要素になるのに対して，後者は2人の共同作業によって生じる効果であり，調整の要素である点である。最後に，RCはReflexive Control，再帰統制と訳され，自分自身の好みを示す。換言すれば，自分が自分に対してもつ影響力である。

FCやBCは互いに影響し合うので，その両面を同時に考えて，相互運命統制Mutual FC（MFC），相互行動統制Mutual BC（MBC）としそれぞれ一つの利得行列に表わす。RCは相互（mutual）ではないので，相称的再帰統制Bilateral RC（BRC）とよばれ，これも一つの行列に表わすことができる。所与の行列は，

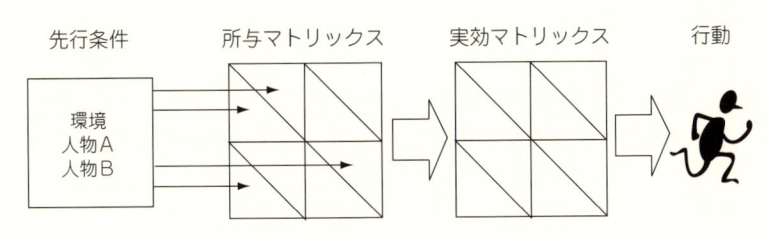

図 3-3 実効マトリックスへの変換

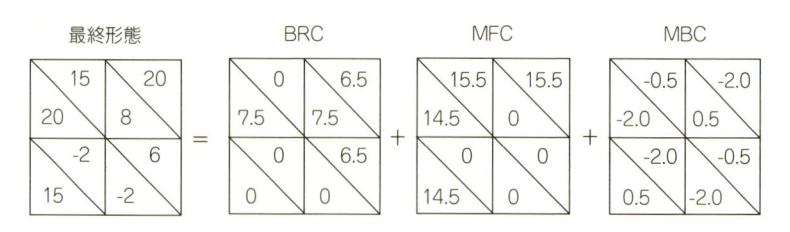

最終形態			BRC				MFC				MBC	
15	20		0	6.5			15.5	15.5		−0.5	−2.0
20	8	=	7.5	7.5	+		14.5	0	+	−2.0	0.5
	−2	6		0	6.5		0	0		−2.0	−0.5
15	−2		0	0			14.5	0		0.5	−2.0

図 3-4　MBC, MFC, BRC への分解例

これら 3 つの要素を合算したものであり，分解によって二者間の関係性の違いを彩り豊かに表現できるというのが，彼らの理論の特徴である[13]（図 3-4）。

　ここで，ケリーとチボーの理論の限界と展望について，少しふれておく。
　ケリーとチボーのこの考え方は，結局のところ利得行列を何とみなすかという問題である。利得行列を実効マトリックスに変換しても，表現上の違いはなく，いずれも見慣れた 2×2 のセルを 2 分割したものである。こういう意味では，何も仰々しく「実効マトリックスに変換する必要がある」と言わなくても，最初に考察の対象とするのが実効マトリックスであると考えればよく，そうすればこれまでの議論，つまり経済学的・政治学的・数学的ゲーム理論と何ら変わるところはない。ただし，より慎重に考えていけば，実効マトリックスがどこに存在するかという点に，理論の発展可能性がある。上の例では 2 人のプレイヤーのもつ「変換ルール」が共通したものであったが，実際には愛し合う 2 人といえども，微妙に行動に対する考え方が異なるはずであろう。すなわち，状況によって示される利得行列と，プレイヤー A の価値観による「A の実効マトリックス」，プレイヤー B の価値観による「B の実効マトリックス」が存在し，A は A の，B は B の実効マトリックスに従うはずである。このような，2 人の主観性と共同主観性との相互作用問題が今後研究される必要があるだろう。

3. 山岸の信頼理論

　ゲームのプレイヤーがもつ心理的側面について，もう一つ別のアプローチがある。それはゲームの中でのより原初的な感覚，つまり「やられた！　悔しい！」とか，「やった！　出し抜いてやったぞ！」という優劣に対する感覚を扱う。こ

---

[13] FC, BC, RC は，その後それぞれ Partner Control（PC），Joint Contro（JC），Self Control（SC）という別の呼称に変更されている（Kelley et al., 2003）。

れは，1回きりのゲームであれば，いかに相手を出し抜くかというだけの話だが，反復囚人のジレンマゲームのような"くり返して相手に当たる"状況下では，少し複雑になる。つまり，出し抜くと，そのときはよくても後々仕返しされるかもしれない，とビクビクしなければならないからである。もちろん，最初に見ず知らずの人間と当たるときは，相手が裏切るのか，協力してくれるのかを見定める選定眼が必要になる。

　こういった，相手をきちんと見定められるかどうかについて，山岸（1998）は日米文化比較研究などを通して，「信頼の解き放ち理論」を構築した。そこでは，社会的不確実性の高い状況における信頼がテーマになっている。社会的不確実性が高いというのは，確実さが少ないこと，つまり相手が裏切るのか協力してくれるのかについて，確たる情報が少ない状況である。囚人のジレンマゲームのプレイヤーは，まさにこの状況におかれているといえるだろう。

　さて，この状況下で，山岸（1998）はさらに「安心」と「信頼」という用語を厳密に区別する。「安心」とは相手が自分を陥れることはないだろう，という期待の中で，相手自身の利害に信用の根拠をおくことであり，「信頼」とは同じような期待の中でも相手の人格や，相手が自分に対してもつ感情に信用の根拠をおくことである。裏切れば相手自身が損をする場合，たとえば悪いことをすれば村八分にされる，ということが明らかな昔の日本社会では，なんとなく信用する，つまり「安心」していられたのである。しかし，自由に村から出て行ける人間がいれば，その人に対しては信用してよい人間かどうか，という疑いの目を向けざるをえないし，自分で見きわめたうえで「信頼」しなければならなかっただろう。

　もちろん現代においても，このような状況は存在する。たとえばネット市場での取引とはまさに社会的不確実性の高い状況である（粗悪品を売られるかも?!）。となると，いかにうまく相手の本質を見抜くか，あるいは，いかに相手を信頼するか，ということが重要になってくる。ネット・オークションの場合，この信用についての情報は非常に重要である。なぜなら，顔を見たこともない相手と取引をするわけであるし，相手は裏切ろうとすればいくらでも裏切ることができるからである。たとえば，偽名で開いた架空口座に代金だけ振り込ませて，商品を発送しない，などのトラブルが現実にも起こっている。そのためネット・オークションでは，過去の取引歴が記録され，過去の取引相手によるバイヤーの対応についての評価が公開されている。新たに取引を始めようとする人は，この情報を見て，相手が「信用できる相手かどうか」を見きわめるのである。もちろん，取引が何回続くかわからない，という現実状況だから可能なことで，もしあと n 回で取

引が終わる,ということがわかっていれば,最後の n 回目は裏切られること必至であろう。

こういった,見えない取引相手との信頼関係について,プレイヤーがどのような手をとり,何を考えているのかについて,第3節ではこの状況をシミュレートしたゲーム環境で,プレイヤーの動きを見ることによって明らかにしていこう。

第3節　適用研究例：売買ゲームにみるプレイヤーの印象

このゲームでは,見えない取引相手との信頼関係をどのようにつくっていくかを考える。ここでは,信頼する側ではなく信頼される側の視点に立ち,相手からの評価にどのように対応するかに着目した。

ここで紹介するのは,コンピュータを用いるゲーミングであり,画面の向こうで誰かが操作しているに違いない,とプレイヤーに思わせる方法をとっている。実際にコンピュータどうしのネットワークを形成する必要がないものであり,このような環境はごく初歩的なプログラム技術で作成可能である[14]。

1. ゲームの概要

ゲームは8人1組で行なわれる。8人の参加者は,ネットワークで接続された8台のパソコンの前に座り,売り手（4名）と買い手（4名）に分かれることが告げられる。参加者はコンピュータがランダムに選んだ2名と接続され,その2人とくり返し取引を行なっていく,と教示がなされる（図3-5）。実際は,ネットワーク接続もなされておらず,参加者は全員「売り手」になるようにプログラミングされている。相手となる「買い手」の動作も,ゲームの回数を含めてあらかじめプログラムされたコンピュータの反応である。

参加者に説明するゲームの概要は以下の通りである。

参加者は,5,000円の資金からゲームを始める。プレイヤーは売買の結果,売

---

[14] ここに記載するデータは,室野 都氏が森久美子先生と野波 寛先生の指導のもとで行なった卒業研究データ（室野 都　2004　社会的交換におけるコミットメント関係と協力：将来の重みが被指名者の行動に与える影響　2003年度関西学院大学社会学部卒業論文）にもとづく。データの利用を快諾下さった室野氏に感謝いたします。

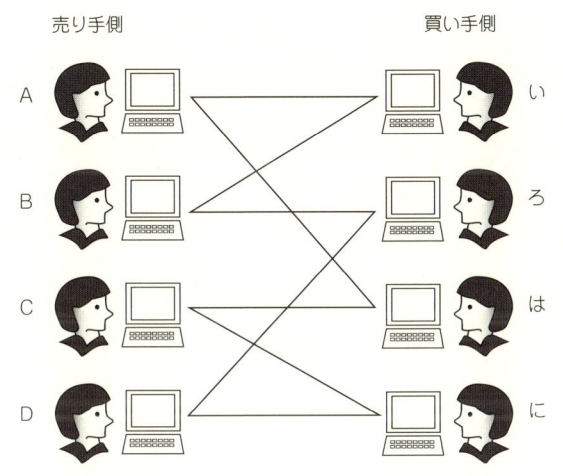

第 3 章　売り手と買い手の取引ゲーム

＊参加者は，誰か 2 人とつながっていると思っている。

図 3-5　ゲーム内でのプレイヤーの配線例

り手はより高い売り上げをあげること，買い手はより多くの資金を残すことが目的であり，最終的な所持金に応じて報酬が支払われることを伝えられる。

　まず，ゲームの冒頭で，プレイヤーは誰か 2 人とコンピュータが接続されていることを告げられる。売り手側，買い手側ともに，それぞれ 2 対 2 の接続になるわけである（図 3-5）。

　次に，買い手は誰と取引するかを選択する。取引相手として選ばれた売り手は，品物を仕入れて値段をつけて売る。仕入れ値はどの品でも一律 300 円で，売値は 400 ～ 700 円までの範囲でつけてもらうことにする。ここで，買い手はその値段で必ず購入しなければならない，とした。こうしておけば，買い手は，過去の取引経験だけを参考にして，売り手を選ばなければならなくなる。本シミュレーションの性格上，このことを参加者に十分意識させておく必要がある（図 3-6）。

　さらに追加オプションとして，取引成立後に改めて価格調整をするかどうか，というチャンスをつくることにした。取引成立後，画面上ではルーレットが回り始め，"あたり" に止まれば，売り手は改めて値段を上下することができる。これも売り手の人となりを評価するヒントを買い手に与えるためにつけ加えられたオプションである。「価格を変更できるチャンスがあったときに，値をつり上げられた」場合と，「値下げしてくれた」場合では，相手に対する評価が変わってくるに違いない。価格設定や価格調整といった，相手の人となりを知るかすかな

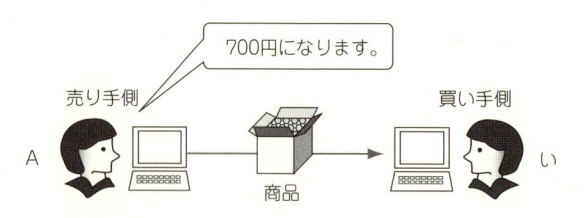

図 3-6 取引が決まれば，買い手側は言い値で買わなければならない

手がかりをもとに，両者は取引を続けていく。

売り手は複数の人に選ばれることもある。この場合，(ランダムに決められた) 順に取引が続いていくので，後のほうの人は，売り手が前の買い手にどのような行動を取っているか，というのも情報として得ることができる。

実験は大きく前半と後半に分かれ，前半と後半の間に一度，取引相手がシャッフルされる。売り手・買い手という立場の変更はなく，単に取引相手が変わるだけである。取引の回数は，前半がランダム（いつ終わるかわからない），後半は「残り○回」と表示される。

参加者には，前半終了後と後半終了後のそれぞれで，取引相手に対する印象や態度についての質問に答えてもらう。これで実験は終了である。

この実験で操作する要因（独立変数）は以下の2つである。

(1) 取引相手の特徴

何よりも重要なのは，取引相手がどのような人間か，である。今回は売り手側に着目するので，買い手がどのような人間か，買い手に選んでもらうにはどうすればよいか，ということを考えて参加者はプレイする。買い手から一度も選択されなければ，金銭の変動がまったくなく，利潤は0である。参加者は（実験報酬のためにも），いかにして良質の客を捕まえるか，ということに意識を傾けることになる。

ここで設定した買い手のタイプは2種類である。1つはまったくランダムに2人を選び続けるタイプで，いわば「一定の安定した関係を築こうとしない」タイプである。もう1つは，逆に決まった相手としか取引をしようとしないタイプである。今回の実験では，常に自分以外の決まった売り手と売買している買い手というのを設定した。この買い手が，最後の1回だけ自分を選んでくれたとしたら，売り手である参加者はどうするだろうか。この買い手の信用を得たら，今後は取引がやりやすくなるに違いないだろうが，今まで自分を選んでくれなかった憎い

相手でもある。ここで，あとどれぐらい取引が続くか，という条件が重要になってくるだろう。

今回は，(A) 前半は関係を築こうとしないタイプ，(B) 後半も関係を築こうとしないタイプ，(C) 後半は関係を築くタイプ，という3つのタイプを比較することにする。

(2) 関係継続性の見込み

関係継続性とは，同一の相手とどの程度長期間にわたって関係を続けるか，という変数である。すぐにでもとぎれる関係であるとわかっていれば裏切ってもかまわないし，長期にわたるつきあいが見込まれる場合であれば，うかつなことはできない。この要因を，実験の後半で示される取引の残り回数で調節する。今回は残りの取引が0回の場合，残り3回の場合，残り20回の場合，という3つの条件をつくった。これは群間の要因である。なお，これは後半セッションでの操作なので，前半では条件間の違いはない。

従属変数として，次の4つを実験の中で測定した（②〜④は質問紙調査）。
① 取引相手に対する行動：協力するか，しないか
　これは，2つの側面からとらえる。1つは価格設定であり，もう1つは価格調整ができるときの行動である。価格調整のチャンスがあったときに，価格を上げるか，下げるか，据え置きか，がそれぞれ，協力・非協力，どちらでもない，に対応する。
② 取引相手に対する好意度
　「相手とは気が合いそうである」「相手に親しみを感じる」「相手は好ましい」などの7項目を5件法で尋ねる。
③ 取引相手に対する信頼度
　「相手は基本的に正直である」「相手は基本的に善良で親切である」「相手にあなたは信頼されているように思う」などの項目を5件法で尋ねる。
④ 取引相手に対する今後のつきあい方
　「相手と今後も取引を続けたい」「相手とあなたはこれ以降も取引をするだろうと思う」などの項目を5件法で尋ねる。

少し複雑なデザインになっているが，要するに売り手としてのプレイヤーが，買い手をどのような情報・条件で信用するか，またそれに応じてどのように行動を変えるかを，仮想的環境でみようとしているのである。

2. 実験の実際

　この実験を実際に行なった事例を示す。実験は2003年の秋，大学生71名の参加者を募って行なわれた（実験は9回に分けて行なわれたが，うち1回は実験条件が8名に満たなかったため，1名のサクラを入れた。そこで分析対象となる参加者数は8×9－1=71となる）。参加者にはまず，本実験で行なう「売買ゲーム」のマニュアルが配られ，それを読むように指示される。参加者が一通り読み終えると，実験者から口頭で再度，ルールの説明を付け加えた。説明では，誰がどのように反応しているかは，当事者どうしにしかわからないことを強調した。また，報酬として参加者には500円を事前に渡してあり，ゲームで利益を上げれば（あるいは買い手としてお金を残していけば），それに応じて追加の報酬を配分することが説明された。

　実験者からの説明が終わると，参加者にはついたてで区切られたパソコンの前にバラバラに着席してもらう。パソコンの前には茶封筒が置かれており，その中に「売り手」か「買い手」か，そのコードは何かが書いてある。ゲーム上，売り手には「A」～「D」のラベルが，買い手には「い」～「に」のラベルがふられていると教示されるが，実際には参加者全員に「D」のラベルが手渡されるようになっている。

　前半の試行回数は，参加者には知らされていなかったが，全部で10回に設定されており，10回の取引を終えるとパソコンの画面上に，前半終了を告げるメッセージが表示される。このとき休憩がてら，質問紙に記入してもらう。

　後半も同様に進み，最終的に今回の実験の本当の目的および，取引相手の反応はすべてプログラムであったことなどをディブリーフィングし，一律1,000円の報酬を渡した。実験に要した時間は，ゲーム前後の説明も含めて90分弱である。

　参加者は，実際には全試行回数を知らない状態で，まず前半の10試行において「は」と「に」の2名の買い手と取引を行なう。この取引相手は，50％の確率で参加者を取引相手として選ぶ「決まった相手としか取引しないタイプ」である。後半では，前半とは違う相手，「い」と「ろ」の2名と取引を10回行なう。「い」は同じく50％の確率でしか取引しようとしない相手だが，「ろ」は9回目まで一度も参加者を取引相手として選ばない。後半の10試行目で，初めて「い」と「ろ」が参加者を選ぶ（図3-7）。また，前半も後半も，最後の1回でルーレットにより価格調整チャンスが与えられるようになっている。

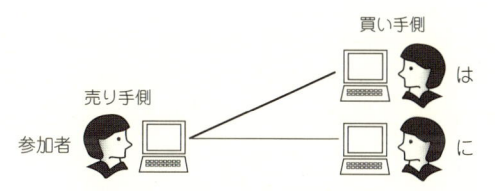

第3章 売り手と買い手の取引ゲーム

①実験の前半は，参加者は「は」と「に」を相手にする。

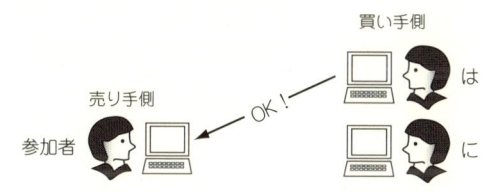

②取引が成功するかどうかは50％の確率である。

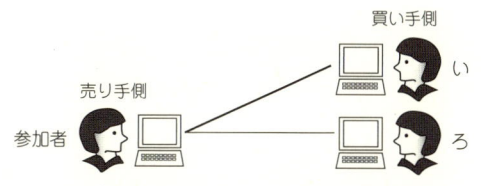

③実験の後半は，「い」と「ろ」を相手にする。

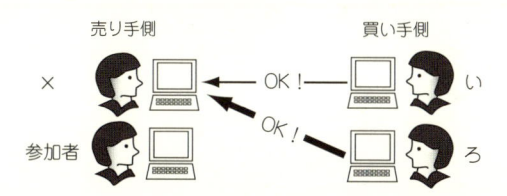

④「ろ」にはどうやら決まった取引先がいるようである。「い」が選んでくれる確率は50％，取引できないこともある。

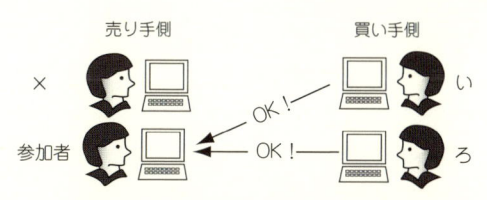

⑤後半の10回目に，両方とも参加者を選んでくれる。

図 3-7　実験の流れ

3. ゲームからわかること

では，実際に実験に参加した人たちはどのような動きをするであろうか。

まず，価格調整チャンスをもらったときの動きを図3-8に示す。

これをみると，前半の「は」に対する行動に比べ，後半の「い」や「ろ」についての行動では，条件間での大きな偏りがみて取れるだろう。関係継続性×値下げ行動のクロス集計表をχ^2検定した結果，「は」に対する行動は，$\chi^2(4) = 1.15$となり，条件間での有意差がみられない。一方，「い」に対する行動は，$\chi^2(4) = 19.77$となり1％水準で有意，「ろ」に対する行動は$\chi^2(4) = 13.40$となり同じく1％水準で有意である。

この結果を詳しくみていこう。まず，長期の関係継続性が見込まれる条件では，値下げ行動の比率が大きいことがわかる。統制群（前半の気まぐれプレイヤー「は」）に対して69％だった値下げ行動が，長期の関係継続性が見込まれるときは，「い」に対して83％，「ろ」に対して73％になっている。

次は逆に，値上げの行動については，関係継続性の見込みがない条件（残り0回条件）のときに，顕著に多くなっている。統制群では11％だったこの行動が，「い」に対して46％，「ろ」に対して42％となっている。今後取引の可能性がない相手は簡単に裏切れることが，ここに示されている。

「い」と「ろ」に対する行動の違いがあるのは，関係継続性の見込みがないときの「調整せず」反応である。「い」に対しては21％の参加者が，「気まぐれな相手で，将来性もないけど，イジワルはしないでやるか」と思っていたのに対し，「ろ」に対して同じように思う人は4％しかいないのである。また関係継続性の

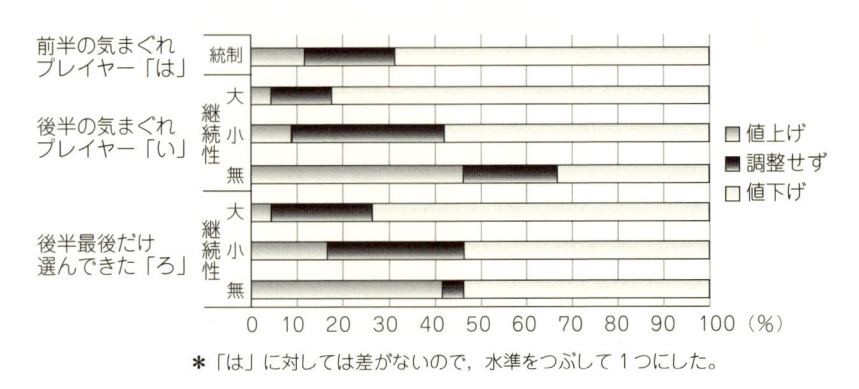

＊「は」に対しては差がないので，水準をつぶして1つにした。

図3-8 相手に対する行動の条件間での差異

見込みが小さいとき（あと3回取引があるとき），「い」に対して値上げをしたのが8%で，33%が調整せずに様子見をした。一方で「ろ」に対しては，倍の16%が値上げをし，29%が様子見だったのである。これは，「ろ」が常に他のプレイヤーと取引をしていて，急にこちらを選んできたからといって，あまり信用できないな，という印象を参加者がもったからではないだろうか。

　こうした「い」と「ろ」に対する考え方の違いは，質問紙への回答でも確認できる。質問紙にある「好意度」「信頼度」「今後の取引意図」の条件別平均値を，図 3-9 に示す。

　それぞれの得点を従属変数とし，「関係継続性の見込み」と「取引相手」の2要因による分散分析を行なった。その結果は以下の通りである。

＜好意度について＞
- 取引相手による主効果が有意（$F(3,204) = 50.29, p<.01$）
- 下位検定の結果，「ろ」が有意に低いことが示された。

＜信頼度について＞
- 取引相手による主効果が有意（$F(3,204) = 15.08, p<.01$）
- 下位検定の結果，「ろ」が有意に低いことが示された。

＜取引意図について＞
- 取引相手による主効果が有意（$F(3,204) = 48.01, p<.01$）
- 交互作用が有意（$F(6,204) = 2.33, p<.05$）
- 下位検定の結果，関係継続性の見込みなし条件では，「い」が「は」よりも

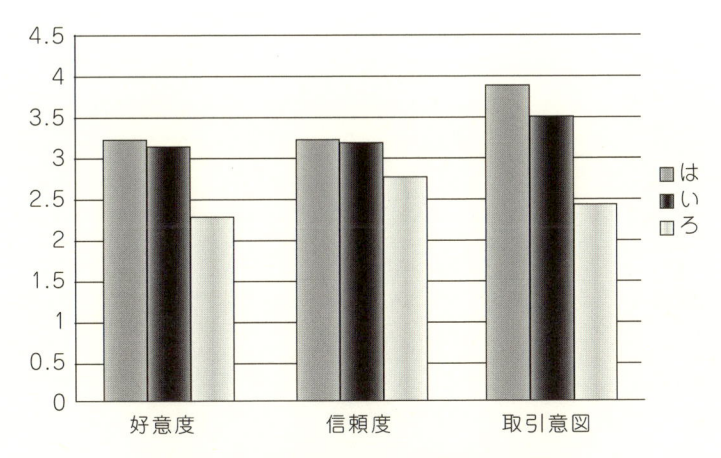

図 3-9　取引相手別にみた質問紙の平均点

有意に低いことが示された。
- 下位検定の結果，すべての「関係継続性の見込み」条件において，「ろ」が他の2つよりも有意に低いことが示された。

これらの結果を総合的に判断すると，「ろ」は今まで別の人と長期的関係を築いていただけに，参加者に良い印象をもたれていないのではないか，ということがわかってくる。

「い」と「ろ」の違いは，条件別にその評価得点をみれば興味深い側面がみえてくる。「ろ」に対しては，関係継続性の見込みが大きい場合，好意度や信頼度，取引意図が他の2条件に比べて大きくなるのである。「い」ではこの傾向はそれほど顕著ではない。これはつまり，「ろ」と長いつきあいになるのであれば，「ろ」

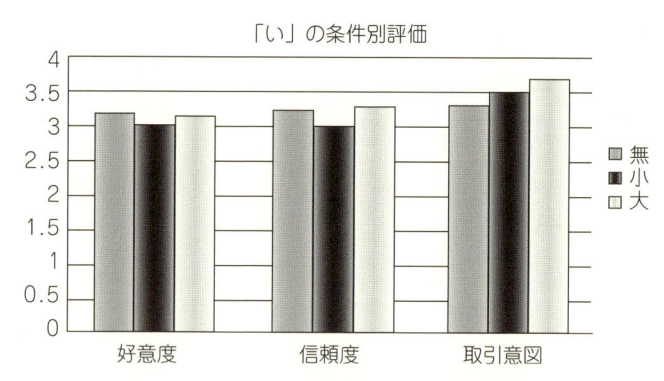

図3-10 「い」について条件別にみた質問紙の平均点

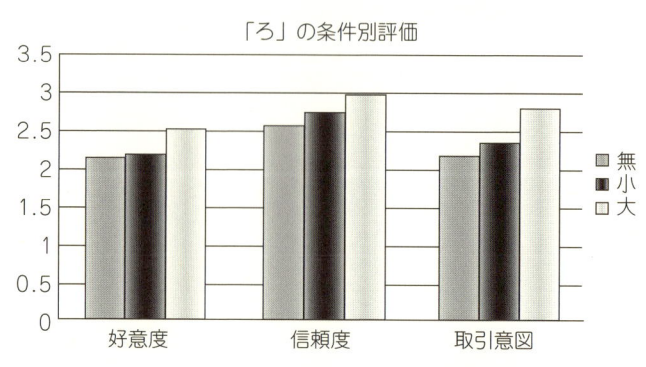

図3-11 「ろ」について条件別にみた質問紙の平均点

と長期的に安定した取引ができるのではないか，という買い手のもくろみが反映しているといえる。誰かと安定的な関係を築く傾向にある「ろ」は，確率50%の「い」よりも，関係継続性の見込みが意味をもってくるようである。

これらの結果は，本章で論じてきた「将来の重みがないときは，裏切る」という説を支持しており，また「い」と「ろ」に対する行動の違いが，指名される側の心理的な印象の違いを表わしているといえそうである。

売買ゲームに限らず，コンピュータ上で仮想的な環境をつくることで，さまざまな変数をコントロールしやすくなる。今回の例でも，この他にプレイヤーが買い手になる場合を検証したり，他の条件を加えたり，売り手と買い手の実際の相互作用を分析したり，と応用することができるだろう。読者のみなさんも，ぜひいろいろなパターンを試してみてほしい。

引用文献

Axelrod, R. 1980 Effective choice in the prisoner's dilemma. *Journal of Conflict Resolution,* **24**, 3-25.

Axelrod, R. 1984 *The evolution of cooperation.* New York: Basic Books. 松田裕之（訳） 1998 つきあい方の科学：バクテリアから国際関係まで　ミネルヴァ書房

Axelrod, R. 1997 *The complexity of coorperation.* Princeton, N.J.: Princeton University Press. 寺野隆雄（訳） 2003 対立と協調の科学　ダイヤモンド社

Kelley, H. H., Holmes, J. G., Kerr, N. L., Reis, H. T., Rusbult, C. E., & van Lange, P. A. M. 2003 *An atlas of interpersonal situations.* New York: Cambridge University Press.

Kelley, H .H. & Thibaut, J. W. 1978 *Interpersonal relations: A theory of interdependence.* John Wiley & Sons. 黒川正流（監訳） 1995 対人関係論　誠信書房

Maynard Smith, J. 1982 *Evloution and the theory of games.* New York: Cambridge University Press. 寺本 英・梯 正之（訳） 1985 進化とゲーム理論：闘争の論理　産業図書

Osborne, M. J. & Rubinstein, A. 1994 *A course in game theory.* Cambridge: MIT Press.

岡田 章 1996 ゲーム理論　有斐閣

山岸俊男 1998 信頼の構造　東京大学出版会

第4章 個人の意見と集団の意見
集団規模の違いが集団意思決定の満足度に与える影響

第1節　はじめに

「夏休みにさ，みんなで旅行へ行こうよ。私，海で泳ぎたいわ」
「いいねぇ，行こう，行こう！」
「あー，それだったら僕は温泉に入りたいなー」
「私，1泊2日くらいでのんびりできるところがいいわ」
「僕はおいしい食べ物とうまい酒を堪能したいね。これは譲れないな」
「う〜ん……。じゃあ，どこ行こうか!?」

多くの人が，友人たちとこのような会話を交わしたことはあるだろう。みんなで旅行に行こうと思うのに，日時や行きたいところ，食べたいものがまるで違う。かといって1人で行くのは気が引けるため，話し合いを行ない，メンバーが納得できる行き先を決めようと試みる。その際，意見がなかなかまとまらないことや，不満の残った旅行になることはよくあることだ。最悪の場合，旅行自体を中止にせざるをえないということもあるだろう。

われわれは常に何らかの集団に所属し，そのメンバーと相互作用を行なっている。学校や会社に行けば，クラスや部署といった集団に所属し，暮らしにおいて

は地域や家族といった集団に属している。つまり，集団は人間存在にとって不可避的部分だといえる（Brown, 1988）。そのため，われわれは1人で物事を決定，行動するだけではなく，集団でまとまって決定，行動しなければならないことが多い。上述の「みんなで旅行に行こう」という行動の意図は，集団として達成しようとしている目標であり，集団目標（group goal）といわれる。集団目標とは，個人における個人目標と同様に，集団が将来到達しようと動機づけられている集団にとって望ましい状態のことである。

さて，それでは集団目標は個人目標の単純な集積だといえるであろうか。多くの場合，そうだとはいえない。カートライトとザンダー（Cartwright & Zander, 1960）は，共通した個人目標が集団目標にならない例として，3人の男性グループの例をあげている。若い女性と結婚したいと望んでいる3人の若者たちは，きわめて類似度の高い個人目標をもっているといえる。しかし，そこに「ある若い女性と結婚する」という集団目標が存在するとはとてもいえない。

またそれとは反対に，個々の目標にはまったく共通したものがないが，1つの集団目標が存在する例もある（Cartwright & Zander, 1960）。ある少年Aは「グローブを買うお金がほしい」という目標をもっており，また別の少年Bは「手に入れたばかりの大工セットを使ってみたい」という目標をもっている。さらにいつも遊び仲間に入れてもらえない少年Cは「嫌な仕事を任されても彼らと一緒に遊びたい」という目標をもっている。3人の少年たちは，これら3つの個人目標をもとに「レモネード・ショップをつくってお金を稼ぐ」ことにした。この集団目標は，いずれの個人目標とも異なっているものであるが，それぞれの目標をかなえるものだといえる。これらの例のように，集団目標は，個人目標を単純に一致させたり合わせたりしたものだとはいえない。

冒頭の旅行の例における個人目標は，「海で泳ぐ」ことや「温泉に入る」ことであった。そのため，集団目標として「旅行に行く」という大きな目標が設定された。しかし個々人のさまざまな希望をかなえるためには，十分に吟味して目的地を決定しなければならない。つまり，1つの目標に向かってみんなで行動しようと思えば，個人目標を尊重しつつ，全員が納得いくかたちで集団の意見をまとめなければならないのである。

このように話し合いを通して集団としての行動や意思が決定されることは，旅行先の決定に限らず，日常的に行なわれていることである。本章では，このように，集団で意見をまとめるときに生じがちな葛藤について社会心理学の見地から概観し，また，それを体験し解決策を考えるためのゲーミング・シミュレーショ

ンを紹介する。

第2節　意見をまとめるということ

1. 集団意思決定

　異なった意見をもった複数の人々が話し合いによって共通の決定を下すことを，（社会）心理学では集団意思決定（group decision making）という。集団意思決定は，投票による集合的決定とは異なり，成員間での合意形成のための直接的な相互作用を前提にしている（亀田, 1999）。投票などの集合的決定は集団意思決定とよく似た概念である。しかし，集合的決定では最終的な決定が人数の多寡によって決定され，まわりにいる人たちを説得し同意を得る必要はなく，メンバー間の相互作用が必ずしも必要ではない決め方である。

　たとえば，ある市の市長選にA・B・Cの3名が立候補しており，市民の投票によって1名の市長を選ばなければならない状況を考えてみよう。選挙という場面では，"集団"を意識することはあまりないが，「○○市民」という集合（集団）による集合的決定が行なわれていることになる。選挙に際して，立候補者は有権者に向けて演説をする。しかし有権者たちは「Aに投票すれば，こんなによいことがあるから，みんなそろってAに投票しよう！」とか，「Bはここがすぐれているから，きみもBに変えてはどう？」などといった話し合いは基本的には行なわず，自分がよいと思う候補者に投票する。すなわち，有権者の間で直接的な相互作用が行なわれたり，意見の調整は行なわれたりしない。そして選挙の末，Aの得票数が3万7千票，Bの得票数が5万2千票，Cの得票数が1万9千票という結果になれば，Bが選ばれる。たとえ，自分がAを熱烈に支持したとしても，Bが選ばれたことに対して，基本的に異議を唱えることは許されていない。選挙の結果，最も多くの有権者がBを支持していることを根拠に，Bが市長に決定される[15]。

　それに対して，集団意思決定では，メンバー間で相互作用が行なわれるのが前提である。決定に参加する者全員にとって，目的や背景が十分に明瞭でない場合

---

[15] しかし，必ずしもこのような民主主義的な投票の結果が正しいとはい言いきれない。そこにはさまざまな問題も含まれている。このような問題については亀田（1997）が詳しく取り扱っているので，興味のある読者はご参照いただきたい。

には，それらを明らかにするための説明や情報交換の過程が必要であり（佐々木，1986），すべてのメンバーがより納得できる決定を行なうためには，十分な相互作用，つまり話し合いや交渉が必要とされる。

それでは，集団意思決定の過程のどのような場面で，どのような相互作用が行なわれているのだろうか。ベイルズとストロートベック（Bales & Strodtbeck, 1951）は意思決定過程の3つの段階で，どのような相互作用が用いられるのかを，相互作用過程分析法（Bales, 1950）を用いて調査を行ない，次のような結果を得ている。まず序盤では案の探索や創出という「方向づけ」が多く行なわれ，つづく中盤では案の吟味や比較評価などの「評価」「否定的反応」が行なわれる。そして終盤には決定作成のための手続きである「肯定的反応」「コントロール」が行なわれるということを明らかにした。もちろん集団の規模の大きさや，メンバーのやる気などによって多少の前後はあるが，多くの集団意思決定場面では，おおよそこのような流れがあるといえる。

2. 集団意思決定課題の種類

集団意思決定の際には，常に交渉が行なわれる。交渉とは，異なった意見をもつ複数の者や集団の間で，葛藤を避け，問題を解決しようと話し合いを行なうことであるが（Pruitt & Carnevale, 1993），交渉にもいくつかのタイプがある。さまざまな研究者によっていくつかの分類方法が提案されているが，その中の1つとして，交渉の問題のタイプによって3つに分類する考えがある（Coombs, 1987; Harinck et al., 2000; 大渕, 1999 など）。表 4-1 はハリンクら（Harinck et al., 2000）や大渕（1999）を参考に，問題のタイプの点から交渉についてまとめたも

表 4-1 問題のタイプによる交渉の3分類
(Harinck et al., 2000；大渕, 1999 を参考に作表)

交渉のタイプ	内　容
① 利害（interest）に関する交渉 （Gain / Loss 問題）	個人や集団が，お金・時間・利益・希少な資源の獲得などの利益にもとづく対立状況があるときに起こる。
② 知識（intellect）に関する交渉 （Correct / Incorrect 問題）	客観的な正しさのある問題について，個人や集団の解釈が異なっているときに起こる。"認知に関する交渉"ともいわれる。
③ 評価（evaluation）に関する交渉 （Right / Wrong 問題）	規範や価値のように，正しい1つの答えがない問題について，異なった考えをもっている状況で起こる。

のである。
① 利害に関する交渉：自分の利益が相手の損失につながる（と認知される）状況で，お互いが自分の利益を守るために行なわれる交渉である。たとえば，商品を購入する際に値引き交渉をすることなどが当てはまる。商品を買う側からすれば，少しでも安い金額で商品を手に入れたいと考えるであろうし，売る側からすれば少しでも高く売れればもうけは大きい。そのため少しでも自分の利益（手元に残るお金）が大きくなるように交渉を試みることになる。つまり「損」か「得」をめぐる問題である。
② 知識に関する交渉：正解を知らない当事者どうしがどちらの意見が正しいのかを主張するような状況である。たとえば，数学などの問題に複数で取り組むような場合や，「宣教師の川渡り問題」などのパズル問題に取り組む場合などがあげられる。また，仕事を最も効率よく行なうにはどうすればよいのかといった問題や，企業や予算の配分でどうすればより稼げるのかといった問題も含まれる。つまり，「正しい」のか「誤っている」のかという問題である。
③ 評価に関する交渉：正しい答えがない問題に対して話し合うような場合である。たとえば，憲法第九条に賛成なのか反対なのか，最もおもしろい芸人は誰なのか，といった問題である。つまり，数学や物理の問題のように客観的に正しい答えがなく，人それぞれの価値観や考え方によって「良い」と考えるか「悪い」と考えるのかといった問題である。

3. 集団意思決定を含んだゲーミング・シミュレーション

このような，交渉を通して集団意思決定を行なうゲーミング・シミュレーションは多くある。たとえば，②の知識に関する交渉のゲームとして「NASA」（柳原，1976a）や「砂漠で遭難したとき」（柳原，1982）が有名である。「NASA」は，月旅行宇宙船が機械の故障で着陸に失敗したときに，何を持ち出せば生き残ることができるのかを考えるゲームである。数ある所持品の中から，必要度の高いと考えられるものに順番をつけていくのだが，正しい解答（NASA宇宙飛行士が作成）を誰も知らないため，自分たちのもっている知識を総動員し回答を作成することになる。その後，メンバー全員で話し合いを行ない，回答を1つ作成するというものである。「砂漠で遭難したとき」もよく似た課題であり，砂漠で遭難したときに必要と思われる所持品に順位をつけるというものである。

また，先にふれた「宣教師の川渡り問題」は，宣教師3人と悪魔3人を2人乗

りの舟に乗せて川を渡らせるという問題である。みんな舟を漕げるが，宣教師よりも悪魔の数が多くなると，宣教師は食べられてしまう。このとき，どのような組み合わせで舟に乗せれば，全員を無事に渡らせることができるのかという問題である（図4-1参照）。これを用いたショウ（Shaw, 1932）の古典的な研究では，個人でこの課題に取り組むときよりも，集団で話し合いを行ないながら問題に取り組んだときのほうが，正解率が高いという知見を得ている。

　③の評価に関する交渉として有名なゲームとして「スリー・テン」（柳原，1976b）や「若い女性と水夫」（柳原，1976c），などがある。「スリー・テン」は，年齢・性別・経歴のそれぞれ異なった10名の中から3名を選び出すという課題である。場面は，原爆によって人類が滅亡の危機に立たされているという状況で，保護カプセルに乗れば生存が可能である。しかし保護カプセルに乗れるのは10名のうち7名だけで残りの3名は乗ることができない。このような状況下で，生き残れない3名を選ぶのである。人によっては女性や子どもを優先すべきだとか，若い男性こそ役に立つのだと考えたり，化学者がいたほうがよいと考えたり，その人の価値観によってさまざまである。これをまずは個人で意思決定し，その後集団で話し合い，全員のコンセンサス（同意）の得られる回答を1つ作成するというものである。

　「若い女性と水夫」は，5人の登場人物に好意的な順番に1〜5の順位をつけるという課題である。この課題もまず個人での決定を行なったあと，集団で話し

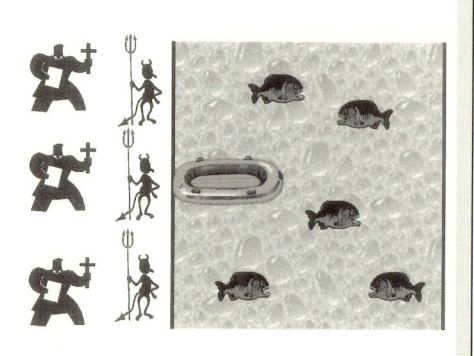

> 宣教師3人と悪魔3人が川を渡ろうとしています。2人乗りの舟が1つ。川にはピラニアがいます。
> 　みんな舟を漕げますが，宣教師よりも悪魔の数が多くなると，宣教師は食べられてしまいます。
> 　さぁ，全員が無事に川を渡ってください。

図4-1　宣教師の川渡り問題

合いをし，1つの回答にまとめる。ストーリーの一部分は，図4-2のとおりである。

さて，誰が一番悪く，誰の行動には好感をもつことができただろうか。人によっては交換条件を持ち出した水夫が悪いと考えるかもしれない。また，誘いに乗った若い女性が許せないと考える人もいるだろう。しかし，絶対的に誰が悪く，誰が良いという正解はない。このように，評価に関する問題とは，絶対的に正しいという客観的正解はなく，それぞれの個人のもつ価値観によって答が変わるような問題である。

さて，①の利害に関するゲームだが，利害をめぐって交渉を行なうゲームは多くあるが，その多くは個人間での交渉に関するものである。第2章や第3章の「個人間葛藤」で取り上げられているゲームの多くは，まさに利害をめぐる交渉だといえる。また，その他にも，トンプソンとヘイスティ（Thompson & Hastie, 1990）は，交渉の際の争点がどのくらい対立していると感じるかを調べるため，車のディーラーと買い手の立場で新車の売買交渉を模擬的に行なうという実験を行なっている。この課題では，自分が重要視するポイントが書かれた用紙を参考に，自分が得をするように交渉することを目的にしている。このポイントの大小がディーラーと買い手で異なっていることによって対立の程度がコントロールされている。

これらの課題はいずれも個人間で行なわれ，自分の利益を最大化することを目的にしている。また，冒頭の旅行の話し合いなどのように，自分の利益を主張し

　嵐に遭遇して1隻の船が沈没するが，5人がなんとか2隻の救命ボートに乗ることができました。"水夫"と"若い女性"と"老人"の3人が乗った船はある島に流れつきます。もう1隻のボートには"若い女性のフィアンセ"と"フィアンセの親友"の2人が乗り，少し離れた別の島に到着します。

　彼女はある日，海のかなた遠くにひとつの島影を発見します。彼女はフィアンセを探したい一心で，水夫に，ボートを修理して，あの島に連れて行ってほしいと頼みます。水夫は自分と一夜を共にするなら彼女の願いに応じてもよいと答えました。困り果てた彼女は，老人に相談するのですが，老人は「あなたの心のままに従いなさい」というのみでした。……（以下略）

図4-2　「若い女性と水夫」のストーリーの一部分（柳原，1976c）

ながらも，最終的には集団で行動をする場合のようなゲームは少ない。そこで，利害をめぐって行なわれる集団意思決定のゲーム『旅先はどこ！？』を紹介する。

第3節　利害をめぐる集団意思決定

1. ゲームの準備とねらい
(1) グループのサイズ
　3～6名程度。

(2) 実施の所要時間
　ゲームの説明　　　：10～15分程度
　話し合い　　　　　：30～60分程度
　ディブリーフィング：10分程度
　全体で，約60～90分程度

(3) セッティング
　特に必要なものはないが,参加者全員が机に向かって話し合ったり，メモをとったりする必要があるので，大きな机とイスが必要になる。

(4) 必要な物品
　個人カード（人数分）
　目的地カード（グループに1枚）

(5) ゲームのねらい
　メンバーの間で利害が合わないときの，意見の調整の難しさ，妥協点の見つけ方，他者の意見の聴き方など，集団で話し合いを行なう際のさまざまな問題を体験し，理解し，その解決策を考える。

(6) ゲーム中の目的
　サークルの代表者として話し合いに参加し，夏合宿の予定について集団意思決定を行なう。それぞれのメンバーは，代表者としてすでに後輩たちの行きたい場

所を聞いている（個人カード）。それをもとに，いくつかの候補地から行き先を決定しなければならない。みんなでそろって旅行に出かけるためには"しこり"を残さないような決定を行なう必要がある。

2. ゲームの方法とルール
(1) ゲームの流れ
　ゲームの流れを図示すると，図4-3のようになる。

(2) ゲーム中の教示
　① ゲームの目的の説明
　　「みなさんは，同じサークルの執行部のメンバーです。これからサークルのみんなで行く，夏の旅行の計画を立ててもらいます。この旅行はサークルのメンバーみんなが参加する恒例の行事で，サークルのみんなが楽しみにしています。期間はたいていの年が1泊2日から2泊3日ほどです。この旅行を楽しみにサークルに入ってきたメンバーもいるくらい，サークルにとって大事なイベントです。

　　しかし，行き先を決めるのには，サークルの人数が多くて，みんなで話し合って決めることが困難です。そこで，執行部の3名が，前もって後輩たちからどこに行きたいのかを尋ねて，それを持ち寄って，執行部が決定をするということになっています。サークルのメンバーの意見が十分反映されれば，みんなにとって大変楽しい旅行になります。しかし，要望は必ずしも，一致しているとは限りませんから，場合によってはかなり緊迫した激しい議論となる可能性もあります。

　　あなたたち3人は，この会議の前に，あなたを慕っている何人かの後輩たちから"ここがよい""こんな所がよい"などと，意見を聞いています。あなたを慕ってくれている後輩たちの意見だけに，あなたは，ぜひともそれを通そうと思っています。これからお配りするカードに，後輩たちが主張していた内容が書いてあります。」
　② 個人カード（図4-4）の配布
　③「個人カード」「行き先カード」の説明
　　「カードに書いてある内容は，あなた自身が今もっている意見とは異なっているとは思います。しかし，あなたを慕ってくれている後輩たちが，是非ともこんな所に行きたいと，執行部であるあなたにお願いをしたもので

① ゲームの目的の説明（約3分）
　　ゲームの目的について説明します。
　　サークルで旅行に行くことを想定して，しこりを残さないように目的地を決めることが最重要課題です。

② 「個人カード」の配布（約2分）
　　ゲームで利用する「個人カード」を，
　　1人に1枚ずつ配布します。

③ 「個人カード」「行き先カード」の説明（約3分）
　　「個人カード」に，サークルのメンバーたちの希望が書いてあることを説明し，それに添って交渉することを確認します。また，行き先の選択肢について説明します。

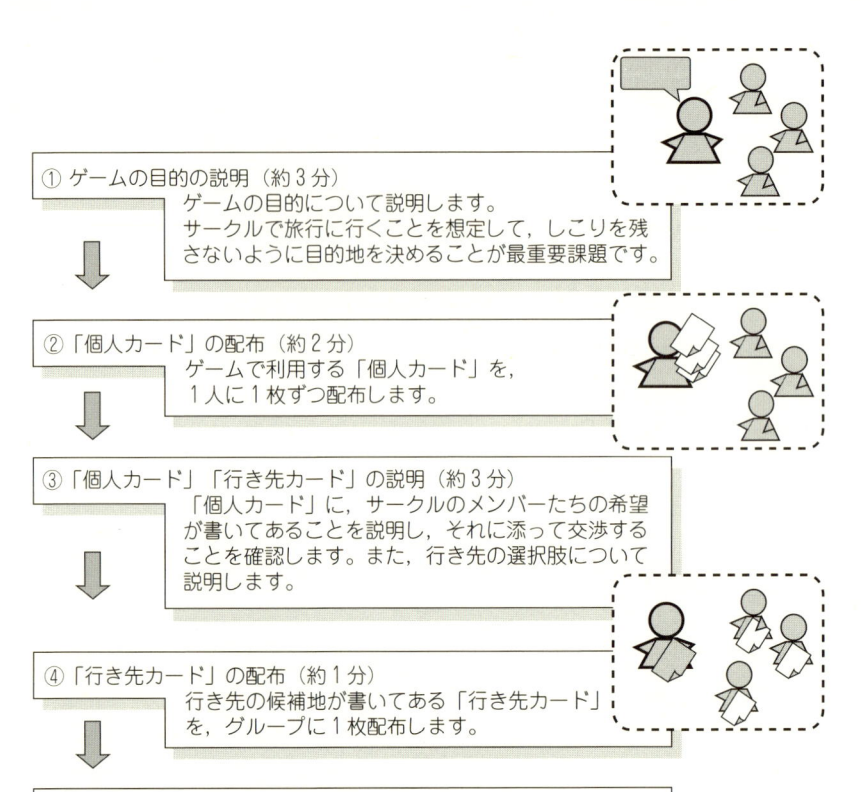

④ 「行き先カード」の配布（約1分）
　　行き先の候補地が書いてある「行き先カード」を，グループに1枚配布します。

⑤ 話し合いでの注意点（約1分）
　　話し合いをする際の諸注意を行ないます。

⑥ 個人での意思決定（約5〜10分）
　　「個人カード」にもとづき，自分ならどこへ行くのか，個々人に決定してもらいます。

⑦ 話し合い：集団での意思決定（約20〜30分）
　　多数決でなく，すべての人が納得できるまで，話し合いを行ないます。

⑧ ディブリーフィング
　　話し合いについてのふり返りを行ないます。

図4-3　『旅先はどこ！？』ゲーミングの流れ

す。

　これから執行部の3人で，話し合って，行き先を決めてもらうのですが，あなたは，そのカードに書いてある意見がより多く通るように意見を主張してください。その他の2人が持っているカードはあなたが持っているカードとは異なっています。自分の持っているカードに書いてある意見を多く通すことができれば，後輩たちからより慕われるうえに，あなたにとって大変楽しい旅行になることでしょう。現在のところ，行き先としての候補は次の8か所です。」

④「行き先カード」(図4-5) の配布
　「旅行先を決定するのに必要な候補地の情報がいくつかあがっています。もちろん，この他にもいろいろな特徴がありますので，みなさんでその他の特徴も出し合ってみてください。」

⑤注意点など
　「これから行き先を決定してもらいますが，持っているカードは他の人に見せないようにしてください。」

⑥個人での意思決定
　「まずは，配られたカードをしっかりと読んで，後輩たちの希望をなるべくかなえられる候補地を選んでください。今は話し合いをせず1人で決定してください。」

(個人で行き先を決定するのを待つ)

⑦集団での意思決定
　「つづいて，みなさんのサークルで行くのに最もよいであろう行き先を，1か所選んでください。時間は20分ほどでお願いします。
　それでは，始めて下さい。決定をする際には多数決で決めたり，1人の人が強引に決めたりするのではなく，全員が納得するように話し合いを行なって下さい。」

3. ゲームの可能性

　この課題で用いている旅行先は近畿をスタート地点として考えられている。そのため，その他の地域で行なう際には，学生にとって身近な候補地に変更する必要があるだろう。実際に旅行代理店が発行しているパンフレットを用いるのも1つの手段とも考えられる。ただし，研究を目的としてそれらを用いる際には，パ

後輩からの意見	後輩からの意見
海 暖かいところ ペンション宿泊 美術館のあるところ 車を飛ばせるところ 夕日のしずむ丘 のんびりと心休まるところ	温泉のあるところ 料理自慢のお宿 自然の多いところ ハイキング 電車で行きたい おしゃれな街並み 安く済むところ

後輩からの意見	後輩からの意見
自然の多いところ 涼しいところ 鳥の観察のできるところ 田舎 遺跡の見られるところ プールのあるホテル 日本酒のあるところ	高級旅館 風を感じられるところ 湖のあるところ 舟に乗れるところ 温泉のあるところ お寺を見たい 博物館に行きたい

後輩からの意見	後輩からの意見
渓流 観光客の少ないところ 動物とかかわれるところ 走り回れるところ 果物狩りのできるところ 温泉 古い街並み	釣りのできるところ 車で行けるところ 高原 サイクリング 歴史的建造物のあるところ 涼しいところ 地ビールのおいしいところ

＊これらを切り取り，1人1枚ずつ配布する

図4-4 「個人カード」(6人分)

第4章　個人の意見と集団の意見：集団規模の違いが集団意思決定の満足度に与える影響

図4-5　「行き先カード」（6人分）

ンフレットに記載されている写真などの周辺的な情報が，決定に与える影響を考慮する必要があるだろう。

また，個人カードの中味を入れ替えることによって意見の対立の程度を変化させることも可能である。たとえば「個人カード」に記入されている希望内容の5割程度を一致させれば，目的地はスムーズに決まるであろうし，希望内容のダブりをほとんどなくすならば，目的地の決定は困難になるだろう。

また，候補地を書いた「行き先カード」を配らず，めいめいがもっている知識やインターネットを利用して，行き先の候補地を探すことも可能である。これには多くの時間を必要とするうえ，参加者のやる気が問われることになる。しかし，参加者全員の希望をかなえられる目的地を探索することもできるし，交渉における代替案の探索や，争点の多様性を意識することもできるなど，よい体験になると考えられる。

第4節　適用研究例：利害をめぐる集団内の交渉

ここで，このゲームを用いた研究例を紹介しよう。この研究のねらいは，参加者に勢力の違いというプレッシャーを与えた場合，意見の採用率，話し合いに対する満足度，交渉相手に対する態度がどのように変化するのかを調べることであった。

たとえば，あるプロジェクトを計画する際，それに参加する部門の間で予算をどのように使うかを決める必要がある。それぞれの部門としては，自分たちの部門に多くの予算が分配されることが望ましいが，その一方では，会社全体の利益も最大化しなければならないであろう。このようなとき，部門間の勢力が異なっていれば，いくつかの問題が生じてしまう。まず，勢力の弱い部門の意見というのは採用されにくいことがよくあるだろう。その結果，勢力の強い部門の意見がより多く採用され，最適なプロジェクトの予算分配が行なわれないことがあるだろう。また，勢力の弱い部門は，十分に言いたいことが言えず，不満が残り，今後の部門間の関係に影響を与えるかもしれない。

ここで紹介する研究では，こういった問題の解決策や原因を探るにはいたっていないが，勢力差が意見の採用率や関係性などに与える影響を明らかにしている。

第4章　個人の意見と集団の意見：集団規模の違いが集団意思決定の満足度に与える影響

1. 方　法

(1) 手続き

　この実験では話し合いを3段階で行なった（図4-6参照）。まず個人で行き先を決定し，その後3人の集団で1つの行き先を決定するのは，前節のゲームのルールと同じであるが，そこから先が異なっている。3人グループで1つの行き先を決定してもらったあと，同じように集団意思決定を行なっていた別のグループと合わさり，合計6名で再度，集団意思決定をしてもらった。さらに，6名で話し合いを行なう前に，1つのグループには，「これから出会う3名は，大変優秀なサークルのメンバーで，今最もノリにのっているサークルメンバーです」とプレッシャーを与えた。

(2) 測定した項目

　集団意思決定への自分の影響力を測定するため，①話し合いでの活躍の程度，②集団意思決定での意見の採用度，を尋ねた。また，話し合いの満足度について測定するため，③話し合い自体への満足度，④話し合いの結果の納得度，を尋ねた。⑤合流した相手の集団のメンバーへの好意度を測定するため，加藤ら（2001）の集団への愛着尺度を用いた。「相手の集団にはいい人が多い」「相手の集団の人たちは信頼できる」「相手の集団の一員でありたいと思う」「相手の集団に愛着を感

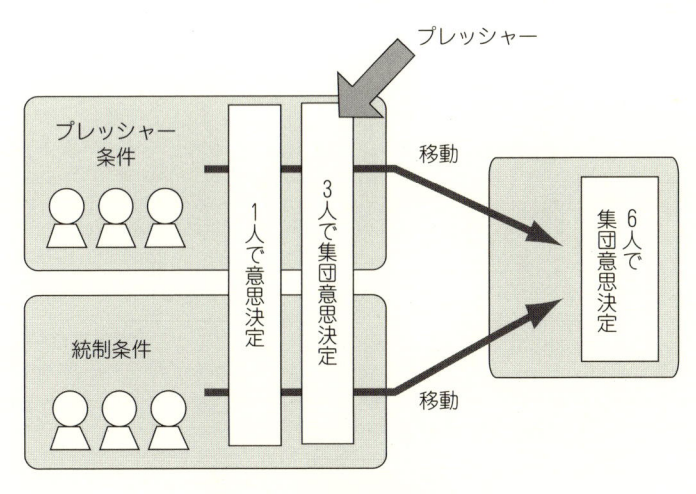

図4-6　実験の手続き図

じる」という4項目の平均値を好意度得点とした。

2. 結果

表4-2は条件ごとの各項目の平均値と標準偏差および，t検定の結果である。集団意思決定への影響力に関する2項目については有意差が認められなかった（$t(34) = 0.80$, $n.s.$；$t(34) = 0.85$, $n.s.$）。しかし，話し合いの満足度に関する2項目についてはいずれも統制群よりもプレッシャー条件が低い値となった（$t(34) = 3.82$, $p<.01$；$t(34) = 3.66$, $p<.01$）。また，相手の集団に対する好意度についても統制群よりもプレッシャー条件が低い値となった（$t(34) = 2.69$, $p<.05$）。つまり集団で意思決定を行なう際に，相手の人たちが優れた人間であると思わされた人たちは，意思決定への影響力が，思わされなかった人たちと同程度であったと認知していた。しかし，話し合いへの満足度が低く，結果に対しても十分に納得しておらず，そのことが影響して，相手の集団に対する好意度も低くなっていた。

3. 考察

実験の結果，集団の中で勢力に違いがある場合，意思決定への影響には差がない一方で，その決定には満足はしておらず，相手に対する好意度が低下することが示唆された。そのため，集団意思決定を行なう場面で客観的な勢力がある場合，集団内で友好的な関係を形成するための配慮が必要だと考えられる。たとえば，話し合いの場面では肩書きなど勢力の違いを強く感じさせるようなものをはずすことや，「話し合いはふだんの活動とは別のものとして考えるように」などとひとことつけ加えることなどの工夫が必要となるであろう。

集団で意思決定するということは，メンバーのさまざまな意見の調整をしなけ

表4-2 条件ごとの平均値（SD）と検定の結果

	プレッシャー条件		統制条件		検定結果
	Mean	(SD)	Mean	(SD)	
①活躍度	3.22	(1.20)	2.89	(0.33)	n.s.
②意見採用度	4.11	(0.33)	4.33	(0.71)	n.s.
③話し合いへの満足度	3.89	(0.60)	4.78	(0.44)	$p<.01$
④結果の納得度	4.11	(0.33)	4.89	(0.33)	$p<.01$
⑤相手集団への好意度	3.78	(0.86)	4.33	(0.57)	$p<.05$

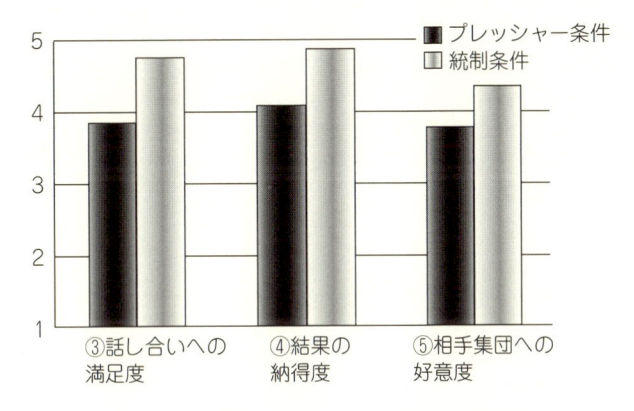

第4章 個人の意見と集団の意見：集団規模の違いが集団意思決定の満足度に与える影響

図4-7 有意差の認められた項目の平均値

ればならず，個人の不満が生じやすい場面でもある。少しでもメンバーの関係を良好にするには，どのようなときに不満が生じやすく，どのように話し合いを展開すれば，それらが解消されるのかを体験することが役に立つといえるだろう。

引用文献

Bales, R. F. & Strodtbeck, F. L. 1951 Phases in group problem solving. *Journal of Abnormal and Social Psychology*, **46**, 485-495. 岩城富美子・佐々木薫（訳）1970 集団における問題解決の位相　カートライト・ザンダー（編）／三隅二不二・佐々木薫（訳編）　グループ・ダイナミックス第二版Ⅱ　誠信書房　Pp.749-765.

Bales, R. F. 1950 *Interaction process analysis: A method for the study of small groups.* Chicago :University of Chicago Press. 手塚郁恵（訳）1971　グループ研究の方法　岩崎学術出版社

Brown, R. J. 1988 *Group processes: Dynamics within and between groups.* Oxford: Basil Blackwell. 黒川正流・橋口捷久・坂田桐子（訳）1993　グループ・プロセス：集団内行動と集団間行動　北大路書房

Cartwright, D. & Zander, A. 1960 Individual motives and group goals: introduction. In D. Cartwright & A. Zander (Eds.), *Group dynamics: Research and theory, 2nd ed.* New York: Harper & Row. Pp.345-369. 原岡一馬（訳）1970　個人的動機と集団目標：序　カートライト・ザンダー（編）／三隅二不二・佐々木薫（訳編）グループ・ダイナミックス第二版Ⅱ　誠信書房　Pp.411-441.

Coombs, C. H. 1987 The structures of conflict. *American Psychologist*, **42**, 355-363.

Harinck, F., De-Dreu, C. K. W., & Van Vianen, A. E. M., 2000 The impact of conflict issues on fixed-pie perceptions, problem solving, and integrative outcomes in negotiation. *Organizational Behavior and Human Decision Processes*, **81**(2), 329-358.

亀田達也　1997　合議の知を求めて：グループの意思決定　共立出版

亀田達也　1999　集団意思決定　中島義明（他編）　心理学辞典　有斐閣

加藤潤三・小杉考司・岡本卓也・野波　寛　2001　仮想世界ゲームにおける集団間葛藤：共通課題は仲を悪くする？　日本グループ・ダイナミックス学会第49回大会発表論文集，658-659.

大渕憲一　1999　紛争解決に関する日米間の比較研究　平成8・9・10年度科学研究費補助金（国際学術研究）研究成果報告書

Pruitt, D. G. & Carnevale, S. A. 1993 *Negotiations in social conflict*. Buckingham: Open University Press.

佐々木薫　1986　集団の意思決定と業績　佐々木薫・永田良昭（編著）　集団行動の心理学　有斐閣　Pp.79-137.

Shaw, M. E. 1932 Comparison of individuals and small groups in the rational solution of complex problems. *American Journal of Psychology*, **44**, 491-504.

Thompson, L. & Hastie, R. 1990 Social perception in negotiation. *Organizational Behavior and Human Decision Processes*, **47**, 98-123.

柳原　光　1976a　NASA　Creative O.D.（Ⅰ）　㈱プレスタイム　197-202.

柳原　光　1976b　スリー・テン　Creative O.D.（Ⅰ）　㈱プレスタイム　211-216.

柳原　光　1976c　若い女性と水夫　Creative O.D.（Ⅰ）　㈱プレスタイム　217-221.

柳原　光　1982　砂漠で遭難したとき　Creative O.D.（Ⅲ）　㈱プレスタイム　172-181.

第5章 社会的ジレンマ事態における集団間関係ゲーム

第1節 社会的ジレンマとは

1. 社会的ジレンマの構造

本章では，社会的ジレンマ事態をめぐる集団間の関係性（「葛藤」と「協調」）について考えてみよう。

そもそも社会的ジレンマとは，以下のような構造のことをいう（Dawes, 1980）。

① 行為者は，協力行動と非協力行動のいずれかの行動が選択できる。
② 行為によって得られる個人的利益は，協力行動を選択するよりも，非協力行動を選択したほうが大きい。
③ ただし，すべての行為者が非協力行動を選択した場合，得られる個人的利益は，すべての行為者が協力行動を取ったときよりも，少なくなる。

つまり，個々人にとっては非協力行動を選択するほうが，自己利益の増大に有利であるものの，全員が非協力行動を選択すると，誰にとっても望ましくない結果に陥ってしまうのである。

この社会的ジレンマは，ある特別な状況においてのみ発生するのではなく，われわれにとって身近な社会問題，そのほとんどすべての根底に潜んでいる（藤井，

2003)。たとえば,われわれにとって車のある生活は便利である。目的地まで最短で行くことができ,道中もゆったりと快適である。朝夕のラッシュ時のすし詰め状態を思うと,車で通勤・通学ができたらどんなによいだろうと思う。しかし,誰もがそのように考え,全員が車で通勤・通学をしたとしてみよう。道路は車であふれかえり,遅々としていっこうに進まない。ほとんどの人が遅刻,欠勤になってしまい,すし詰め状態以上に不快な経験をすることになる。まさに交通問題は社会的ジレンマ構造そのものである。さらに,近年問題となっている年金問題なども同様の構造をなしている。

また社会的ジレンマは,個人レベルの意思決定,行動だけに起こるのではなく,集団レベルにおいても発生する。たとえば,国家間における核問題がそうである。核は戦争の抑止力あるいは報復手段として絶大な効果をもっており,それぞれの国は自国の利益を保護するために核所有を交渉の切り札として用いる。しかし,すべての国が核を保有し,いったん戦争が起これば……,結果は言うまでもないだろう。

このように,社会的ジレンマは,個人・集団を問わず,利害を含む関係性の中で,絶えず発生する可能性のある問題なのである。

2. 社会的ジレンマをめぐるもう 1 つの問題

社会的ジレンマでは,行為者相互の決定が,全体的な調和をもたらす共栄状態(全員が協力選択)になるのか,あるいは全体の利益の損失を招く共貧状態(全員が非協力選択)になるのかといった,いわば行為の全体的な帰結(結果)が最も主要な問題となる。むろん,共貧状態よりも共栄状態が望ましく,これまで経済学・社会学・社会心理学など多様な研究領域において,個々人あるいは各集団の非協力行動を抑制し,自発的な協力行動を促進させるための構造的方略や心理的方略が探索・検証されてきた(たとえば,盛山・海野, 1991;山岸, 1998 など)。

しかし,現実的に社会的ジレンマの解決が困難である背景として,この問題にさまざまな要因が複雑に絡んでいることがあげられる。その 1 つとして,2 次的ジレンマ(Yamagishi, 1986)の問題がある。2 次的ジレンマとは,もともと問題となっている社会的ジレンマ(1 次的ジレンマ)を解決するために導入された構造的方略(監視システムや法的整備など)を,誰がどのように維持し,受け入れるかという,より高次に発生する社会的ジレンマである。

またさらに,社会的ジレンマの解決において問題となるのが,社会的公正であ

る。山岸（1990）によると，社会的ジレンマ事態において問題となる社会的公正には，フリーライダーによって生み出される不公正と，利益の違いによって生み出される不公正の2つがあるとしている。前者は，非協力者が協力者の利益を搾取するという選択の相違によってもたらされる不公正であり，後者は社会的ジレンマ解決によってもたらされた利益の分配をめぐる不公正である。このうち，特に利益の分配をめぐる不公正については，いくら個人が多大な協力をしようとも分配される利益が少なければ（衡平性の欠如），その個人の継続的な協力行動が望めなくなるだけでなく，ようやく獲得された共栄状態そのものが崩れ去ってしまう可能性がある。このように社会的ジレンマ事態においては，獲得された資源をどのように分配するかという分配的公正（Adams, 1965）が重要な問題となってくる。

ただし，社会的ジレンマ事態における分配的公正は，社会的ジレンマ解決後だけでなく，社会的ジレンマの解決過程においても重要であることが指摘されている（Baron, 1995；藤井，2003）。たとえば，ゴミ処理施設の問題を考えてみよう。ゴミ問題は，ドウズ（Dawes, 1980）の定義に当てはまるれっきとした社会的ジレンマ問題である。ゴミ処理施設の建設は，ゴミ問題という社会的ジレンマを解決するための構造的方略であり，完成のあかつきには，市町村のゴミ問題が解決され，住民の誰もがその恩恵（利益）にあずかることができる。しかし，ゴミ処理施設が自分の近所に建設された住民は，ゴミ処理の恩恵にあずかれる反面，不衛生・汚臭の被害に悩まされることになる。つまり，社会的ジレンマの解決過程においては，誰が負担を請け負うかという，負の分配的公正の問題を考慮する必要性がある。

負の分配的公正が保たれていない場合，利益を享受する人々と負担を受け持つ人々の間で受苦圏－受益圏問題が発生し，時として当事者間での葛藤の火種となることがある（梶田，1988）。このような当事者間の葛藤は，もともとの社会的ジレンマの解決を困難なものとするだけでなく，仮に社会的ジレンマが解決されたとしても紛争問題というもう1つの社会問題を生み出す可能性がある（加藤ら，2001）。これら社会的ジレンマ解決における直接的・副次的問題を考えると，負の分配的公正は社会的ジレンマ事態において最も憂慮すべきことの1つであるといえよう。

3. 環境問題における社会的ジレンマ構造

現在，最も早急な解決が必要とされている社会問題の1つに環境問題がある。

しかし，環境問題対策の重要性が唱えられて久しいにもかかわらず，その深刻さは年々増すばかりである。深刻さが増大する背景には，環境の回復には時間がかかり，対策の効果が顕在化しにくいという環境問題特有の構造的要因に一因がある。しかし実状としては，人々の環境問題に対する意識の高さのわりには，環境配慮行動の実行率が低い（広瀬, 1995）という個人的要因によるところが大きい。

　個人が環境配慮行動を実行しにくい理由として，環境問題の多くが私益と共益が対立する社会的ジレンマ構造となっていることがあげられる（広瀬, 1995）。つまり，人々は環境問題の重要性は認識していても，快適な生活を犠牲にしたくないために環境配慮行動を実践せず（非協力行動の選択），その結果，現在のような環境の悪化を招いているのである。

　環境問題を解決するためには，他の社会的ジレンマ問題と同様に，人々の非協力行動を抑制し，協力行動（この場合，環境配慮行動）を採択するよう個人の態度や行動を変容させることが重要である。ただし，現在，環境問題の中でも特に深刻な問題となっている温室効果やオゾン層破壊などの地球環境問題は，もはや個人レベルの対策だけでは不十分である。地球環境問題を解決するためには，この問題を地球全体で協力しなければならない共通課題として，集団（国家など）レベルさらには超集団レベルで取り組む必要がある。

　事実，温室効果については，温室効果ガスであるCO_2を世界規模で削減するために，超国家レベルでの対策（京都議定書：各国にCO_2削減量を割り当てる国際条約）が進められ，2005（平成17）年8月現在，150を超える国々でこの条約が批准されている（外務省, 2005）。しかし，この京都議定書が多くの国々に批准されるまでには，かなりの紆余曲折があった。というのも，これまで大気中に排出されたCO_2の大部分は主要先進国によってもたらされたものであるにもかかわらず，相対的に排出量が少ない国までも，CO_2を削減するために自国の利益を犠牲（工業生産の抑制など）にするよう求められたからである。実際，削減の割り当てはすべての国で均等ではないものの，国家間でこれまでのCO_2の排出量と削減量の間に不公正があるというのである。すなわち，国家間で負担の分配的公正が保たれていないのである。そして今なお，最もCO_2排出量が多いアメリカが条約に批准していないなど，不公正の問題は解消しておらず，超国家レベルにおける温室効果問題の解決は，困難な状況にあるといわざるをえない。

4. 社会的ジレンマの解決方略

これまで見てきたように、われわれの身近にある社会問題の多くは、その内部に社会的ジレンマ構造を含んでいる。社会的ジレンマを解決するためには、個々人に、

① 当該の社会的ジレンマ事態において、何が協力行動で何が非協力行動であるかという知識、
② 他者も協力するだろうという信頼、
③ 社会的に望ましい行動をとろうという道徳規範、

を与え、自発的に協力行動を選択させることが最も望ましい（Dawes, 1980）。また、これら個人の心理にはたらきかける心理的なアプローチだけでなく、法的規制などの構造的なアプローチ（Van Vugt et al., 1996）も個人の協力行動を導き出す有効な方法である。

以上は個人レベルにおける社会的ジレンマの解決方略である。では、集団レベルにおける社会的ジレンマを解決するにはどうすればよいだろうか。残念なことに、京都議定書の例のように、集団レベルは個人レベルよりも解決が困難であることがこれまでの研究によって明らかにされている。ボナシッチら（Bonacich et al., 1976）は、集団状況ではメンバーの匿名性が高くなるため、協力行動が減少すると指摘している。また、集団レベルにおける社会的ジレンマ事態では、集団間で利益や負担の分配をめぐる利害関係が発生する。利害が競合する集団どうしでは、相手に対する敵対的な態度や行動が形成されるため（Sherif et al., 1961）、協力行動は減少することになる。さらに受苦圏－受益圏問題のように、社会的ジレンマ解決過程における負担の分配的公正は、単に協力行動の減少のみならず、集団間葛藤というさらなる問題を発生させる可能性もある。集団レベルにおける社会的ジレンマを解決するためには、集団間でコミュニケーションをとり合い、社会的公正（特に負担の分配的公正）に対する合意形成を確立していくことが重要である（大沼, 1997）。

そこで本章では、この集団レベルの社会的ジレンマ事態（環境問題）における集団間関係をシミュレートしたゲームを紹介する。

第2節　仮想世界ゲームの概要

　ここで紹介するゲームは，集団間葛藤の発生からその解消にいたるまでの一連の過程をシミュレートした仮想世界ゲーム（広瀬，1997）をもとに，筆者がルール改定を行なったものである（加藤ら，2005a）[16]。

1. ルール改定の主旨
　実際の環境問題は，その発生や解決の過程において集団間の利害が絡み合う複雑な社会的ジレンマ構造となっている。この環境問題における複雑な社会的ジレンマ構造をゲームに取り入れるために，仮想世界ゲームのルール改定を行なった。

2. ゲームの基本的構成
　ゲームの基本的な構成について説明を行なう。＊のついた項目が新たに導入したルールである。なお，本ゲームの基本的なルールは仮想世界ゲーム（広瀬，1997）によるものであり，詳細なルールはそちらを参考にしていただきたい。
　また，ゲームを実施する際は，広瀬（1997）のテキスト（『シミュレーション世界の社会心理学：ゲームで解く葛藤と共存』ナカニシヤ出版）を購入し，使用することが必要である。

（1）プレイヤーの目標
　食料や賃金を獲得し，みずからの生存基盤の確保と自己の資産を拡大していくこと，また地域内・外で権力や人望を集めることである。

（2）プレイヤー数
　40名程度。

（3）ゲームセッション数
　ゲームは全部で7セッション行なう。1セッションは40分であり，各セッションの間に10分間の休憩を入れる。

---

[16] ここで紹介するルールは，関西学院大学社会学部紀要（第98号）に掲載された論文を加筆・修正したものである。

（4）地域の設定

東・西・南・北の4地域（図5-1）。各地域には10名前後のプレイヤーが振り分けられる。各プレイヤーには，あらかじめ資金が与えられる。北・西地域のプレイヤーには80シム，東・南地域のプレイヤーは40シムである（シムはゲームの通貨単位）＊。

（5）役割の設定

ゲームでは，各プレイヤーの目標を達成するために特別な役割が設定されている（図5-1）。その1つが，他の地域と交渉を行なう政党である。政党は4地域すべてに設定されており，それぞれの地域で1名が政党主の役割を担う。その他の役割として，ゲーム内の食糧を生産する農園と経済活動を行なう企業がある。ただし，農園と企業が設置されるのは北・西地域のみである（企業主は各地域1名，農園主は各地域3名）。

（6）社会問題

ゲーム中，状況に応じてさまざまな社会問題が発生する。プレイヤーはこれを解決しない限り，「死亡」する（死亡したプレイヤーはその時点でゲームに参加

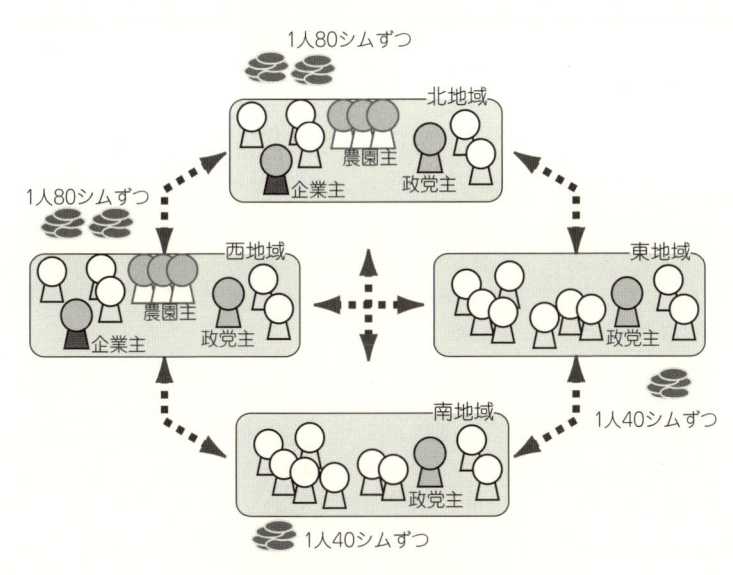

図 5-1　地域と役割の設定

できなくなる)。

① テロリズム

　飢餓者や失業者の増大，大規模な暴動など社会の情勢が不安定になるほどその発生確率（リスク）が高まる。テロリズムが発生すると，北と西地域からプレイヤー1名ずつが誘拐される。一定の金額（80シム）を払うことで釈放される。

② 環境問題

　ゲーム中，環境の汚染リスクが高まることで，環境問題が発生する。もし，環境問題が解決できなかった場合，人口の25％以上が死亡する。

　環境の汚染リスクは，農園を開墾したとき，企業が生産したときにそれぞれ高まる（農園開墾・企業生産各1単位につき3ポイント増大）。

　また汚染リスクの影響は，大規模に発生する環境問題だけでなく，通常のゲーム活動にも影響が出てくる。汚染された土壌では，食料が生産しにくいため，肥料が必要になる。食料の生産にかかる肥料代は，汚染リスクによって異なっており，式（1）によって算出される。

$$\text{食料チケット1枚あたりの肥料代} = \frac{100}{100 - 汚染リスク} - 1 \quad \cdots\cdots\cdots 式(1)$$

　環境問題の発生を未然に防ぐ方法として，2種類の方法がある。まず1つが環境寄付金であり，寄付金額の5％分，汚染リスクが低下する。2つ目の方法は，クリーナーの導入である＊。これらのクリーナーが購入されると，以後は企業生

ファームクリーナー（農園開墾に際して使う）
A) ファームクリーナー20（購入金額120シム）…「開墾」による汚染を20％削減
B) ファームクリーナー40（購入金額220シム）…「開墾」による汚染を40％削減
C) ファームクリーナー80（購入金額300シム）…「開墾」による汚染を80％削減

バイオスクリーナー（企業生産に際して使う）
A) バイオスクリーナー20（購入金額200シム）…「生産」による汚染を20％削減
B) バイオスクリーナー40（購入金額380シム）…「生産」による汚染を40％削減
C) バイオスクリーナー80（購入金額700シム）…「生産」による汚染を80％削減

　※ファームクリーナー・バイオスクリーナーは，入手先の地域しか使えない。
　※購入したクリーナーは，購入した時点から使え，ゲーム終了まで有効である。

図5-2　クリーナーの種類とその効果

産や農園開墾による汚染リスクはクリーナーの種類に応じて、図5-2のように削減される。

環境問題が発生した場合、環境を浄化するためのクリーナー（コスモスクリーナー*）を導入しなければならない。導入方法は2種類ある。まず、1つが、完成済みのコスモスクリーナーを高額な費用（少なくとも1000シム）で購入し、即時的に環境問題を解決する方法である*。もう1つは、コスモスクリーナーのパーツを比較的安い値段（500～600シム程度）で購入し、それを4地域で組み立てて完成させる方法である。いずれかの方法がとられることで、環境問題が解決される。

第3節　仮想世界ゲームの進行

本ゲームにおいて、ファシリテーターが各セッションごとに必ずやらなければならないことは、食料チケットの配布と回収、企業生産の受け渡し、さらに隔セッションごとの選挙の実施など、ごく限られたものだけである。農園開墾や企業生産がいつどれだけされるのか、テロリズムや環境問題がいつ発生するかは、すべてプレイヤーの行動しだいであり、ファシリテーターは、プレイヤーの行動に応じて、順次進行していかなければならない。ここでは、ゲーム全体のおおよその進行を把握してもらうために、モデルケースを紹介する。

1. モデルケースのゲーム進行例

各セッションにおけるファシリテーターの行動と発生したイベントを図5-3に示す。図中に示されているように、ゲーム中はさまざまなイベントが発生し、ファシリテーターはそれに臨機応変に対応していかなければならない。以下に、各セッションの特徴とともに、ファシリテーターが特に配慮すべき点について記述する。

(1) 第1セッション

ゲーム開始直後の第1セッションでは、あまりプレイヤーの動きはない。基本的にファシリテーターは食料チケットの配布や回収、企業生産の受け渡し、両替をする程度である。ただし、ゲームルールを把握していないプレイヤーが多い場合、質問が絶えないので、ファシリテーター自身がルールを習熟し、的確に回答

することが求められる。

（休憩時間中）
　休憩時間中は，食料チケット・労働力チケットを確認し，飢餓者や失業者の数をカウントし，テロリズムリスクを計算する。また，農園開墾・企業生産があった場合，汚染リスクを計算し，さらに肥料代も算出する。なお，2・4・6セッションでは選挙結果を集計し，条例が可決・否決されるか，交代する政党主を決定しておく。

(2) 第2セッション
　第2セッションでは，かなりの確率でテロリズムが発生する。テロリズムが発生した場合は，すみやかに北・西地域から1名ずつ誘拐し，釈放金が支払われるのを待つ。釈放金が支払われたら，誘拐していたプレイヤーを解放する。ただしこのプレイヤーがなんらかの役割をもっていた場合，代表を交代させる。
　このセッションでは選挙が実施される。ファシリテーターは各地域の政党主に公約を決定し，世界全体にPRするよう教示し，投票用紙を配布する。

(3) 第3セッション
　第3セッションでは，まず選挙結果の公表を行なう。なお，この第3セッションでも高い確率でテロリズムが発生する。手続きは上記と同様である。
　またこのセッションでは，終了時に人気投票を行なうので，プレイヤーに投票用紙を配布する。

(4) 第4セッション
　第4セッションあたりになると，ゲーム世界が安定し，テロリズムの危険性がかなり低くなる。ただし，それに応じて企業の生産が飛躍的に伸びるため，企業収益の計算と汚染リスクの計算には注意を払う。なお，このセッションでも選挙があるので，第2セッションと同様の手続きで行なう。

(5) 第5セッション
　第5セッションまでくると，高い確率で環境問題が発生する。ファシリテーターは，環境問題が解決できなかったときの被害の深刻さと具体的な解決方法について明確に教示する必要がある。さらに環境問題発生中は，通常のゲーム活動が行

第5章 社会的ジレンマ事態における集団間関係ゲーム

第1セッション（40分）		
セッション序盤	セッション中盤	セッション終盤
食料チケット（T）の配布	農園の開墾	食料チケット（T）受け取り
		生産報告受け取り

休憩（10分）
・食料チケット等の確認　・企業の利益の計算　・テロリズムリスクの計算
・汚染リスクの計算　　　・肥料代の計算　　　・選挙の開票と集計（2・4・6）

第2セッション（40分）		
セッション序盤	セッション中盤	セッション終盤
食料Tの配布と肥料代徴収	農園の開墾	食料T受け取り
企業の配当をわたす	企業主交代（テロ）	生産報告受け取り
テロリズムの発生	釈放	
選挙の公示	公約（政党）	選挙

休憩（10分）

第3セッション（40分）		
セッション序盤	セッション中盤	セッション終盤
食料Tの配布と肥料代徴収	農園の開墾	食料T受け取り
企業の配当をわたす	企業主交代（テロ）	生産報告受け取り
テロリズムの発生	釈放	
選挙結果公表	政党主交代	人気投票

休憩（10分）

第4セッション（40分）		
セッション序盤	セッション中盤	セッション終盤
食料Tの配布と肥料代徴収		食料T受け取り
企業の配当をわたす	クリーナー購入	生産報告受け取り
選挙の公示	公約（政党）	選挙
	環境寄付金	

図5-3　ゲームの進行例（1）

休憩（昼休み60分）

第5セッション（40分）

セッション序盤	セッション中盤	セッション終盤
環境問題発生	環境問題解決	
	食料Tの配布と肥料代徴収	食料T受け取り
企業の配当をわたす		生産報告受け取り
	選挙結果公表・政党主交代	
	環境寄付金	

休憩（10分）

第6セッション（40分）

セッション序盤	セッション中盤	セッション終盤
環境問題発生	環境問題解決	
	食料Tの配布と肥料代徴収	食料T受け取り
企業の配当をわたす		生産報告受け取り
	選挙の公示・公約（政党）	選挙・人気投票
	環境寄付金	

休憩（10分）

第7セッション（40分）

セッション序盤	セッション中盤	セッション終盤
食料Tの配布と肥料代徴収		食料T受け取り
企業の配当をわたす		生産報告受け取り
選挙結果公表	政党主交代	

ディブリーフィング・ふり返り（30分）

図5-3　ゲームの進行例（2）

なえないこともあわせてアナウンスする。
　環境問題解決後は，選挙結果の公表も含め，通常のゲーム活動を再開させる。ただし，残り時間が少ないので，プレイヤーに迅速に行動するよう教示する。

(6) 第6セッション
　第6セッションでは，再び環境問題が発生する可能性がある（第5セッションで発生しなかった場合，かなりの確率で発生する）。プレイヤーには，再度環境問題が発生したことを通達し，環境問題の解決に取り組ませる。
　環境問題解決後は，第5セッションと同様，通常のゲーム活動を再開させるが，このセッションでは選挙も人気投票もあるので，特にファシリテーターは残り時間に考慮する必要がある。

(7) 第7セッション
　第7セッションあたりになると，ゲーム世界が安定し，あまり大きな動きはない。プレイヤーには，最終資産の計算と個人目標の達成度について評価するよう教示する。

(8) ディブリーフィング
　ゲーム全体を総括する。この際プレイヤーは，自分の行動が地域内外にどのような影響を及ぼしていたか，また自分の所属していた地域の行動が他の地域やゲーム世界全体にどのような影響を及ぼしていたかを，みずからの体験をもとにふり返る。
　ファシリテーターは，プレイヤー自身のふり返りをもとに，集団間で葛藤が発生する経緯とその解消過程について解説する。万一，プレイヤー間に軋轢が残っていた場合は，その原因を明らかにするとともに，よりよい解決法を提示するなど，軋轢を取り除いてからゲームを終了するように配慮する必要がある。

第4節　適用研究例：マイクロ–マクロ・データによる公正の検討を中心に

このゲームによって，どのような研究が行なわれるか，その研究例を紹介する[17]。

1. 目　的

本研究の目的は，社会的ジレンマ（環境問題）解決時における集団間の負担に関する分配的公正が，外集団に対する態度に及ぼす影響について検討を行なうことである。

なお本研究では，上記の目的の検証にあたり，地域資産や環境問題解決のための負担金・クリーナー購入など，ゲーム中，集団単位で得られるデータ（マクロ・データ）と，外集団に対する好意度など個々のプレイヤーから得られるデータ（マイクロ・データ）の2種類のデータを用いて分析を行なった。このように2種類のデータを用いて分析することには，以下のような利点がある。

従来，社会心理学では，個人内変数（マイクロ・データ）の関連におもに焦点が当てられてきた。しかし，このゲーミング・シミュレーションでは，集団レベルのデータ（マクロ・データ）が明確な指標で得られるため，マクロ・レベルの集団構造がマイクロ・レベルの個人の態度・行動に及ぼす影響を検討できる。むろん，マイクロ・データの関連性についても検討することが可能である。また，このゲームでは，複数の集団間あるいはケース間でマクロ・データを比較することによって，より大規模な社会構造が把握でき，さらにはこの社会構造が個人の態度や行動に及ぼす影響についても検討することができる。これにより，現実の社会では困難な社会の動向予測も可能となると考えられる。なお，マイクロ–マクロ・データの詳細な説明に関しては，第6章を参照してほしい。

2. 方　法

プレイヤー：関西学院大学2〜4回生78名。各コースのプレイヤーは，αコース39名（男15名・女24名）・βコース40名（男19名・女21名）

---

[17] ここで紹介する研究例は，日本社会心理学会第46回大会において発表されたもの（加藤ら，2005b）を加筆・修正したものである。

であった。
実施時期：　2004年6月中旬～7月中旬。
調査方法：　環境問題発生後の3・6セッション目に質問紙調査を行なった（分析は6セッション目を対象とした）。
調査項目：　外集団に対する好意度－他地域（自地域を除く3地域）に対する好意度を，5件法（1.全く好ましくない～5.非常に好ましい）で測定した。

3. 結果と考察
(1) マクロ・データにおける負担の分配的公正の検討
　a コースと β コースを比較すると（表5-1，表5-2），a コースでは負担（各地域の環境問題解決に対する負担金と環境寄付金の合計）の SD が278.7，環境貢献率（各地域の負担合計の割合）の最大－最小差が29%であるのに対し，β コースではそれぞれ351.3，45%となった。a コースのほうが，環境問題解決の負担金が大きいにもかかわらず，相対的に地域間で負担の分配的公正が保たれているといえる。また，a コースでは，環境汚染の主たる原因である北地域と西地域がいずれもクリーナーを導入しており，この点においても a コースのほうが，環境問題解決に対する負担の分配的公正が保たれているといえる。
　また，負担の分配的公正をめぐっては，そもそも環境問題の原因である環境汚染を各地域がどの程度したかという責任の問題が生じてくる。この環境汚染の責任について，a コースと β コースで比較したところ，a コースでは環境汚染値の SD が28.6，環境責任率（各地域の環境汚染値の割合）の最大－最小差が44%であるのに対し，β コースではそれぞれ40.7，63%となった。このことから，β コースのほうが a コースよりも，相対的に地域間で環境問題の責任意識に差があるといえる。

(2) 外集団に対する好意度と負担の分配的公正との関連
　環境問題発生後の外集団に対する好意度は表5-3のようになった。a コースでは，地域間で外集団に対する好意度に差が認められなかった（$F(3,84) = 2.21$, n.s.）。一方，β コースでは外集団に対する好意度に主効果が認められ（$F(3,99) = 199.96, p < .001$），Tukey法による多重比較の結果，西＜東＜南＝北（$MSE = .31$）となった。
　この結果より，地域間で負担の分配的公正が相対的に保たれている a コースで

表 5-1　αコースのマクロデータ

地域	人数	資産総計（最終資産）	発生リスクに関する指標		環境問題解決に関する指標				クリーナー
			環境汚染値	環境責任率	負担金	寄付金	負担合計	環境貢献率	
北	10	1057.0	63.0	46%	650.0	205.0	855.0	41%	バイオス20
西	9	1298.0	63.0	46%	550.0	200.0	750.0	36%	バイオス40
東	10	380.0	9.0	7%	200.0	50.0	250.0	12%	
南	9	451.0	3.0	2%	200.0	50.0	250.0	12%	
合計	38	3186.0	138.0	100%	1600.0	505.0	2105.0	100%	
M		796.5	34.5		400.0	126.3	526.3		
SD		391.2	28.6		203.1	76.3	278.7		

表 5-2　βコースのマクロデータ

地域	人数	資産総計（最終資産）	発生リスクに関する指標		環境問題解決に関する指標				クリーナー
			環境汚染値	環境責任率	負担金	寄付金	負担合計	環境貢献率	
北	10	1980.0	96.0	63%	525.0	400.0	925.0	51%	
西	10	1505.0	57.0	37%	450.0	200.0	650.0	36%	
東	10	184.0	0.0	0%	100.0	0.0	100.0	6%	
南	10	420.0	0.0	0%	125.0	0.0	125.0	7%	
合計	40	4089.0	153.0	100%	1200.0	600.0	1800.0	100%	
M		1022.3	38.3		300.0	150.0	450		
SD		744.3	40.7		189.6	165.8	351.3		

表 5-3　α外集団に対する好意度（αコース・βコース）

	東	西	南	北
αコース	2.95（1.13）	2.95（1.09）	3.48（.06）	3.36（1.47）
βコース	3.58（.95）[b]	1.62（.77）[a]	4.31（.79）[c]	4.65（.56）[c]

は，外集団に対する好意度が地域間で同程度であるのに対し，地域間で負担の分配的公正が相対的に保たれていない β コースでは，外集団に対する好意度が地域間で異なることが明らかになった。

このことより，社会的ジレンマ解決時における集団間の負担の分配的公正は，外集団に対する態度の均質化を導き出すものと考えられる。しかし，その反面，負担の分配的公正が保たれていない場合，外集団に対する態度に格差が生じ，特に負担を行なっていない集団に対しては，否定的な態度が形成される。デシャンプスとブラウン（Dechamps & Brown, 1983）は，集団間葛藤が解消されるためには，集団間の役割分担，すなわち負担の分配的公正が重要であることを指摘している。この見解より，本研究で認められた外集団への態度の均質化は，外集団に対する否定的バイアスを低減させ，全体として良好な集団間関係をもたらすのではないだろうか。

4. 終わりに

本章では，集団レベルの社会的ジレンマ事態における集団間関係をシミュレートしたゲームを紹介してきた。

本ゲームを通じて，プレイヤーは，社会的ジレンマの構造および社会的ジレンマ解決過程における社会的公正の重要さとそれをめぐる集団間関係の複雑さについて体験的に学習することができるであろう。また副次的に環境問題の重要性についても理解が深まるはずである。

このゲームで，どのような世界を築きあげるかは，プレイヤーしだいである。ぜひ，読者のみなさんもこのゲームに参加し，社会的ジレンマのない豊かな世界をつくり出していただきたい。

引用文献

Adams, J. S. 1965 Inequity in social exchange. In L. Berkowitz (Ed.), *Advances in Experimental Social Psychology*, *2*, New York: Academic Press.

Baron, J. 1995 Blind justice: Fairness to groups and the do-no-harm principle. *Journal of Behavioral Decision Making*, **8**, 71-83.

Bonacich, P., Shure, G. H., Kahan, J. P., & Meeker, R. J. 1976 Cooperation and group size in the n-person prisoner's dilemma. *Journal of Conflict Resolution*, **20**, 687-706.

Dawes, R. M. 1980 Social dilemmas, *Annual Review of Psychology*, **31**, 169-193.

Dechamps, J. C. & Brown, R. J. 1983 Superordinate goals and intergroup conflict. *British Journal of Social Psychology*, **22**, 189-195.

藤井　聡　2003　社会的ジレンマの処方箋：都市・交通・環境問題のための心理学　ナカニシヤ出版

外務省　2005　地球温暖化問題　http://www.mofa.go.jp/mofaj/gaiko/kankyo/kiko/

広瀬幸雄　1995　環境と消費の社会心理学：共益と私益のジレンマ　名古屋大学出版会

広瀬幸雄　1997　シミュレーション世界の社会心理学：ゲームで解く葛藤と共存　ナカニシヤ出版

梶田孝道　1988　テクノクラシーと社会運動：対抗的相補性の社会学　東京大学出版会

加藤潤三・小杉考司・岡本卓也・野波　寛　2001　仮想世界ゲームにおける集団間葛藤：共通課題は仲を悪くする？　日本グループ・ダイナミックス学会第49回大会発表論文集，200-201.

加藤潤三・野波　寛・岡本卓也・藤原武弘　2005a　仮想世界ゲームにおける環境問題重視型ルールの考案　関西学院大学社会学部紀要，**98**, 69-79.

加藤潤三・野波　寛・岡本卓也・藤原武弘　2005b　共通課題時における集団間の衡平性と外集団に対する態度との関連：仮想世界ゲーム（環境問題重点型ルール）による検討　日本社会心理学会第46回大会発表論文集，742-743.

盛山和夫・海野道郎（編）　1991　秩序問題と社会的ジレンマ　ハーベスト社

大沼　進　1997　私益と共益の社会的ジレンマ　広瀬幸雄（編）シミュレーション世界の社会心理学：ゲームで解く葛藤と共存　ナカニシヤ出版　Pp.137-152.

Sherif, M., Harvey, O. J., White, B. J., Hood, W. R., & Sherif, C. W. 1961 *Intergroup conflict and cooperation: The Robbers Cave experiment*. Norman: University of Oklahoma Book Exchange.

Van Vugt, M., Van Lange, P. A. M., Meertens, R. M., & Joireman, J. A. 1996 How a structural solution to a real-world social dilemma failed: A field experiment on the first carpool lane in Europe. *Social Psychology Quarterly*, **59**, 364-374.

Yamagishi, T. 1986 The structural goal / expectation theory of cooperation in social dilemmas. In E. Lawler & B. Morkovsky, (Ed.), *Advances in Group Process*, **3**, New York: Greenwich House.

山岸俊男　1990　社会的ジレンマのしくみ：「自分1人くらいの心理」の招くもの　サイエンス社

山岸俊男　1998　信頼の構造：こころと社会の進化ゲーム　東京大学出版会

第**6**章

イノベーション（革新）とイミテーション（模倣）の集団決定

第1節　集団の適応と集団決定

1. 革新と模倣のメリット・デメリット

　本章では集団の生き残り戦略の機能と，その決定の過程について考えてみよう。
　1990年代ごろより，日本型雇用の柱であった年功序列や終身雇用などの制度が崩れはじめたという声が多くなった（荒井, 1997; 田尾, 1998）。官庁や企業でのモラルハザード，その内部告発も続発している（宮本, 2002; 奥山, 2004）。これらをみていると，日本国内で組織をとりまく環境が大きく変化しつつあることを誰しも感じないではいられないだろう。こうした中で，日本における企業などの組織は，これまでの運営を見直す革新をせまられている。対人関係の中で一人ひとりがいろいろな意思決定を重ねながら自己利益の最大化をはかるように，集団もさまざまな局面で他の集団との競争や協力を重ね，集団決定をくり返して，与えられた環境の中でみずからの存続をはかろうとするのである。集団としての行動，すなわち戦略は，それを構成する成員たちによって決定される。革新という戦略もその1つであろう。
　しかし革新戦略は，組織が生き残りをはかるうえで常に有利といえるのだろうか。組織をとりまく外的環境の変化はなかなか先が読めず，あいまいで不確実性

115

をおびていることが多い。1つの組織をとりまく環境の変化には，他の多くの組織の動向が影響を及ぼしているからである。こうした中で，企業などの組織は，生き残り戦略がどの程度有効であるかの評価をいくぶんかは手さぐりでやっていかざるをえない。

　西山（1985）は，企業を自然環境の変化の中で生き残りをはかる"遺伝子をもった生き物"になぞらえ，その経営戦略を生物の適応戦略として分析した。さまざまに変化する自然環境の中で，生物は種内に多様な遺伝子をプールすることで生き残りをはかる。同じ種の中でも寒さや暑さに強いといった個体差があれば，たとえば氷河期がきても一部の個体は生き残り，遺伝子の存続がはかられる（必要多様度の法則という）。企業などの組織もまた，内部にさまざまな意見・価値観をプールすることで，適応度を高めることができると西山は説く。集団における成員の多様性（政治的信条・職業的価値観・専門分野など）が新しいアイディアの創生に結びつき，その集団の最終的な行動選択肢の幅を広げることは，これまでいくつかの研究で明らかにされてきた（Thornburg, 1991; 山口, 1998; 三浦・飛田, 2002; Paulus & Nijstad, 2003）。多様な価値観や専門知識，アイディアをもつ成員によるブレーン・ストーミングは，集団をとりまく外的環境の変化に対応した新しい経営戦略が生み出される可能性を高めるといえる。

　その反面，組織の革新は，ときに有形無形のコストをともなう。たとえば，革新的な戦略を生み出すために組織内の多様性を高めた場合，成員の価値観や意見がバラバラではリーダーシップやチームワークが乱れ，かえって生産性が低下する懸念もあるだろう。実際，成員の多様性は集団のパフォーマンスを高める一方で，成員相互のコミュニケーションを阻害し，成員間での葛藤を高める可能性もおびているという（三浦・飛田, 2002）。さらに，多様性による成員相互のコミュニケーションの阻害は，集団内で発案された複数の意見やアイディアから1つを選択し集団の戦略として決める際，その決定プロセスを妨げる阻害要因としても作用してしまう（井本ら，2005）。多様な成員の意見によって創造性の高いアイディアがいくつ発案されたとしても，成員どうしの円滑な協力体制が崩れてしまった，あるいは，せっかく発案されたアイディアを集団戦略として採用する合意がなされなかった……これでは，組織の革新に要するコストがあまりに高くついてしまう。

　革新にともなうコストについて，西山によるコンピュータ・シミュレーションは，以下のような結果を示している。コンピュータ上における10社の企業をプレイヤーとして，他に先がけて新しい技術を獲得する"革新戦略"と，既存の技

術を模倣する"模倣戦略"が付与された。革新戦略を与えられたのは2社だったが，このうち1社は生産性トップとなったものの，あとの1社は倒産してしまった。また，模倣戦略を与えられた8社では倒産が1社のみで，残りはすべて，革新戦略をとっていたトップ1社を下回るミドルクラスの生産性だった（西山，1985）。この結果をみれば，革新のくり返しが必ずしも集団の適応度を上げるとはかぎらないことがわかる。

　では，模倣戦略のメリットとデメリットはどうだろうか。実際の市場では，ある企業の新製品が高い利益をあげると，まわりの企業がすぐさま類似の製品で追いかけるといったように，模倣戦略がよくみられる（淺羽，2002）。みずから新製品を開発する革新戦略よりも，他の企業が採用した革新戦略の成否を見きわめてから追随したほうが，安全かつ安上がりであることはいうまでもない。先の西山のシミュレーションでも，模倣戦略を与えられた企業では倒産が少なかった。ただし当然ながら，このように模倣戦略が革新よりも優位なのは，前者のコストが後者のコストより低い場合にかぎられる。たとえば農産物などの第一次産品や手工業による伝統工芸品などは，製品そのものよりも，その製造過程における技術的な革新（プロセス・イノベーション）を模倣することのほうがむずかしい（Schnaas, 1994）。

　ここで，模倣戦略には2種類あると考えてみよう。まず1つは，競争相手の企業（外集団）が開発した革新的な戦略をこちらの企業（内集団）に導入する方法で，外部模倣とよぼう。これに対して模倣戦略にはもう1つ，内集団で過去に開発された革新的技術を，その後くり返し採用し続ける方法もある。内集団での革新を継続的に模倣するこの方法を，内部模倣とよぶことにしよう。上記のようにプロセス・イノベーションが生産性向上を左右するケースでは，外部模倣よりも内部模倣をくり返すほうが，集団の生産性を高めやすい場合もある。

2. 集団内のコミュニケーション構造が促進する革新と模倣

　集団の生き残り戦略を調べるとき，どんな戦略が集団の適応度を左右するかという問題とともに，その戦略が集団内でどのように決定されるかという問題も重要である。ここにかかわってくるのが，集団の内部における成員のコミュニケーションである。

　リービット（Leavitt, 1951）の研究は，成員のコミュニケーション・ネットワークが集団の生産性を左右するという古典的な知見を生み出している。これによると，たとえば成員みんなが相互に等しい数で情報をやりとりし，特定の人物へ

過度にコミュニケーションが集中しない構造（"サークル型"とよばれる）では，成員間の効率的な分業がかえってむずかしくなり，集団生産性が低下したという。この反面，強力なリーダーに集団決定のすべてをゆだねることも，集団の生産性を低下させるリスクが高い。絶対的なリーダーがひとたびエラーをおかせば，集団の全体がたちまちリスクにさらされるからである（亀田，1997）。

このようにみると，集団内でコミュニケーションが成員すべてに過度に分散しても，逆に特定の人物のみに集まりすぎても，いずれも集団の適応度を高めるには望ましくない。リーダーにコミュニケーションが集まる一方で，すべての成員が適度なネットワークで横につながるという，分散・集束のいずれにも突出しないコミュニケーション構造が妥当なのであろう。こうしたコミュニケーション構造を，分散型および集束型のコミュニケーション構造に対して，バランス型コミュニケーション構造とよぼう。

革新・外部模倣・内部模倣は，集団がおかれた状況の中でそれぞれのコストが評価され，適切に決定されなければならない。集団の成員たちは，自分たちの集団をとりまく環境を探索し，可能な戦略を提案・評価し，最も望ましいと思われる戦略を合意のもとに決定・採用する。集団決定におけるこうした一連の作業を遂行するうえで，成員間の適切なコミュニケーションは不可欠である。このとき，バランス型コミュニケーション構造をもつ集団の成員は，分散型・集束型コミュニケーション構造の集団より，自分たちのおかれた状況にふさわしい戦略を選択できる可能性が高いと考えられる。

3. 集団成員の動向にかかわるマイクロ指標と集団の動向にかかわるマクロ指標

集団内部における成員のコミュニケーション構造と，そこから決定される革新・外部模倣・内部模倣という戦略。それらの戦略の採用が集団の適応に及ぼす影響。これらの過程を検証するためには，集団の内部で個々の成員がとるコミュニケーション行動をまず測定しなければならない。次に，集団内で合意・採用された戦略を上記3つのいずれかに分類する必要がある。個々人のコミュニケーション行動と集団全体としての戦略，この2つのつながりを分析することで，成員一人ひとりのコミュニケーション行動が最終的に集団全体での戦略決定にいたる過程を調べることができるのである。

ところで，成員のコミュニケーション行動と，集団全体で決定された戦略は，それぞれ分析の単位が異なる。前者は集団内の成員一人ひとりが測定対象なのだ

が，後者はそれらの個々人を含む1つの集団全体が測定の対象となる。前者をマイクロ・データ（マイクロ指標），後者をマクロ・データ（マクロ指標）という。たとえば，10人の社員が参加した会議の中で一人ひとりが意見を述べた内容や時間などをそれぞれ個別に測定したデータは10個のマイクロ指標となり，その会議で決定された合意事項の内容や数などは，1個のマクロ指標として算出される。

　本章の冒頭で筆者は，「一人ひとりがいろいろな意思決定を重ねながら自己利益の最大化をはかるように，集団もさまざまな局面で他の集団との競争や協力を重ね，集団決定をくり返して，与えられた環境中でみずからの存続をはかる」と述べた。しかし当然のことながら，個人が一人ひとり考えて行動するように，集団それ自体が考え行動するなどということはありえない。個人がもつ思考や意思決定と同じものが，集団そのものの中に存在するわけではないからである。集団における合意・決定というマクロ指標は，集団という1つの単位がみずから考え決定した結果ではなく，あくまでその中の成員一人ひとりの意思や行動というマイクロ指標の蓄積の上に成立するとみなさなければならない（亀田・村田,2000）。このようにマクロ指標をマイクロ指標によって説明するマイクロ－マクロ分析は，日本では近年，盛山と海野（1991）や亀田と村田（2000），加藤ら（2005）などによって提唱されている。

　調査的手法によってマイクロ－マクロ分析を試みることが困難であることは，容易に想像できるだろう。個人を対象としたアンケート調査などはマイクロ指標を得るためには便利だが，マクロ指標の算出には不便である。逆に，たとえば企業の収益決算値などはてっとり早くマクロ指標として用いることのできる数値だが，その企業内部での人々の動向に関するマイクロ指標を得る資料としては，あまり役に立たない。

　小集団を対象としたゲーミングは，マイクロおよびマクロ指標に関するデータを収集する有効な手法の1つである。小集団一人ひとりを対象としたアンケート調査や行動観察を行なう一方，その集団全体での合意・決定，戦略にかかわる分類や数値化も適宜行なうことができ，マイクロ－マクロ分析に必要な2つの指標を同時に得ることができる。

　ここでは企業戦略ゲームを用いて，集団成員のコミュニケーション構造が集団全体での革新・外部模倣・内部模倣戦略の決定にかかわるまでの過程を示し，それらの戦略が集団そのものの適応に与えた影響を検討する。これは，集団内における個人間のコミュニケーションがその集団全体の利害につながる過程をモデル

化した，マイクロ－マクロ分析の一例である。これをさらに進めると，1つの集団内における人々の動向が，その集団のみならず，他のいくつかの外集団を含む複数の集団間での合意・決定を左右する過程にもつながっていく。いわば，単一の集団を超えた社会全体という，スーパーマクロな水準での合意・決定・戦略に人々の動向がつながることにもなるのである。これについての詳細は第5章を参照してほしい。

第2節　企業戦略ゲームの手引き

1. ゲームの概要

　企業戦略ゲームは，集団成員のコミュニケーション構造が集団としての革新・外部模倣・内部模倣戦略の決定を生み出し，それらの戦略が集団の生産性を左右するまでの一連の過程をモデル化するためのゲームである（小野ら，2002）。

　参加者は12名。彼らは3つの集団（企業1・2・3）に4名ずつふり分けられ，それぞれの企業で一定のフォームにもとづく生産活動へ従事し，企業ごとの生産性（資産）を競う。

　ゲームにおける企業の生産活動は，レゴブロックを使って一定時間で所定の作品（製品）をつくることである。"ピラミッド大・中・小""パイプ大・中・小"および"コアリング大・中・小"といった，作製の難易度や大きさの異なる製品が9パターン定められ，提出された製品の種類と個数によって企業へ代価が払われる。一人ひとりの個人は資産をもたず，あくまで集団としての資産を向上させることが参加者の目的である。また，企業の最終資産の順位（1～3位）に応じて，ゲーム後には企業ごとに特別報酬があると説明された。これらの手続きを通して，参加者は個人としての資産ではなく，自分たちの企業の資産を向上させるよう，動機づけられた。

　9パターンの製品のいずれをどれだけつくるかという生産計画の決定が，ゲームにおける企業の集団決定である。製品はいくつつくってもかまわない。ただし，3つの企業が同一の製品を一度に提出し，その総数がゲーム全体で一定を超えてしまうと，その製品は値崩れをおこし，企業に支払われる代価が通常の10分の1に下落するというルールが定められていた。これは，市場におけるデフレーションに相当する。ゲームの中で企業の成員がデフレーションを予測して生産計画を

たてるには，他の2つの企業の動向も考慮しなければならない。つまり，1つの企業の生産性に対して，他の2つの企業の動向が大きな影響を及ぼす状況が成立していた（このように他のプレイヤーの動向によって各プレイヤーの利害が影響される状況を，ゲーミング事態という）。

2. ゲームの進行手順

4名ずつ3つの企業に配置されたゲーム参加者は，所属する企業と成員番号のバッジをつける。企業は1つの部屋（パーティション）に1つずつ設置され，参加者は自由に出入りして他の企業から情報を集めることができた（ただし，移動は認められるが移籍は認められない）。図6-1は，ゲームを実施する際の配置を示している。

このように割り当てられた参加者は，図6-2に示した進行手順に沿ってゲームを行なった。まずゲームの開始時に，それぞれの企業は生産活動（製品の作製）に必要な資金として1,000ポイントを受け取る。各企業の成員は，ゲーム運営者から提示された9パターンの製品からいずれをどれだけ作製するかについて合議で決定し，生産計画を立てる。これを「生産計画カード」に記入し，当初の1,000ポイントを元手に，1個10ポイントの原料（レゴブロック）を購入して，製品の作製を行なうのである。生産計画の立案と製品の作製は合計10分と定められた。

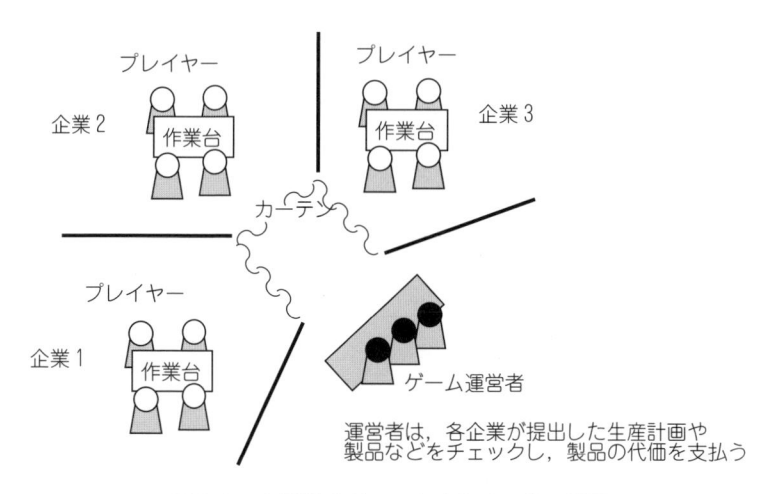

図6-1　企業戦略ゲームを実施する際の配置

```
        12名の参加者を3つの企業に配置
       （元手として各企業に1,000ポイント）
                    ↓
       各企業の成員は，9パターンの製品からどれをいくつ
       つくるかを決定
                    ↓
       生産計画カードをゲーム運営者に提出
       製品作製に必要なレゴブロックの購入（1個10ポイント）
                    ↓                              10分間
       製品の作製
                    ↓
       完成した製品をゲーム運営者に提出
       生産報告カードを提出
                    ↓
       ゲーム運営者による製品チェック { 不良品の除外
                                     余ったレゴブロックの没収
                    ↓
       代価の支払い                    6回くり返し
```

＊ゲーム運営者による製品チェックは，
休憩時間（8分）中に行なわれる。

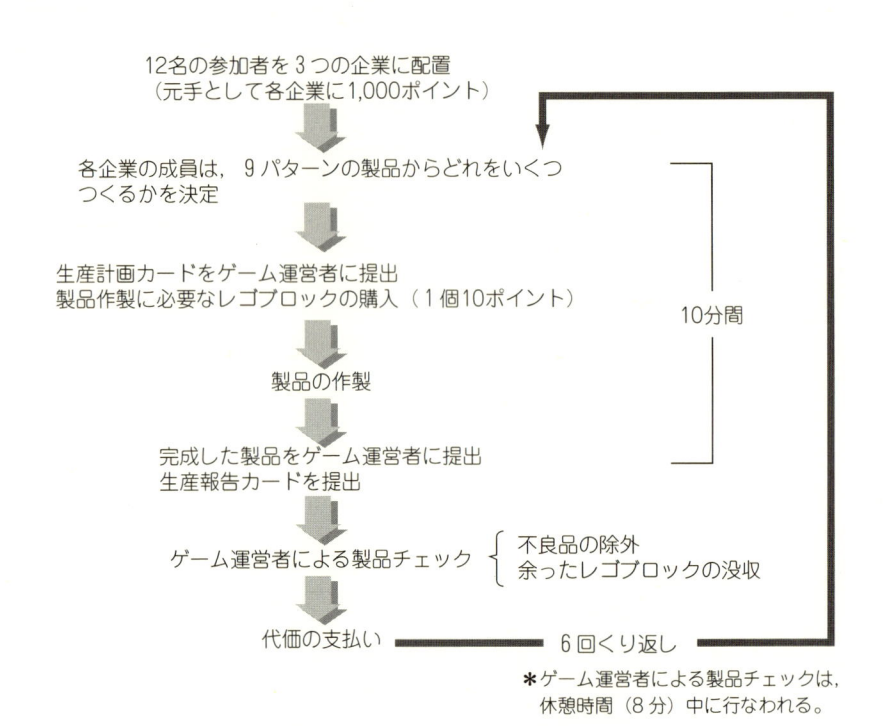

図6-2　企業戦略ゲームの進行手順

　作製された製品は，「生産報告カード」とともにゲーム運営者に提出され，8分の休憩に入る。この間に，提出された製品は運営者がチェックし，所定のフォームに合う製品の代金を用意する。基本的に製品の代価は，それに使われたレゴブロックの総数×10×1.25ポイントで算出されたが，製品の大きさと難易度に応じて，企業にとっての利益が大きくなるように定められていた（大きい製品であるほど，また難易度の高い製品であるほど，代価が大きい）。なお，フォームに合わない製品は不良品として除外され，これについては代価が払われなかった。したがって不良品を出してしまった場合，それに使われたレゴブロックの購入代金の分だけ，企業は損失を出すことになる。

　休憩終了後，それぞれの企業は前回提出した製品の代価を受け取り，これをあらたな元手として，ふたたび生産計画をたてる。このようなセッションが6回くり返された。図6-3は，以上のセッション中に使われた「生産計画カード」と「生産報告カード」のフォーマットである。

　製品の難易度を高めるため，ゲーム中は休憩時間も含め，筆記用具や計算機な

生産計画カード

第　　セッション　　　企業

※太枠の中を記入して下さい

製品の種類	製品の個数	製品1個当りの使用ブロック数
ピラミッド3段		
ピラミッド4段		
ピラミッド5段		
パイプ・小		
パイプ・中		
パイプ・大		
コアリング・小		
コアリング・中		
コアリング・大		
購入ブロック総数		
購入価格（ポイント）		

※材料ブロック購入代金を添えて，進行係に提出し，

ブロックを受け取ってください。

代表者　　企業　　番号　　氏名

生産報告カード

第　　セッション　　　企業

※太枠の中を記入して下さい

製品の種類	製品の個数	製品1個当りの使用ブロック数
ピラミッド3段		
ピラミッド4段		
ピラミッド5段		
パイプ・小		
パイプ・中		
パイプ・大		
コアリング・小		
コアリング・中		
コアリング・大		
使用ブロック総数		
残余ブロック総数		
購入ブロック総数		

※出来上がった製品を納品するときに提出してください。

代表者　　企業　　番号　　氏名

図6-3　セッション中に使用された「生産計画カード」と「生産報告カード」

どの使用がすべて禁じられた。また，セッションごとに購入されるレゴブロックはそのセッションでしか使えず，余ったときは当該のセッション終了時に運営者が没収した。

ゲームが進むとともに，はじめに各企業へ与えられた1,000ポイントは，生産活動の成否で増減する。うまく資産を増やす企業もあるが，不良品の作製をくり返して資産を減らしてしまう企業もあった。なお先に述べたように，ゲームではデフレーションの状況が設定されていた。

第3節　適用研究例：マイクロ指標とマクロ指標の対応

ゲームの中で企業はどんな集団決定を行ない，どれほどの生産性を示しただろうか。また，それらの集団決定を導いた企業内のコミュニケーション構造は，どのようなものだったのだろうか。ここでは，48名の大学生が参加して4回のゲームを行なった結果をみてみよう（小野ら，2002）。1回のゲームで3つの企業が

設置されるので，4回のゲームでは合計12の集団から記録をとることができる。表6-1および表6-2は，12の企業それぞれの最終資産や集団決定（革新・内部模倣・外部模倣戦略の頻度），成員一人ひとりのゲーム中での発話量を示している。

1. マクロ指標

この12の企業のマクロ指標としては，集団生産性すなわち最終資産と，企業ごとに決定・採用された革新・内部模倣・外部模倣戦略の頻度があげられる。まずこれらを概観してみよう（表6-1参照）。

ゲーム開始の時点で，すべての企業は資本金1,000ポイントを与えられたが，生産活動をくり返して最後の第6セッションが終わったときの最終資産をもとにすると，おおまかには12の企業を3つの群に分類できる。すなわち，表6-1にみられるように，他よりずばぬけて高い最終資産（4,000ポイント以上）を得ていた企業が2つ（最大値6,705ポイント）。その逆に，最終資産が初期値の1,000ポイントを割り込んでしまい，低い生産性を示した企業が6つ（最小値4ポイント）。そして，この2群の中間に位置づけられる企業が4つである。

ゲームでは，いずれの企業もまったく同じ条件で生産活動をスタートさせているにもかかわらず，最終資産においてなぜこのような格差が生じたのだろうか。そこで，もう1つのマクロ指標である革新・内部模倣・外部模倣戦略について検討してみる。これらの戦略を採用した頻度がそれぞれの企業で異なっていれば，上記の最終資産における格差は，戦略の差異が生み出した結果とみなすことができるだろう。

まず外部模倣戦略は，以下のように分析した。ゲーム中に企業のパーティションで撮影されたビデオをもとに，ある企業の成員が他の企業へ出かけた滞在時間を測って，6セッションを通じた滞在時間（秒単位）の合計値を，外部模倣の量とした。1人の成員が2つの企業へ出かけた場合も，行き先の企業は分けず，まとめて滞在時間を合計した。

内部模倣は，次の手順でカウントした。ある企業が同じ製品をいくつか提出した場合，最初の1個は革新戦略にもとづいて作製されたと想定できるが，それに続いて出された同一の製品は，最初の1個を集団内で模倣してつくられたと想定できる。よって，企業が提出した製品を種類ごとに分類し，6セッションを通じたそれぞれの製品の累計数を算出して，その累計数から1を減じ，この値を内部模倣とした。たとえば，ある企業が6セッションを通して3種の製品をそれぞれ1個，4個，6個と提出したとき，この企業が採用した内部模倣戦略の頻度は，（1

第6章 イノベーション（革新）とイミテーション（模倣）の集団決定

表6-1　企業（12社）の最終資産・集団決定（マクロ指標）

	ゲーム1			ゲーム2			ゲーム3			ゲーム4		
	企業1	企業2	企業3	企業1	企業2	企業3	企業1	企業2	企業3	企業1	企業2	企業3
最終資産	1,683	254	186	591	1,735	6,705	4	4,033	2,005	141	2,489	611
革新の頻度（種類数）	3	1	3	3	1	6	2	5	4	1	4	3
内部模倣の頻度（個数）	7	7	1	4	9	9	1	11	3	2	10	1
他の企業との接触頻度（回数）	3	3	0	1	5	0	0	0	0	3	0	7
他の企業での滞在時間（秒）	432	379	0	33	416	0	0	0	0	146	0	106

表6-2　企業（12社）におけるコミュニケーション構造（マイクロ指標）

	ゲーム1			ゲーム2			ゲーム3			ゲーム4		
	企業1	企業2	企業3	企業1	企業2	企業3	企業1	企業2	企業3	企業1	企業2	企業3
成員1の発話量（秒）	844	941	805	874	683	254	792	1,114	570	165	278	485
成員2の発話量（秒）	1,439	726	344	1,138	1,568	605	674	660	464	735	560	929
成員3の発話量（秒）	1,648	990	313	599	885	1,043	447	311	513	470	738	542
成員4の発話量（秒）	828	650	1,819	642	145	494	40	670	679	247	558	152
コミュニケーション総量（秒）	4,759	3,307	3,281	3,253	3,281	2,396	1,953	2,755	2,226	1,617	2,134	2,108
コミュニケーション集中値式(1)*	0.64	0.42	1.52	0.57	1.36	1.03	1.27	0.88	0.32	1.20	0.65	1.13

＊式（1）は p.128 参照。

－1）＋（4－1）＋（6－1）＝8 と算出できる。

　革新戦略の頻度は，次のように数値化された。ある企業がそれ以前のセッションでは提出したことのなかった製品を提出してきたとき，その製品は当該企業の内部で革新戦略によってつくられたか，または他の企業を外部模倣したか，2つの可能性がある。このとき，その企業のメンバーが他の企業を訪問中に新しい製品の作製を観察し，訪問先の企業のメンバーとその製品にかかわる会話を行ない，その後，自己の企業で同じ製品が作製されるという一連の条件が満たされたとき

は，外部模倣である可能性が高い。ビデオ分析を通じて外部模倣と特定された製品の種類数を，6セッションを通して企業が提出した製品の種類数から差し引いて，革新戦略の度数とした。

表6-1にあるように，他の企業へ成員を送った企業は，6社あった（残る6社は一度も成員を派遣せず，接触ゼロ）。ビデオを分析したところ，他の企業で製品がつくられる過程を成員に観察させ，その後その製品を実際に自分の企業でつくったのは，この6社のうち2社だった。集団内で独自に製品を作製する革新戦略は，すべての企業が採用していた（最少1種〜最大6種）。また，革新によって作製した同じ製品をくり返しつくる内部模倣戦略も，表6-1にあるようにすべての企業で観察できた。ただし，革新戦略と同様，内部模倣もその頻度には企業間で差があった（最少1個〜最大11個）。

2. マクロ指標どうしの関連：3つの戦略の頻度と最終資産

革新などの戦略の頻度には，このように企業間で差異がみられた。革新・内部模倣・外部模倣戦略における頻度の差異が企業の最終資産をどの程度左右したか，3つの戦略それぞれの頻度と，最終資産との相関をとってみよう。

図6-4と図6-5は，企業ごとの革新・内部模倣それぞれの戦略の頻度と，最終資産との相関である。図6-4に示した革新戦略と最終資産との間には，きわめて強い相関があった（$r(11) = .82, p<.001$）。また，図6-5の内部模倣戦略と最終資産にも，強いつながりがあった（$r(11) = .69, p<.01$）。一方，外部模倣戦略と最終資産とのつながりはなかった（$r(11) = -.24, n.s.$）。

この結果をみると，企業戦略ゲームにおいては，革新や内部模倣をくり返した企業のほうが，外部模倣をくり返した企業よりも高い生産性を示したことがうかがえる。つまり，企業の最終資産にみられた格差は，それぞれの企業が採用した戦略の差異が生み出したものであった。

では，このように有利・不利な点のある戦略を，それぞれの企業はどのようにして決定・採用したのだろうか。すでに述べたように，集団の戦略は集団そのものがみずから決定するわけではなく，その中の成員一人ひとりの合意として決定される。企業戦略ゲームにおける企業間の戦略の差異も，その中の成員の行動の差異から発生したと考えなければならない。そこで，各企業の内部における成員一人ひとりの行動が，企業全体での戦略決定につながる過程を分析してみよう。

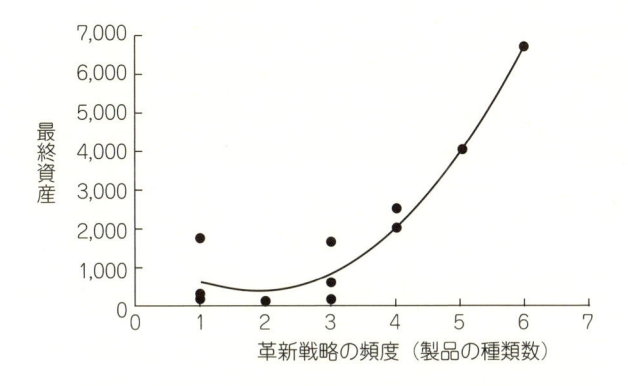

第6章 イノベーション（革新）とイミテーション（模倣）の集団決定

図6-4　企業ごとの革新戦略の頻度と最終資産との相関

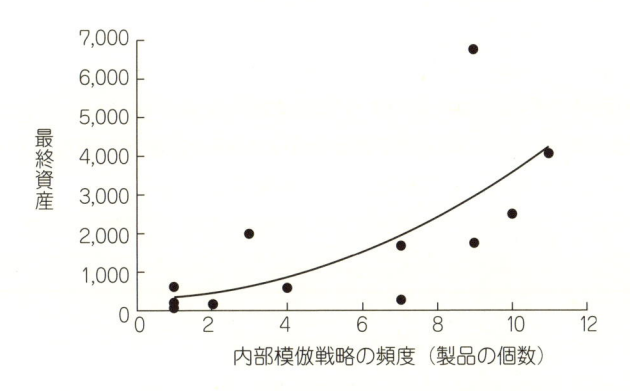

図6-5　企業ごとの内部模倣戦略の頻度と最終資産との相関

3. マイクロ指標

　企業の内部における成員の行動はマイクロ指標として定義できる。企業の戦略決定を左右したマイクロ指標として，ここでは各成員のコミュニケーション量（発話量）に注目した。ビデオをもとに，成員がそれぞれの企業の内部で発話した時間を秒単位で測定し，6セッションを通した4名の成員それぞれの発話量（12の企業それぞれで4名，48名分）を算出した（表6-2参照）。

　マクロ指標との対応分析を行なうために，48名分のマイクロ指標を以下のように加工した。まず，4名の発話量を合計した値をコミュニケーション総量として求めた（表6-2のコミュニケーション総量）。これは，企業の内部における成員間のコミュニケーションがどの程度，活発に行なわれていたかを示す指標であ

127

る。もう1つ,成員間でのコミュニケーションが特定の人物のみにかたよっていた度合いを明らかにするため,以下の式(1)にもとづいて,コミュニケーション構造を数値化するコミュニケーション集中値を算出した。
　企業内におけるメンバー4名の発話量をそれぞれa～dとして,

$$y = \frac{|a-b| + |a-c| + |a-d| + |b-c| + |b-d| + |c-d|}{a+b+c+d}$$

……式(1)：コミュニケーション集中値

　4名の成員のうち,特定の1人の発話量のみが多かったり(その成員にコミュニケーションが集中)あるいは少なかったり(その成員がコミュニケーションから疎外)という場合,上の式(1)にもとづくコミュニケーション集中値は高い。逆に,4名の成員の発話量に差があまりなければ式(1)の値は低く,成員のすべてにコミュニケーションが分散していたといえる。
　このようにしてマイクロ指標にもとづき,企業内部での成員のコミュニケーション総量とコミュニケーション集中値という2つの指標が算出された。企業全体での戦略決定に大きな影響を及ぼしていたのは,どちらだろうか。

4. マイクロ-マクロ分析：成員のコミュニケーションと集団の戦略

　コミュニケーション総量およびコミュニケーション集中値というマイクロ指標と,革新・内部模倣・外部模倣戦略それぞれの頻度というマクロ指標との関連を検討することで,成員それぞれのコミュニケーションが集団全体での戦略決定を左右した過程を分析することができる(マイクロ-マクロ分析)。
　まず,コミュニケーション集中値と革新戦略の頻度との間には,図6-6のように曲線的なつながり(近似曲線)がみられた。成員のコミュニケーションが成員の全員に分散しすぎていても,逆に特定の人物のみにかたよりすぎていても,いずれでも革新戦略が決定・採用される頻度は低下する。企業内におけるコミュニケーション構造が分散型・集束型のいずれでもなく,バランス型の構造であった場合に,革新戦略は最も多く決定されていた。また図6-7のように,内部模倣戦略との間でも,コミュニケーション集中値は曲線的な相関を示した。やはり成員間のコミュニケーション構造がバランス型であった場合に,内部模倣戦略が決定されやすいことがわかる。一方,コミュニケーション集中値と外部模倣戦略との間には明確な相関がみられなかった。外部模倣戦略の集団決定には,成員のコミュニケーション構造があまり影響しないようである(表6-1のように,外部模倣戦

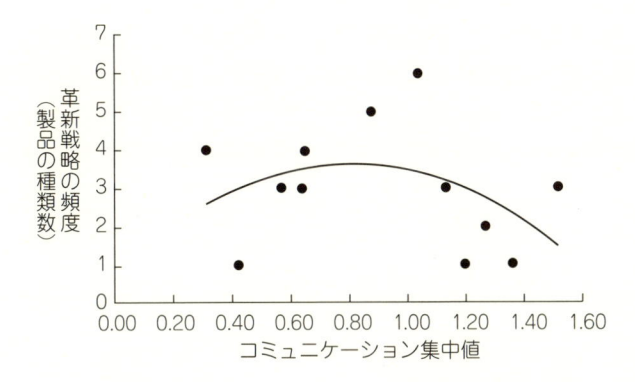

第6章 イノベーション（革新）とイミテーション（模倣）の集団決定

図6-6　企業ごとのコミュニケーション集中値と革新戦略との相関

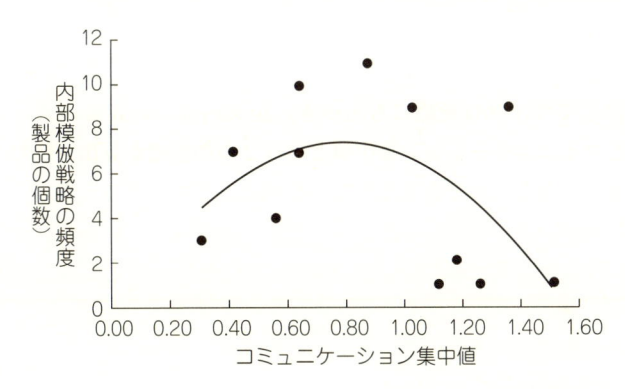

図6-7　企業ごとのコミュニケーション集中値と内部模倣戦略との相関

略の頻度がゼロだった企業が半数あり，データが少ないので，成員のコミュニケーションと外部模倣とのつながりが低いという解釈には注意が必要）。

　コミュニケーション集中値が革新および内部模倣戦略とのつながりを示したのに対して，コミュニケーション総量は，革新・内部模倣・外部模倣戦略のいずれとも明確なつながりを示さなかった。集団全体での戦略の決定に対して，集団内における成員間のコミュニケーションの構造は影響を及ぼすが，それに比べるとコミュニケーションの量そのものは，あまり影響を及ぼさないことがうかがえる。

　以上の結果をまとめてみよう。図6-4および図6-5のように，革新戦略と内部模倣戦略を多く採用した企業が高い生産性を示した。また，図6-6と図6-7では，成員のコミュニケーション構造が分散型および集束型であるよりも，バランス型

129

である場合に，革新戦略と内部模倣戦略が多く採用されることがわかった。この2つの結果をつなげると，バランス型コミュニケーション構造によって合議を行なう成員は，企業の生産性を向上させる可能性の高い革新戦略と内部模倣戦略を集団決定しやすいという結論が導かれる。企業戦略ゲームにおいて，集団成員のコミュニケーション（マイクロ指標）と，集団全体での決定である革新・内部模倣・外部模倣戦略（マクロ指標）を対応させるマイクロ－マクロ分析は，このように集団の生き残り戦略を成員が決定していく過程について，1つのモデルを導出するのである。

第4節　企業戦略ゲームの結果からわかること

1. 外的環境と集団内のコミュニケーション

　企業戦略ゲームでは，それぞれ4名の成員からなる3つの企業（集団）が互いに影響を及ぼし合いながら，革新・外部模倣・内部模倣という3つの戦略を選択しつつ，集団利益の拡大をはかっていく。この3つの戦略にはいずれもメリットとデメリットがあり，ゲームの参加者は自分たちの集団をとりまくゲーミング状況を観察して，最も望ましいと思われる戦略を合意・採用しなければならなかった。たとえば実際の市場における企業は外部模倣をよく採用するが，これがどんな状況でも有利な戦略であるとはいえないし，だからといって革新戦略も，場合によっては大きなコストを発生させる可能性を否定できない。集団の生産性を向上させるためには，集団をとりまく外的環境に合わせて，適切な戦略を成員たちが取捨選択することが望ましい。

　企業戦略ゲームでは，どの戦略を選ぶことが最も望ましかったのだろうか。このゲームでは，1セッション10分という短い時間で製品の作製・提出が求められ，さらにゲーム中は（休憩時間も含めて），メモや計算機の使用が禁じられていた。製品の設計や材料（レゴブロック）の数をメモや計算機なしで計算するのは，企業の成員4名が分担して総出でかからなければならない困難な作業だった。さらに，他の企業へ成員を派遣しても，製品をつくる過程を正確に記録するのは，メモなしではやはり難しかった。実際の市場でも，工業製品をつくる過程は，その完成品より外部模倣が困難なものである（Schnaas, 1994）。

　これらの条件から，企業戦略ゲームにおいて外部模倣のために外へ派遣する成

第6章 イノベーション（革新）とイミテーション（模倣）の集団決定

員を割くことは，時間や手間などの点で，それぞれの企業にとってコストが大きかった。すなわち企業戦略ゲームでは，外部模倣のコストが革新および内部模倣のコストよりも大きな事態が成立していたといえる。言い換えれば，外部模倣よりも，革新と内部模倣のほうが有利な戦略となる状況だったのである。このゲームでは，革新と内部模倣を多く行なう企業が高い資産を上げる傾向にあった半面，外部模倣と資産とのつながりは弱かった。このことも，ゲームにおいて外部模倣が不利であったことを裏づけている。

　ゲームにおいて革新・内部模倣が有利な戦略であることは，参加者に知らされていなかった。自分たちのおかれた状況で革新・内部模倣・外部模倣戦略のいずれが優位であるかについて，参加者たちはみずから考え，決定しなければならなかったわけである。ここで，成員のコミュニケーション構造がバランス型であった企業が，集束型ないし分散型だった企業に比べて，より多くの革新と内部模倣を行なったことは重要である。すなわち，集団の適応度を高める最適戦略を決定するうえで，成員のコミュニケーション構造としてはバランス型が最も有利であった。メンバーがどれだけ多くのコミュニケーションを交わすかというコミュニケーションの総量はあまり重要ではなく，どのような形で交わされるかというコミュニケーションの構造が，集団の適応度を左右したのである。

2. 共有知識とメタ知識

　なぜ，ゲームにおいてバランス型のコミュニケーション構造は最適な集団戦略の決定を導きやすかったのだろうか。集団で考えることが必ずしも常に正しい解決を導くとは限らない。「三人寄れば文殊の知恵」と言われるが，個人のレベルで発生しなかった新しい知恵が集団のレベルで新たに発生することは，実際にはむしろまれなのである（亀田・村田, 2000）。企業戦略ゲームでも倒産寸前にいたった企業がいくつか散見されており，成員4名が共同で取り組んでも必ずしも常に課題遂行がうまくいくとは限らないことがうかがえる。

　ここで，革新・内部模倣・外部模倣という3つの戦略に対する成員それぞれの好みや評価，知識や情報などを，集団という情報処理の機械に対するインプットとみなしてみよう（Hinsz et al., 1997）。インプットされた情報がすべての成員に共有され，それぞれの戦略の良い面や悪い面を全員が評価できるようにすることが，情報処理機械としての集団に求められる機能である。このためには，成員に均等な情報をいきわたらせる分散的なコミュニケーションが機能しなければならない。類似した知識や情報が散発的に特定の成員の間でのみ行き交うネットワー

クでは，コミュニケーションそのものの量は増えても，全員での共有知識の成立には役に立たないだろう。

これに加えて，人々がいくつかの選択肢から有効な戦略を選択する際には，一つひとつの戦略に関する知識や情報が一か所に集められ，総合的な比較評価がなされなければならない。このとき，誰がどのような情報をもっているかという知識・情報を成員の誰かがもっていれば，戦略の決定に必要な情報の収集も容易にできる。集団内における知識・情報の偏在に関する知識・情報をメタ知識といい，スムーズな集団決定を導く重要な要因である（Wegner, 1987）。戦略に関して成員一人ひとりのもつ評価や情報が，集団内のある特定の人物（コアメンバー）に集中すれば，メタ知識はそこに成立しやすい。この点で，リーダーに情報が集まる集束的なコミュニケーション構造は，メタ知識を成立させてスムーズな集団決定をうながす可能性が高い。

集団内における全員へのコミュニケーションの分散と特定の成員へのコミュニケーションの集中という2つの側面を併せもったバランス型のコミュニケーション構造は，共有知識とメタ知識を同時に生み出す基盤として適している。革新・内部模倣・外部模倣戦略に関する共有知識とメタ知識が同時に成立すれば，人々は外的環境に対応した戦略をより正確に，よりスムーズに集団決定できるだろう。企業戦略ゲームにおけるバランス型コミュニケーション構造の優位性は，このようにして確立されたと考えられる。

3. 個人の意図的行動が生み出す意図せざる結末：マイクロ-マクロ分析の観点

本章で論じてきたように，マクロな結末として集団全体にもたらされる損益は，結局その集団の成員の行動から生み出されたものであった。ただし注意すべきは，集団における個々の成員が，必ずしも意図的にそうした結果を望んで行動するとは限らないという点である。たとえば企業戦略ゲームではあわや倒産という企業も多く見られたが，当然のことながら，その企業の成員が意図的に望んで自分たちの企業の倒産をめざしたわけではない。一人ひとりは自分たちの企業の収益を拡大しようと懸命に行動したのだが，全員の行動が蓄積された結果，最終的には，誰も望んでいなかった倒産の危機に直面してしまったのである。意図的に行動する一人ひとりにとっては，まったく意図せざる結果としての全体の結末がおとずれる。企業の破綻から環境問題にいたるまで，こうした現象はわれわれの身のまわりのいたるところで発見できる。マイクロ-マクロ分析における重点は，この

ように成員一人ひとりの意図的な動向から独立した集団全体での結末を，成員全員の動向の蓄積として位置づける点である。

　本章で企業戦略ゲームを通じて述べてきたのは，集団内部における成員のコミュニケーションというマイクロな動きと集団全体の損益というマクロな結末を，1つに統合して調べる観点である。企業戦略ゲームにおいて集団に利益をもたらす良い集団戦略の決定は，利益をもたらそうとする成員みんなの意図的行動が結実した結果であった。しかし，損ばかりをもたらして集団を倒産の危機に追いやった悪い集団戦略の決定も，成員みんなの合意から導かれた結果なのである。そして，良い悪いという2つの集団決定がなされる分かれ道となったのも，集団内でのコミュニケーション構造という，成員一人ひとりのコミュニケーション行動が蓄積された産物であった。

　集団の生き残りを左右する戦略がどのような経緯で決定されるのか，良い戦略の決定を導く要因は何かという命題について，個々人一人ひとりの動向のみにもとづいて回答を提出することは難しい。本章ではこれに代わり，企業戦略ゲームで試みられたようにマイクロ－マクロ分析の事例を蓄積して，良い戦略を導く集団決定のパターンをいくつか示し，1つの解答として集団内のバランス型コミュニケーション構造という要因を示唆した。学校や企業や官庁といった実社会の組織の動向を考えるうえで，このようなマイクロ－マクロ分析の試みは，新しい実証的な知見をもたらすであろう。社会心理学のみならず社会学や経済学など，幅広い分野でこの観点にもとづく研究が現在進められている。

引用文献

淺羽　茂　2002　日本社会の競争原理　東洋経済新報社
荒井一宏　1997　終身雇用制と日本文化：ゲーム論的アプローチ　中公新書
Hinsz, V. B., Triandis, R. S., & Vollrath, C. R. 1997 Category accessibility and impression formation. *Journal of Experimental Social Psychology*, **13**, 141-154.
井本瑞紀・池田　浩・山口裕幸　2005　集団成員の多様性と類似性が創造的アイディアの創出と決定に与える影響　日本社会心理学会第46回大会発表論文集, 92-93.
亀田達也　1997　合議の知を求めて：グループの意思決定　共立出版
亀田達也・村田光二　2000　複雑さに挑む社会心理学　有斐閣
加藤潤三・野波　寛・岡本卓也・藤原武弘　2005　仮想世界ゲームにおける環境問題重視型ルールの考案　関西学院大学社会学部紀要, **98**, 69-79.

Leavitt, H. J. 1951 Some effects of certain communication patterns on group performance. *Journal of Abnormal and Social Psychology*, **46**, 38-50.

三浦麻子・飛田 操 2002 集団が創造的であるためには：集団創造性に対する成員のアイディアの多様性と類似性の影響 実験社会心理学研究, **41**, 124-136.

宮本一子 2002 内部告発の時代：組織への忠誠か社会正義か 花伝社

盛山和夫・海野道郎(編) 1991 秩序問題と社会的ジレンマ ハーベスト社

西山賢一 1985 企業の適応戦略 中公新書

奥山俊宏 2004 内部告発の力：公益通報者保護法は何を守るのか 現代人文社

小野祐文・北田康治・森美由紀・藪川武憲 2002 企業戦略ゲームにおけるマイクロ－マクロ分析の試み：集団間・集団内の諸現象に関する実験的研究 関西学院大学社会学部卒業論文(未発表)

Paulus, P. B. & Nijstad, B. 2003 *Group creativity: Innovation through collaboration*. New York: Oxford University Press.

Schnaas, P. S. 1994 *Managing imitation strategies: How later entrants seize markets from pioneers*. New York: Free Press. 恩蔵直人・坂野友昭・嶋村和恵(訳) 1996 創造的模倣戦略：先発ブランドを超えた後発者たち 有斐閣

田尾雅夫 1998 会社人間はどこへいく：逆風下の日本的経営のなかで 中公新書

Thornburg, T. H. 1991 Group size and member diversity influence on creative performance. *Journal of Creative Behavior*, **25**, 324-333.

Wegner, D. M. 1987 Transactive Memory : A contemporary analysis of the group mind. In B. Mullen & G. R. Goethals (Eds.), *Theories of group behavior*. New York: Springer-Verlag. Pp. 185-208.

山口裕幸 1998 メンバーの多様性が集団創造性に及ぼす影響 九州大学教育学部紀要(教育心理学部門), **42**, 9-19.

第7章 異文化シミュレーションゲーム，バーンガによる異文化接触の疑似体験

第1節 はじめに

「まるで自分が赤ん坊になったような無力感に襲われました」とは，筆者も含めて，海外で異文化を体験した知り合いからしばしば耳にする感想である。昨今の世界情勢の影響により一時は落ち込んだものの，2005（平成17）年末現在の一般旅券発行数は，対前年比 3.6%増の 3,612,473 冊に達している。また，海外で働く人や留学生を含む海外在留邦人（3か月以上の長期滞在者と永住者の合計）は，2005（平成17）年には 100 万人を超え，過去最高となっている。一方，入国管理局の統計によると，現在日本に定住または長期滞在しながら働く外国人は，2005 年末現在で 201 万人を超え，過去最高を記録した。これは日本の総人口の 1.57%を占め，10 年前に比べると 47.7%の増加を示している。われわれは，たとえ海外に行かなくても，日常生活の場面ですでに異文化体験をしているといえよう。まず，衣食住を通じて，外国文化の恩恵を受けていることには，すぐに気づくであろう。中国産のウールのセーターに身をつつみ，朝食にフィリピン産のバナナとブラジル産のコーヒーをとり，米国産のスニーカーを履いて大学へ出かけるといったことはごく自然な朝の光景である。また，とりわけ都会では，外国人に出会わずに1日が過ぎることはまれであるといってもよい。「国際化」「内な

る国際化」はもとより,「地球村 (global village)」,あるいは「ボーダレス社会」といった言葉が世間で聞かれるようになってから,久しい。たとえば職場で,文化背景や習慣が異なる人々と机を並べて仕事をすることが日常となる日が現実となっているといっても過言ではない。このように,異なる民族とアイデンティティをもつ人々との多文化共生が日常となっている状況の中で,実際の異文化の人々との相互作用(インターラクション)に焦点をあてた教育,研修方法の導入がますます重要になってきている。

第2節　異文化トレーニング,異文化教育の重要性

　異文化トレーニングと異文化教育の違いは何であろうか。結論からいえば,この2つの用語は明確に区別されて使われてはいない。異文化トレーニングは,「文化的背景の異なる人々とより効果的で良好な相互作用,コミュニケーションを行うことを助けるためのプログラム」(水田, 1989, p.235),あるいは「異文化への気づき,異文化に応じた適切な行動とスキル,そして異文化に対する肯定的な視点を育成するために考案された一連の活動」(Levy, 1995, p.1)と定義される。一方,異文化教育(異文化間教育ともいわれる)は,「異なる文化的背景を持った人たちや組織・社会と適切なやりとりが行なえる素質を育成・援助する教育プログラムや手法」を指している(渡辺, 1992, p. 9)。米国では,文化学習 (culture learning),異文化間オリエンテーションプログラム (cross-cultural orientation program),異文化間トレーニング (cross-cultural training または intercultural training) とよばれてきた実践的な領域があるが,これらの分野に加えて,より一般的な領域である心理学・教育学・認識論・文化人類学・言語学・コミュニケーション論,精神医学などの方法も異文化教育に含められる。ここでいう「教育」と「トレーニング」という用語に関しても,近年,あまり区別されてはいない。強いて言えば,一般に学校内で行なわれるものは「教育」とよばれ,企業研修などの社会教育では「トレーニング」という言葉が使われる傾向にある。水田(1989)は,コール (Kohl, 1987) が提唱した異文化接触をひかえた成人のためのプログラム形態である教育,トレーニング,オリエンテーション (orientation),ブリーフィング (briefing) の4つに言及し,「教育」が包括的に知性,思考力を高めることを目的とする広範な知識内容の提供と習得であるのに対し,「トレーニング」

は特定の目的を達成するための，特定の技能と特性を身につけることをめざす実践的なプロセスであると指摘している（Pp.236-239）。一方，ベネットは（Bennett, 1986），「教育としての研修（training as education）」および「教育と研修の互換性」の重要性を指摘し，グディカンストとハマー（Gudykunst & Hammer, 1983）も教育と研修（トレーニング）の定義に関して実施した調査結果を鑑み，高い類似性があったとし，教育を含めた広義の「トレーニング」という用語を用いている。たとえば，日本でも「企業研修における人材教育」など，この2つを互換的に用いるケースがよくある。そこで本章でも特にこの2つを区別することなく，併用することにする。

第3節　異文化トレーニングとは

1. 異文化トレーニングの歴史的背景

　異文化トレーニングは，1960年代の米国でその必要性から生まれた分野である。米国政府は，第二次世界大戦後，戦後の問題処理と新しい外交政策の一環として，海外渡航前の準備研修（pre-departure training）の必要性を認識し，1946年にForeign Service Instituteを創設した。これが，いわゆる異文化トレーニングの起源であるとされている（Paige & Martin, 1996, Pp.39-40）。やがて，1960年代に入ると，日本の青年海外協力隊のモデルとされる平和部隊（Peace Corps）の隊員や海外在留の軍人に対して異文化トレーニングが行なわれ始めた。その後，1970年代に入り，教育，研究，産業，ビジネスの分野における国際場面での人的交流が活発になるにつれて，留学生や企業の駐在員を対象に，渡航前の準備研修として異文化トレーニングが盛んに実施されるようになった。日本でも1980年代から外資系企業や国際舞台で活躍する日本企業を中心に，異文化トレーニングが導入されるようになった。その後，国内外における異文化接触の増大とともに，研修目的は渡航前の準備研修の他，海外から来た人たちの現地での円滑な実生活の遂行を目的とした現地研修（on-site training），海外からの帰国者の円滑な再適応を目的とした帰国後研修（reentry training）へと広がっていった。また，企業の多国籍化にともない，外国人雇用者およびその子弟や，受け入れ先の企業，学校などといった組織を対象とした研修が現在，実施されている。

2. 従来型「大学方式 (University Model)」トレーニングの問題点

　その定義にもあるように，異文化教育および異文化トレーニングとは，異文化を背景とする人々との適切かつ良好な相互作用を可能にする素質とスキルの育成を援助するプログラムである。しかし，一般的には，「異文化教育」以上に，「国際理解教育」という言葉がより親しみのある言葉として定着しているのではないだろうか。世界平和，世界市民のための教育の重要性を提唱しているユネスコ（国際連合教育科学文化機構）が，1974年の総会で「国際理解，国際協力及び国際平和のための教育」を提唱したことがきっかけとなり，その後，世界的には「国際教育」，日本では，「国際理解教育」という用語が用いられるようになった。異文化トレーニングおよび異文化教育では，その目的に応じて，参加者の認知的側面（cognitive level），情動的側面（affective level）および行動的側面（behavioral level）のいずれか，あるいは，このうちのいくつかに同時にはたらきかける。問題は，これまでのいわゆる国際理解教育は一般的な情報あるいは抽象的な学問的知識に焦点をあてる傾向にあり，異文化の人々とのインターラクションを重視してこなかったことである。

　その原因の1つとして，トレーニングの方法論が考えられる。米国で異文化トレーニングが開始された際，最初に教育（訓練）をする側として要請を受けたのは大学教員であった。彼らは，トレーニングを実施するにあたり，「大学方式」とよばれる，いわゆる「情報知識伝達型トレーニング」法（水田, 1989, p.239）を用いた。そこではある特定の地域についての情報や特定の文化に属する人々の特性や行動様式に関する情報，異文化適応や再適応とはいったい何であるのかなどといった情報を，伝統的方法，つまり，講義や文献講読によって認知的側面のみを重視する。しかし，1960年代に，大学方式で訓練を受けたのち海外へ赴いた人々が帰国するようになり，現地での知識は重要であったが，それ以上に必要であった現地の人々とのコミュニケーションに関する能力[18]については，この大学方式による訓練はまったく役立たなかったとの批判があった（Gudykunst & Hammer, 1983）。金沢（1992）は大学方式の短所について，①実際の異文化接触が，本人の能動的な人間関係構築，情報収集，問題解決を必要とするのに対して，大学方式では，訓練を受ける当事者が単なる受身の立場にとどまっていること，②講義手段を用いる授業という状況では，異文化接触で起こる感情を体験するすべがないこと，③現実の異文化接触においては，成功したかどうかが生身

---

18) ここでいう能力とは外国語能力だけを示しているのではない。

の人間のやりとりによって決まるのに対し，授業ではレポートや試験といった紙面による解答とそれに対する採点で終わってしまうことを指摘している（p.184）。異文化トレーニングの第一人者であり，異文化トレーナーにとってバイブル的存在である *"Intercultural Sourcebook: Cross-cultural Training Methodologies"*（Hoops & Ventula, 1979）の執筆者であるフープスは，その新版の序文で，センシティビティ・トレーニング[19]で経験する特定しがたい感情や，教室内で大学方式により得た抽象的概念と知識とでは，異文化接触で必要なスキルを身につけることは困難であると指摘している（Hoops, 1995, p.ix）。もちろん，おのおのの目的に応じた研修内容が提供されることが最も重要ではあるが，多文化に属する人々との共生共存が現実問題となっている現在，認知的側面だけではなく，情動的側面および行動的側面を重視した体験学習による教育（訓練）は，企業教育および学校教育現場でますます注目されてきている。

3. 体験学習と異文化シミュレーション

西田（1998）は，ジョンソンとジョンソン（Johnson & Johnson, 1975）の「体験学習のサイクル」のプロセスを図7-1のように表わし，彼らによって指摘された次の3つの仮説を紹介している。

① 参加者は，個人的に学習体験に参加したときに最も学習する。
② 参加者に何らかの意味を与え，参加者の行動に影響を及ぼす知識は，参加者によって発見されなければならない。

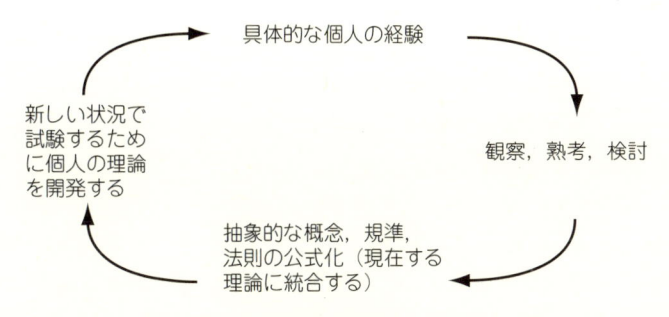

図7-1　ジョンソンとジョンソンの体験学習のサイクル（西田，1998, p.109）

[19) 参加者がみずからの心の問題を自己開示し，研修グループ内で起こる人間関係の葛藤に直面するという方法で，研修場面でストレスや激しい対立を生じさせる結果となったため，研修方法としての不適切さが指摘されている。]

③参加者が目標設定をするとき，学習へのコミットメントが最も深くなる。

ここでは，特に後者の2点は重要である。なぜならば，文字どおり，体験学習はみずからの体験を通して学習することを意味しているが，参加者が認知的にも学習に能動的にかかわる実体(active agent)とならなければ学習効果は半減する。つまり，体験学習には必ず行動と情動をともなうが，そこには学習したことがらをみずから概念化するという認知的作業が必須であり，単に受動的に参加するだけでは真の意味での学習を実践したことにはならない (p.109)。以上は，体験学習の種類にかかわらず学習者が留意すべき点であろう。

さて，シミュレーションとは何だろうか。一般に，シミュレーションはシミュレーションゲームともよばれるが，端的に言えば，文字どおり，シミュレーションとゲームから構成されている。それは，現実の何らかの側面を模したモデルのことであり，ある一定のルールのもと，複数のプレイヤーたちが協同によりグループ内で何らかの課題に取り組む。その際に対立するグループとの勝敗をかけて相互作用を行なうという点でゲーム性がある。しかし，特に異文化シミュレーションの場合，その重要点はゲーム上の勝敗にはない。研修の場で疑似的，かつ，一時的な複数の「文化」が存在し，参加者それぞれがある「文化」に属しながら，他のグループと交流することによって，異文化とはどのようなものかを実体験する。つまり，異文化接触を疑似体験するわけである。また，異文化シミュレーションは，脅威を感じさせない環境のもとで，参加者に新しい行動様式を実践し，新しい態度と視点をもつ相互作用的な機会を与える。西田（1998）はクルックオールとソンダース（Crookall & Saunders, 1989）に言及し，固有の言葉や意味体系をもつという意味で，シミュレーションは「言語」であると述べ，言語を学ぶことによってこの世界を理解するように「シミュレーションをする」という行為によってこの世界を学ぶと指摘している。このような観点から，シミュレーションは教育，訓練，研究において用いられている。

さらに，異文化トレーニングを実践するファシリテーター（facilitator）[20]の視点から，シミュレーションの実施に際して考慮すべき点は，認知（知識），情動，行動といった学習形態のどこに重点をおいてトレーニングを実践するかということである。ベネット（Bennett, 1986）は，トレーニングモデルを作成する際の基準として，目的面では，認知，感情，行動の3点を，プロセス面では，経験的，

---

[20] 異文化トレーニングの実践者は「トレーナー（trainer）」あるいは「ファシリテーター（facilitator）」とよばれ，トレーニングの参加者が自主的に学習する環境をつくり，その維持のための援助者の役割を果たす。

知的の2点を，そして内容面では，「文化特定」(culture specific)，「文化一般」(culture general) の2点をあげている。ここで，文化特定タイプでは，目的とする文化を1つに限定して，自文化との比較的立場から当該文化において適切であると考えられる行動様式，物の見方，価値観などについて学習する。これに対して，文化一般では，特定の文化に限定することなく，多様な視点や行動習慣があることを知り，異文化におけるさまざまな違いがわれわれの行動や人と人との相互作用にいかに影響を与えるかについて学習する。たとえば，ベネットの用語に従えば，大学方式を用いたトレーニングでは，目的は「認知」，プロセスは「知的」，内容は「文化特定」「文化一般」の両者に関係している。

さらに，トレーニングに際してファシリテーターが心得るべき重要事項として，参加者に対する倫理的配慮があげられる。つまり，これは学習に参加することにより，参加者が負うと考えられる精神面や実施の失敗にかかわるリスク（危険性）であり，これが他の学習方法とシミュレーションとを区別する大きな特徴となっている。現在，異文化トレーニングの方法として，しばしば用いられる体験学習に，①ケーススタディ，②クリティカル・インシデント，③カルチャー・アシミレーター，④ロールプレイ，⑤シミュレーションの5つがある（この中のロールプレイをシミュレーションの一部とみなすこともある。ここでは，本章の主旨ではないため①〜④の詳細な説明は割愛する。なお，ロールプレイについては第9章を参照のこと）。シミュレーションの特徴を知るために有効と思われるため，大学方式（レクチャーとディスカッション）とともに，おのおのの体験学習の特徴を表7-1 にして示しておく。

表7-1 はペイジとマーティン（Paige & Martin, 1996）の分類に筆者が加筆したものである。シミュレーションには実践するうえで，ゲームのルールに熟知するといった知識学習的側面も含まれるが，特に大学方式の中の講義形式とは異なり，情動と行動を重視する学習形態である。そこでは参加者の能動的な態度が必須であり，しかも内容が未知なため個人の自己開示が要求される。また，この学習方式では，詳細が示されていない状況で参加者に初めての行動を要求することからさまざまな「曖昧さ」に対して，どれだけ寛容でいられるかも学習の成否を決める大きなポイントとなる。

4. 異文化シミュレーションから期待される効果

異文化トレーニングの効果に関しては，その種類を問わず，けっしてすべて一様な結果が得られるというわけではないが，ブリスリンら（Brislin et al., 1983）は，

表7-1　異文化学習活動の導入順番（Paige & Martin, 1996　＊は筆者が加筆）

学習活動の順番	学習活動に必要な行動形態	学習活動に対するなじみやすさと危険度	文化学習の重点
1. 講義	受動	失敗，自己開示，人前での恥ずかしさなどの危険度は低い；ほとんどの学習者にとってはなじみやすい学習活動	認知
2. ディスカッション	能動	低い危険度；ほとんどの学習者にとってはなじみやすい学習活動	認知
3. グループによる問題解決	能動	中程度の危険度；一部の学習者にとってはなじみやすい	認知
4. ＊カルチャーアシミレーター，クリティカルインシデント，ケーススタディ（事例研究）	受動（内省）と能動（ディスカッション）	中程度の危険度；多くの学習者にとってはなじみのない学習活動	認知
5. ロールプレイ	能動	高い危険度；多くの学習者にとってはなじみのない学習活動	情動と行動
6. シミュレーション	能動	高い危険度；ほとんどの学習者にとってはなじみのない学習活動	情動と行動

知覚，感情，行動の3つの側面における効果を指摘している。まず，知覚面では，（受け入れ者の）より深い理解や否定的ステレオタイプの減少であり，感情面では，異文化接触に対する肯定的な気持ちの増加，行動面では，異文化環境における対人関係の向上や異文化接触からくるストレスに対する調節と適応である。

　ここでは，特に異文化シミュレーションによって期待される効果について，「気づき（awareness）」をあげておきたい。異文化接触における気づきには2種類ある。その1つが「異文化に対する気づき」であることは容易に理解できるだろう。実は，それ以上に忘れてはならないものに「自分自身を含めて，自文化に対する気づき」がある。フープス（Hoops, 1979）は，異文化適応に必要な要素として，cultural awareness（異文化への気づき）に加えて cultural self-awareness（自文化への気づき）をあげている（p.16）。われわれが異なる文化に接し，その違いに気づくプロセスには必ず自文化との比較がある。海外に行きその食文化の違いにふれ，当初はそれを楽しんだものの，数日後には日本食が恋しくなり，現地の日本レストランに駆け込み，「やっぱり自分は日本人だなあ」と自分の文化的アイデンティティを再確認する人も多いのではないだろうか。

　山岸ら（1992）は，異文化間能力を特定の文化に対してではなく，「『自文化と異なる文化』一般に対する対処の仕方を助ける能力」とみなしたうえで，「異文

化対処力テスト」の作成を試みている。その中で示された3つの機能領域のうち，「カルチュラル・アウェアネス」（文化的気づき度）は，自分の行動やものの見方，考え方が自分の属する文化に規定されていることへの気づきの程度であり，異なる文化や人々に対する関心の強さとも考えられる。「カルチュラル・アウェアネス」という用語が使われているものの，これはフープス（Hoops, 1979）がいうところの cultural self-awareness（自文化への気づき）に匹敵している。一般にわれわれは違いに遭遇したとき，その対象に対して評価的判断を行ないがちである。一方，自文化や異文化に対する気づきが高い人は，その違いを客観的にみる傾向が強く，自民族中心主義に陥る危険性が少ないと考えられる。そこには，オープンネス，寛容性，柔軟性といった「自己調整能力」が関係しており，これは異文化シミュレーションの参加者に求められる要素の1つである。異文化シミュレーションの中では，与えられた課題に対処するために，行動することが求められる。山岸ら（1992）は異文化対処力の3つ目の枠組みである「状況調整能力」は，「職務や対人関係といった，個人をとりまく状況に対処する一般的な能力であり，文化的側面以外の対処力である」（p.209）と述べている。異文化シミュレーションでは，あらゆる状況を鑑みながら，そのつど，みずからの行動を調整し決定していく点で，この「状況調整能力」は文化に直結した重要な要素である。また，シスク（Sisk, 1995）は，シミュレーションゲームを用いる利点について，①批判的思考力の育成，②人生における偶然の役割に対する理解，③多層的学習，④社会的価値観，⑤意思決定にともなう自己責任，⑥知識とスキル，⑦グループ・ダイナミックス，⑧動機づけ，⑨トレーナー（ファシリテーター）と参加者のダイナミックスをあげている（Pp.88-89）。

　実は，シミュレーションの主役はそこで実践される活動（ゲーム）ではない。シミュレーションの構成は実際の活動とその後のディブリーフィングからなるが，活動はディブリーフィングという主役に対する脇役にすぎない。ディブリーフィングとは，考察のためのふり返りの活動であり，参加者どうしがみずからの体験を共有することにより，そこから何を学んだか，今後，それをどのように活かせるかを話し合う。また，活動そのものは参加者の積極的な関与なしには成り立たないが，学習（研修）が効果的なものとなるかどうかは，ファシリテーターによるディブリーフィングの技量にかかっている。シミュレーションの最中は，参加者の注意は活動そのものに向けられているために，そこでいったい何が起きているかを意識化することは難しい。この"What's going on?"を意識レベルにまで高めることがファシリテーターの重要な役割となる。いわば，「気づきの

援助者」としての役割を果たしているのである。そのために，シミュレーションを実施する際の注意事項として，ファシリテーターは未経験でシミュレーションを実施してはならず，実施前にみずからそのシミュレーションを体験しておくことが重要である。外国語の学習経験のない人が，よい語学教師にはなれないといえば，理解しやすいだろう。

　以下では，異文化シミュレーションの一例として，バーンガ（Barnga）を紹介し，次にこの方法を用いて社会人を対象に筆者が実施した研修例について概観する。

第4節　バーンガの手引き

　ここで紹介するもの（実際にシミュレーションを体験する際の妨げとなるため，ルールに関する詳細な記述は省略する）は，チアガラヤンとスタインワックス（Thiagarajan & Steinwachs, 1990）が開発したオリジナルにスタインワックス（Steinwachs, 1995）が修正を加えたものに，筆者がさらに，準備，ファシリテーション，ディブリーフィングの方法などに関して，大学の授業で使用しやすいように修正を加えたものである。また，日本語版「進行ガイド」およびゲーム終了後に参加者に配布した質問紙については，1993年に筆者が参加した名古屋異文化コミュニケーションセミナーで得た資料および経験にもとづいて作成された。

(1) 正式名称
　Barnga: A Simulation Game on Cultural Clashes（Thiagarajan & Steinwachs, 1990）[21]。

(2) 適用可能な設定
　異文化教育，異文化トレーニング，異文化コミュニケーション教育，国際理解

---

[21] ここで使用したものは，バーンガの旧版に基づいている。現在は新版（Thiagarajan & Thiagarajan, 2006）が出版されている。
Barnga 25th anniversary edition-A simulation game on cultural clashes by Sivasailam Thiagarajan and Raja Thiagarajan.　Copyright © 2006 by Sivasailam Thiagarajan
Japanese excerption rights arranged with Intercultural Press Inc., c/o
Nicholas Brealey Publishing through Japan UNI Agency, Inc.

教育，異文化心理学など，文化にかかわる教育や研修状況で用いられる。一連の教育，研修プログラムの一部として用いることもできるし，単独で実施することも可能である。ただし，初対面の参加者どうし，あるいは対立関係にあるグループを対象に実施してはならない。その理由は，シミュレーションは情動面にかかわる方法であるため，参加者間のある程度の信頼関係のうえに実施されなければ，失敗のリスクが高まるからである。

(3) 所要時間
60分〜90分。

(4) 構成員と参加者数
ファシリテーター1人，コ・ファシリテーター1人。熟練した経験者であり，参加者数が少数の場合は，ファシリテーターのみでも可。参加者数に関して，チアガラヤンらのマニュアルでは9名から100名程度まで可能とあるが，教室内の授業で応用する場合，16名から40名ぐらいが適当と考える。それ以上の人数になる場合は，コ・ファシリテーターが1, 2名必要である。最低4グループを設定し，各グループの人数は4名から7名までとする。

(5) 会場設定
グループ数の「島」を設定し，各「島」に人数分の机と椅子を準備する。その際，各「島」は適当な間隔をあけて設置する。全員が見える位置にホワイトボードとマジック，または，黒板とチョークを準備する（図7-2）。

(6) 準　備
グループ数のトランプカード一式（絵カードを除いた1から7までの4種類のカード，計28枚を使用）。進行ガイド，ルールシート，各ラウンドの終了を参加者に知らせるベル，各「島」用の番号プレート，セッション終了後に配布する質問紙。

(7) セッションの手続き
以下に参加人数20名，各グループ4名，計5グループによる実施例を記載する。
　①　まず，導入としてファシリテーターが，「シミュレーションとは防災訓練のようなものです。現実の状況に模した仮想的状況の中で，ある課題に対処

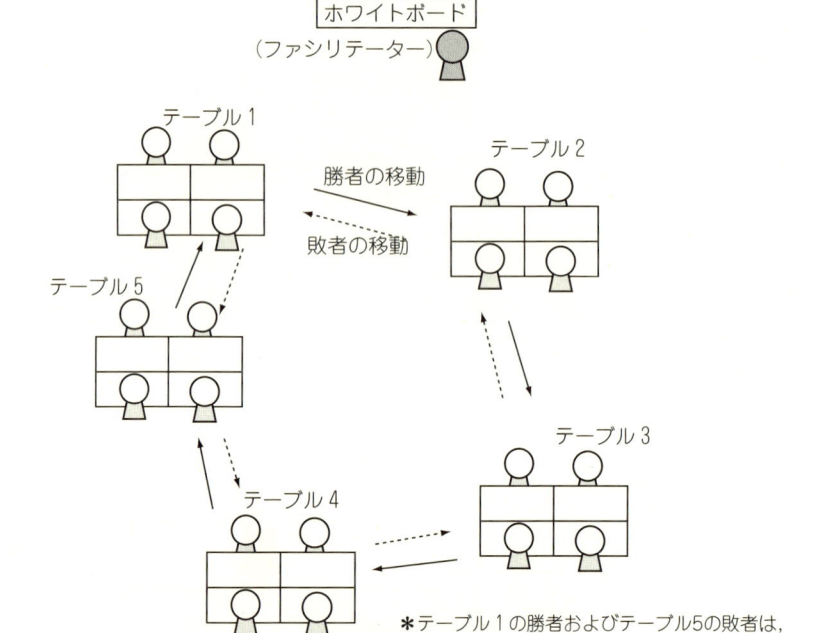

図7-2 セッション会場の設定例

するための教育訓練方法であり、今回はバーンガとよばれる異文化シミュレーションゲームを用いて異文化学習を実施します」と説明する。セッションのおおまかな流れは、図7-3を参照のこと。

② 「これからみなさんをグループに分けますので、1、2、3、4、5、1、2、3……というように各自、番号を言っていってください」と言い、全員が自分の番号を言ったあと、「では、自分の番号が書かれたプレートが置いてあるテーブルに各自、移動して座ってください」と伝える。全員が着席したのを確認したあと、「この学習を行なうにあたって、絶対に守ってもらいたい約束事として、今後いっさいの言語によるコミュニケーションを禁止します。ジェスチャーは使ってもかまいませんが、紙に書いたり、手話を使うことはできません。みなさんが、実りある学習をするためには、とても大切な約束事ですので、必ず守ってください」と告げる。

③ 次に、「今から、ゲームをするための進行ガイドを配布しますが、黙って内容を理解してください」と言い、「進行ガイド」(図7-4参照)を全員に配

第7章　異文化シミュレーションゲーム，バーンガによる異文化接触の疑似体験

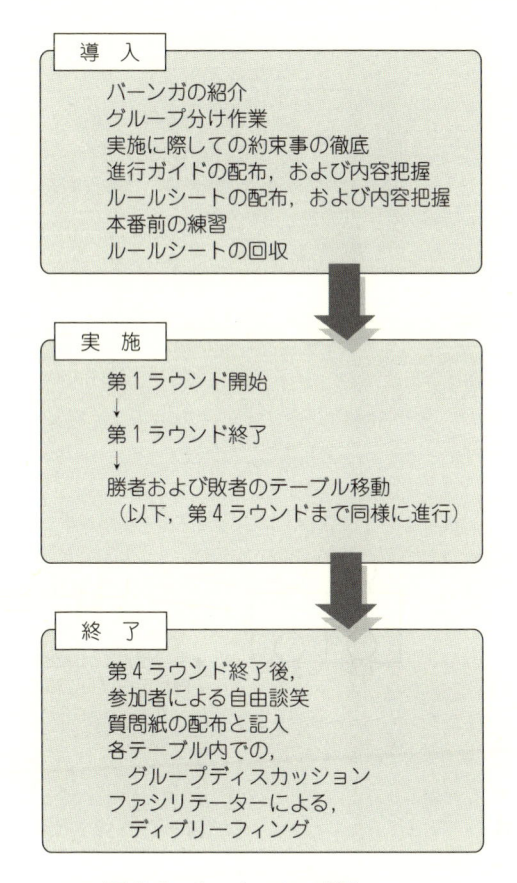

```
┌─────────────────────────┐
│ 導　入                   │
│   バーンガの紹介          │
│   グループ分け作業        │
│   実施に際しての約束事の徹底 │
│   進行ガイドの配布，および内容把握 │
│   ルールシートの配布，および内容把握 │
│   本番前の練習            │
│   ルールシートの回収       │
└─────────────────────────┘
              ▼
┌─────────────────────────┐
│ 実　施                   │
│   第1ラウンド開始         │
│       ↓                 │
│   第1ラウンド終了         │
│       ↓                 │
│   勝者および敗者のテーブル移動 │
│   （以下，第4ラウンドまで同様に進行） │
└─────────────────────────┘
              ▼
┌─────────────────────────┐
│ 終　了                   │
│   第4ラウンド終了後，      │
│   参加者による自由談笑    │
│   質問紙の配布と記入      │
│   各テーブル内での，       │
│     グループディスカッション │
│   ファシリテーターによる，  │
│     ディブリーフィング    │
└─────────────────────────┘
```

図7-3　セッションの流れ

　布したのち，ファシリテーターが口頭で内容を説明する。
④ 数分後，「それでは，いまからゲームのルールシートを配布しますので，黙って内容を理解してください」と言い，ルールシートを全員に配布する。以上，参加者が多い場合は，③および④での資料の配布はコ・ファシリテーターが行なう。
⑤ 数分後，ファシリテーターが次の教示をし，参加者が自分のグループ内で練習する時間を与える。「それでは，これから数分間，グループ内で練習してください」。ファシリテーター（およびコ・ファシリテーター）は，参加者がおしゃべりをしていないか，部屋を見回りながらチェックする。注意

147

進行ガイド

1. これから行なう「ファイブトリックス」（ゲーム）のルールシートを配布します。ここからは，言葉によるコミュニケーションはいっさいできません。また，数字や図などを紙に書いてはいけません。ジェスチャーは使ってもかまいませんが，手話は使わないでください。ゲームのルールを理解し，グループ内で練習する時間があります。5分後に，ルールを書いた紙を回収します。
2. 本選である第1ラウンドが始まります。最初に自分のテーブルで数分間「ファイブトリックス」を行ないます。
3. 第1ラウンドが始まると，点数をつけ始めます。その後，各テーブルで勝者と敗者を決定します。
    * **「ファイブトリックス」の勝者とは**：「ファイブトリックス」の中で，1番多くの場（トランプカード）を取った人が勝者となります。もし，1ラウンドが「ファイブトリックス」が終了する前に終わってしまった場合，そこまでで1番多くの場を取った人が勝ちになります。1回終わっても，終了の合図があるまで2回，3回とゲームを続けてください。
    * **ラウンドの勝者とは**：1つのラウンドで何回かの「ファイブトリックス」を行なうことになります。各ラウンドで1番「ファイブトリックス」で勝った回数の多い人がそのラウンドの勝者になります。全部で4ラウンド実施します。
4. 1回のラウンドは約数分です。
5. ラウンドが終わると，次のラウンドを始める前に次の要領で席を移動します。
    * **そのラウンドの勝者**（最も勝った人）は，自分のテーブルの番号よりも高い数字のテーブルに移動します。　（例）1→2
    * **そのラウンドの敗者**（最も負けた人）は，自分のテーブルの番号よりも低い数字のテーブルに移動します。　（例）4→3
    * **その他の人たちは同じテーブルに残ります。**
    1番数字が高いテーブル（ここではテーブル5）に座っている勝者は，そのテーブルに残り，1番数字が低いテーブル（ここではテーブル1）に座っている敗者もそのテーブルに残ります。もし，取った場の数や「ファイブトリックス」で勝利した回数が同じ場合は，じゃんけんでそのラウンドの勝敗者を決定してください。
    * くれぐれもプレー中や，勝敗者を決めるとき，移動するときなど，けっして他の人と話さないようにしてください。
    （注：すべてのテーブルに関して5名以上がいる場合，できるだけ多くの参加者に移動の機会を与えるために，勝者については1番勝った人と2番目に勝った人の2人が，敗者については1番負けた人と2番目に負けた人の2人が移動するように修正した「進行ガイド」を作成する。）

図7-4　進行ガイドシート

第7章 異文化シミュレーションゲーム，バーンガによる異文化接触の疑似体験

をうながす際，時には口頭で行なってもよいが，場の雰囲気を壊さないように，できる限りノンバーバルで行なう。その際，ファシリテーター（およびコ・ファシリテーター）は，参加者の緊張をほぐすために，終始微笑みながら，なごやかな雰囲気づくりに努める。このあと，ラウンドの開始から終了まで同様にふるまう。

⑥ 練習時間の終了後，「これで，練習を終わります。これからルールシートを回収します」と告げ，ファシリテーター（および，コ・ファシリテーター）が回収する。

⑦ 「それでは，いまから第1ラウンドを始めます。ラウンドの開始と終了はベルを鳴らして，知らせます。では，始めてください」と告げる。

⑧ 数分経過したのち，終了のベルを鳴らし，「第1ラウンドを終了します。移動する人はすみやかに黙って，別のテーブルに移動してください。移動が終わったら，すぐに第2ラウンドを開始します。くれぐれもおしゃべりはしないでください」と伝える。こののち，同様に第4ラウンドまで続ける。

⑨ 最終ラウンドの終了時に，「これでゲームは終了します。お疲れさまでした。しばらくその場で他の人たちと今日の体験を共有してください」と言い，沈黙のルールを解き，参加者がゲーム中に経験したストレスを解消する時間をしばらく与え，ディブリーフィングに入る。

⑩ 「それでは，いまから，このセッションでわれわれが体験したことを全員で共有するふり返りの時間をもちたいと思います。まず，質問が書かれた用紙を配りますので，各自，記入してください」と言い，質問紙（図7-5参照）を配布し，回答を指示する。その後，時間がある場合は，まず，グループ内で各自が書いた回答を共有する時間を与えてから，ディブリーフィングに入る。時間がない場合は，すぐに全員参加によるディブリーフィングを行なう。質問ごとに，ファシリテーターはグループの代表者にグループ内で出た回答を求め，あるいは学生をランダムに指名するなどして，それらを板書する。次に，それらを参照しながら，このセッションがどのように実際の異文化体験と関連しているかを説明し，共通の体験を現実世界の問題にあてはめながら，ディブリーフィングを展開していく。

以下に，筆者が社会人を対象に実施した異文化トレーニングセミナーに関して，特にシミュレーションゲームに焦点をあてながら概観する。

下の質問に答えてください。

質問1　このゲームが紹介されたとき，どのように感じましたか。

質問2　ゲーム中，いっさい言葉によるコミュニケーションをしてはいけないといわれたとき，どのように感じましたか。

質問3　最初にグループ内で練習していたとき，どのように感じましたか。

質問4　ルールが書かれたシートをとられたとき，どのように感じましたか。

質問5　他のテーブルへ移った人へ：移らなければならないと知ったとき，または，他のテーブルへ移ったとき，どのように感じましたか。

質問6　自分のテーブルに他の人が移動してきたとき，どのように感じましたか。

質問7　今回のシミュレーションで起こったことと，似たような体験を日常生活の中でしたことがありますか。もしあったとしたら，それはどのようなことですか。

質問8　今後，実生活の中で今回のシミュレーションで体験したことと同様のことが起きた場合，どのように対処しようと考えますか。

図7-5　ディブリーフィング用質問紙

第5節　適用研究例：全国の市町村職員を対象とした「国際関連コース」における異文化トレーニングの試み

1. 目　的
(1) 実施場所の「全国市町村国際文化研修所」（滋賀県大津市唐崎）の概要
　地域の国際化，自治体施策の国際化に対応できる職員を養成することを目的に，全国の市町村が共同利用できる専門的実務的研修機関として，1993年4月に開講。

(2) 研修目的
　在住外国人の定住化にともない，多文化共生は現代の日本において教育，就労，医療等，あらゆる分野で取り組むべき重要課題となっている。このような状況のもと，在住外国人と接する機会が増している市町村職員の「異文化および自文化への気づき」を高めることを目的として「異文化コミュニケーション」と題するセミナーを実施した。

2. 方　法
(1) 実施時期
　2003年11月27日，2004年10月22日，2004年11月12日

(2) 構成員
　対象者：研修に参加した全国の市町村職員男女計75名（① 2003年11月27日，28名（男性13名，女性15名，平均年齢32.5歳），② 2004年10月22日，19名（男性10名，女性9名，平均年齢32.4歳），③ 2004年11月12日，28名（男性21名，女性7名，平均年齢35.4歳）およびファシリテーター1名（筆者）。ちなみに，①は9日間，②は30日間，③は10日間のセミナーであった。毎年，この研修所では7～8つのコースからなる計54～55の研修プログラムが開講されているが，その内容は多岐にわたり，地方公共団体にかかわる実務や，国際事情などあらゆる分野に携わる専門家により実施されている。筆者は，その中の国際化対応に関する3つのコースで「異文化コミュニケーション」と題したセミナーを担当した。

(3) 異文化セミナーの構成

　上記の各セミナー（①②③）ともに3コマ（1コマ70分×3）を担当。1コマ目（異文化コミュニケーションに関する基本的概念についての講義と参加型学習），2コマ目（非言語コミュニケーションに関する講義，参加型学習および非言語コミュニケーションに関するビデオ鑑賞），3コマ目（シミュレーションゲーム（バーンガ）の実施とディブリーフィング）。以下に，2003年度および2004年度の研修で実施したシミュレーションゲーム（バーンガ）に関する実践結果を報告する。

(4) セッションの手続き

① 一般に，シミュレーションゲームとはどのようなものかについて簡略に説明し，今回は「バーンガ」とよばれる異文化シミュレーションを実施することを伝える。
② 1人ずつ順に数を言い，グループに分かれる。その後，自分の番号と同じ番号のプレートがあるテーブルに着席させる。
③ バーンガを実施する前の約束事として，「進行ガイドシート」配布後は，言葉によるコミュニケーションはいっさい禁止されることを伝える。
④ 進行ガイドシート配布。配布後，ファシリテーターがガイドシートを読み上げ，各自に内容の理解をうながす。
⑤ しばらく時間をおいたあと，全員に「ルールシート」を配布。数分間時間をおいて無言で熟読させ，理解をうながす。
⑥ その後，本番前にグループ内で数分間練習。
⑦ 本番直前に「ルールシート」をファシリテーターが回収。
⑧ 第1ラウンド開始。数分後，終了。各テーブルの勝者（最高位のテーブルの勝者以外）と敗者（最下位のテーブルの敗者以外）は別のテーブルに移動。
⑨ 同様に第4ラウンドまで実施。
⑩ 全ラウンド終了後，参加者にその場で自由に発話する機会を与える。
⑪ その後，ゲームに関する質問紙を配布。
⑫ 各自が記入したものにもとづき，各テーブル内で意見交換。
⑬ その後，全員参加によるディブリーフィングを実施。最後にセミナー全体に関するフィードバックを得るために，別の質問紙を配布。回収後にすべてのセミナーを終了。

3. 結果と考察

　表7-2はシミュレーションゲーム終了直後に配布した質問紙に対する参加者の回答をカテゴリー化してまとめたものである。以下に，具体的な回答例をあげながら，結果を概観する。なお，今回は時間の関係で，質問紙（図7-5）にある質問7と8を省略したものを使用した。

　まず，質問1ではゲーム開始前の気持ちを尋ねたが，参加者の回答には未知なる体験に対するさまざまな思いが表現されており，実際に異文化体験に臨む以前の反応を垣間見たようで興味深い。表に示されたように全回答の約80％が異文化体験に関する"悲観的反応"を示した内容となっている。具体的には，「ルールが複雑で難しそう」「ゲームのイメージがわからなかった」「何をするのか不安であった」「説明不足」などの回答がみられた。一方，"楽観的反応"としては，「おもしろそう」「ルールをしっかり理解できれば問題ないと思った」。"異文化接触に対するストラテジー"に関しては，「とりあえず，ようすをみようと思った」「絶対に勝つ」などのコメントがあった。

　このゲームではいっさいの言語によるコミュニケーションが禁止されたが，質問2は異文化における言葉の壁の存在を彷彿とさせる内容となっている。ここでは，7割の回答が"悲観的反応"であった。"精神的苦痛"に関する回答では，「自分の中の理解が他者に通じるのか不安」「表情だけで伝えるしかないので，戸惑った」「ストレスが高まった」「自分だけの判断でルールを把握しなければならないことに孤独感を感じた」。"困難と不自由さ"については，「非常に困った」「楽しさの欠如」に関する回答としては「言葉があるから楽しいと思っていたから，つまらないゲームだと思った」などのコメントを得た。"言葉の壁に対するストラテジー"を示した例は，「自分の理解の中でやるしかない」「相手の心理を読む必要があると感じた」「ずうずうしいほうが勝てるぞ」などの回答がみられた。一方，"楽観的反応"では，「自分の判断で行なえばいいと思い，特に不安は感じなかった」「表情やジェスチャーでとらえられるので，問題ないと感じた」などのコメントがあった。以上のように，この質問では，一般にわれわれが言葉の通じない状況下で感じるだろうさまざまな思いやストラテジーに関連した回答がみられた。

　質問3は同じグループ内での体験について尋ねており，間接的に自文化におけるコミュニケーションについて尋ねる内容となっている。異文化の状況に限らず，自分が所属する文化でも対人コミュニケーション上の葛藤は日々の生活の中で起きている。ここでは，そのような状況を反映する内容の回答がみられた。約6割の回答が自文化における"コミュニケーション上の困難"に関連していた。"不

表 7-2　シミュレーション後に配布した質問紙における質問および参加者の回答

質問 1　このゲームが紹介されたとき，どのように感じましたか。(回答数 81)
　　未知なる体験に対する思い
　　　カテゴリーⅠ：悲観的反応（65）
　　　　1) 異文化接触に対する困難の予測（54）
　　　　　①異文化理解の難しさ（41）
　　　　　②不安感（13）
　　　　2) 情報の少なさに対する不満（11）
　　　カテゴリーⅡ：楽観的反応（8）
　　　カテゴリーⅢ：異文化接触に対するストラテジー（4）
　　　カテゴリーⅣ：異文化接触の内容に関する予測（4）

質問 2　ゲーム中，いっさい言葉によるコミュニケーションをしてはいけないといわれたとき，どのように感じましたか。(回答数 80)
　　異文化における言葉の壁
　　　カテゴリーⅠ：悲観的反応（56）
　　　　1) 精神的苦痛（38）
　　　　2) 困難と不自由さ（15）
　　　　3) 楽しさの欠如（3）
　　　カテゴリーⅡ：言葉の壁に対するストラテジー（11）
　　　カテゴリーⅢ：楽観的反応（5）
　　　カテゴリーⅣ：その他（8）

質問 3　最初にグループ内で練習していたとき，どのように感じましたか。(回答数 77)
　　自文化内コミュニケーション
　　　カテゴリーⅠ：コミュニケーション上の困難（45）
　　　　1) 不安と模索（28）
　　　　2) 自文化のルールに対する理解の齟齬（17）
　　　カテゴリーⅡ：自文化に対する肯定的コメント（23）
　　　　1) 自文化に対する確信（16）
　　　　　①相互理解の確認（11）
　　　　　②自己効力感（5）
　　　　2) 自文化の心地よさ（7）
　　　カテゴリーⅢ：自文化に対するストラテジー（6）
　　　カテゴリーⅣ：その他（3）

質問4　ルールが書かれたシートをとられたとき，どのように感じましたか。（回答数 70）
　異文化接触直前の思い
　　カテゴリーⅠ：悲観的反応（51）
　　　1) 異文化接触直前の不安（32）
　　　2) 準備不足感（14）
　　　3) 不便さ（3）
　　　4) その他（2）
　　カテゴリーⅡ：異文化接触に対するストラテジー（7）
　　カテゴリーⅢ：不確実性（5）
　　カテゴリーⅣ：自信（4）
　　カテゴリーⅤ：その他（3）

質問5　他のテーブルへ移った人へ：移らなければならないと知ったとき，または，他のテーブルへ移ったとき，どのように感じましたか。（回答数 62）
　異文化への移動
　　カテゴリーⅠ：否定的感情（25）
　　　1) 文化移動に対する不安感（16）
　　　2) 文化移動に対する違和感（5）
　　　3) 意思疎通困難（2）
　　　4) 悔しさ（2）
　　カテゴリーⅡ：ルールに関するコメント（25）
　　カテゴリーⅢ：文化移動に対するストラテジー（7）
　　カテゴリーⅣ：肯定的コメント（4）
　　カテゴリーⅤ：その他（1）

質問6　自分のテーブルに他の人が移動してきたとき，どのように感じましたか。（回答数 62）
　異文化受容
　　カテゴリーⅠ：ルールに関するコメント（24）
　　カテゴリーⅡ：異文化受容に伴う感情（21）
　　　1) 不安感（18）
　　　2) 相手に対する感情移入（3）
　　カテゴリーⅢ：異文化受容に際しての肯定的態度（7）
　　カテゴリーⅣ：異文化受容に対するストラテジー（5）
　　カテゴリーⅤ：無反応（5）

安と模索"に関しては「これでよいのか戸惑いがあった」「確認がないままにすることへの不安」「五里霧中」「聞きたいことが聞けないので不安であった」などの回答がみられ，"自文化のルールに対する理解の齟齬"については，「みな，ルールをうろ覚え。何（誰）が正しいのか」「同じルールについて読んでも，人によって解釈が違うと思った」などの回答がみられた。一方，他の質問と比較してより多くの肯定的なコメントがみられたことも見逃せない。たとえば，"自文化に対する確信"では，「みな，自分と同じ理解をしていると確認できた」「グループの全員が理解している間に，自分の考えと同じルールでまとまっていると感じた」「要領が理解できた時点で，大丈夫，あとはカードの運だけでいけると思った」「始めたときは，手探りという感じだったけど，なんとかやれそうだと思った」「目で合図することができ，少し安心」というように，自文化内での「相互理解の確認」や「自己効力感」「自文化の心地よさ」に関連した回答があった。

シミュレーション本番前にルールシートは回収されたが，質問4では異文化体験に臨む直前の思いを間接的に尋ねている。ここでも"悲観的反応"が全体の約76％とその多くを占めた。たとえば，「非常に心細かった」「頼るものがなくなった不安」といった"異文化接触直前の不安"に関する回答や，「ゲームを理解し終えてからスタートできなかった」「無理解のままゲーム突入」など"準備不足感"を示すコメントがみられた。また，「自分が理解したとおりにいこうと思った」「とりあえず，始めてみるしかない」といった「異文化接触に対するストラテジー」を示したものや，「唯一の共通事項が取り除かれて大変不便に思った」というような"不便さ"を示した回答を得た。一方，「完全に理解できたため，大丈夫であると感じた」など，"自信"を表わす回答も少数みられた。

質問5ではテーブル移動時の感情を尋ねているが，ここでは，みずから文化的移動を行なう際の感情を反映したコメントを得ることができた。その中で，"否定的感情"と"ルールに関するコメント"が回答の8割を占めていた。"ルールに関するコメント"については詳述を控えるが，"否定的感情"については，「あまり移りたくないなあと思った」「一緒に練習していない人たちと同じやり方でできるか不安」「カルチャーショックを受けた」「意思疎通が図れないだろうと思った」「負け続けたので悔しい」というように異文化に入る際に体験すると思われるさまざまな感情がそのコメントに込められていた。また，「多数決に従った」「相手に合わせようとした」など，"文化移動に対するストラテジー"を示した回答もみられた。もちろん，文化移動が必ずしも苦痛に満ちたものであるとは限らない。「メンバーが新しくなって楽しい」「自分は1，2，3，4と上がっていったの

第7章　異文化シミュレーションゲーム、バーンガによる異文化接触の疑似体験

で勝者という優越感があった」などの肯定的なコメントがあったこともつけ加えておきたい。

　最後に、質問6では異文化の人々を受け入れる側の感情を間接的に尋ねている。ここでは、"ルールに関するコメント"に次いで、"異文化受容に伴う感情"に関連したコメントが多くみられた。その内容は、「自分だけルールを理解できていなかったらどうしようという不安」「この人はどんな人だろうと思った」「強い人なのか不安になった」など"不安感"を示したものや、「かわいそうに」「困惑するだろうな」など"相手に対する感情移入"を示す回答があった。一方、ここでも「自分の理解を通そうと思った」「負けられない。こっちがしきってやる」といった"異文化受容に対するストラテジー"や、「はじめまして」「歓迎」など、異文化の人々を受け入れる際に抱く肯定的コメントもみられた。

　ちなみに、今回のセミナーの中で、過去に異文化理解に関するセミナーやワークショップに参加した、あるいは、バーンガ以外のシミュレーションゲームを体験したことがあった参加者は、おのおの全体の20％であった。上記で概観した質問項目は、直接異文化体験や異文化接触という言葉を用いず、ゲームに関してのみ問いかけていた。過去にさまざまなグループを対象にバーンガを実施したあとで例外なく経験してきたことだが、今回のセッションでも各質問に対する参加者の回答から、実際の異文化接触を彷彿とさせる数々の反応がみごとに引き出されていたことは興味深い。

　最後に、セミナー終了後に実施したアンケート調査からは、今回のシミュレーションゲームについてその学習効果を推し測ることができる数々のコメントを得ることができた。紙幅の関係上、すべてを紹介することはできないが、以下にそのうちの2点を紹介しておく。

　「実際、自分が言葉も通じない異文化へ行った体験ができてよかった。耳で異文化についての講義を聞くだけではわかった気になっているだけで、多分理解できていなかったと思う。ただ、今回は、まわりの人をよく知っている中での体験だったので、実際知らない人だけの異文化へ入ったときは、もっと不安で理解に時間を要するのだろうなと思った。今後に活かすことのできる貴重な経験でした」。

　「まさに、異文化の中に突然自分が投じられたときの感覚と同じだと思う。何も異国へ行ったときに感じることだけではなく、人事異動で職場を変わったときなど、誰もが経験することだと思う。ふだん、自分たちがあたりまえだと思ってやっていることが、人が変わればそうではないということに気づくことが大切だ

157

と思った」。

　ゲーム中，参加者たちは不可解で不安に満ちた，ときには驚きの表情を見せながらも，終始よく笑いゲームに熱中して取り組んでいるようすであった。シミュレーションゲームは，異文化トレーニングの手法の中でもリスクが高い一方，熟練したファシリテーターの指導のもとでは，想像以上の効果が得られる学習ツールである。ゲームを通じて，参加者が得た異文化への気づきに関する学習効果をいかにして維持し，促進できるか，また，いかにして，それを実際の行動変容へとつなげていくことができるかは，教育方法に関する今後の持続的な研究と実践にかかっているといえよう。

引用文献

Bennett, J. 1986 Modes of cross-cultural training: Conceptualizing cross-cultural training as education. *International Journal of Intercultural Relations*, **10**, 117-134.

Brislin, R. W., Landis, D., & Brandt, M. E. 1983 Conceptualizations of intercultural behavior and training. In D. Landis & R. Brislin (Eds.), *Handbook of intercultural training, Vol.1*. Elmmsford: Pergamon.

Crookall, D. & Saunders, D. 1989 Towards an integration of communication and simulation. In D. Crookall & D. Saunders (Eds.), *Communication and simulation*. Clevedon: Multilingual Matters.

外務省　2006　平成17年度海外在留邦人数調査　http://www.mofa.go.jp/mofaj/toko/tokei/hojin/06/index.html

外務省　2006　旅券統計〈2005年1月～12月〉　http://www.mofa.go.jp/mofaj/toko/tokei/passport/h17.pdf

Gudykunst, W. & Hammer, M. 1983 Basic training design: Approaches to intercultural training. In D. Landis & R. Brislin (Eds.), *Handbook of intercultural training: Vol.1. Issues in theory and design*. New York: Pergamon Press. Pp.118-154.

法務省　2006　入国管理局外国人登録者数統計　http://www.moj.go.jp/PRESS/060530-1/ 060530-1.html

Hoops, D. S. 1979 Intercultural communication concepts and the psychology of intercultural experience. In M. D. Pusch (Ed.), *Multicultural education: A cross cultural training approach*, Chicago: Intercultural Press. Pp.9-38.

Hoops, D. S. 1995 Preface. In S. M. Fowler & M. G. Mumford (Eds.), *Intercultural sourcebook: Cross-cultural training methods, Vol.1*. Yarmouth: Intercultural Press.

Hoops, D. S. & Ventula, P. 1979 *Intercultural sourcebook: Cross-cultural training methodologies.* Chicago: Intercultural Press.

Johnson, P. W. & Johnson, F. 1975 *Joining together: Group theory and group skill.* Englewood-Cliffs: Prentice Hall.

金沢吉展　1992　異文化とつき合うための心理学　誠信書房

Kohl, L. P. 1987 Four traditional approaches to developing cross-cultural preparedness in adults: Education, training, orientation and briefing. *International Journal of Intercultural Relations*, **11**, 89-106.

Levy, J. 1995 Intercultural training design. In S. M. Fowler & M. G. Mumford(Eds.), *Intercultural sourcebook: Cross-cultural training methods, Vol.1.* Yarmouth: Intercultural Press. Pp. 1-15.

水田園子　1989　第13章 異文化トレーニング　西田 司（編）国際人間関係論　聖文社　Pp.234-259.

日本ユネスコ国内委員会　1974　国際理解，国際協力及び国際平和のための教育並びに人権及び基本的自由についての教育に関する勧告（仮訳）　http://www.mext.go.jp/unesco/horei/pdf/k013.pdf

西田 司　1998　異文化の人間関係　多賀出版

Paige, R. M. & Martin, J. N. 1996 Ethics in intercultural training. In D. Landis & R. Bhagat (Eds.), *Handbook of intercultural training, Vol. 1.* Thousand Oaks: Sage. Pp. 35-60.

Sisk, D. A. 1995 Simulation games as training tools. In S. M. Fowler & M. G. Mumford (Eds.), *Intercultural sourcebook: Cross-cultural training methods, Vol.1.* Yarmouth: Intercultural Press. Pp.81-92.

Steinwachs, B. 1995 Barnga: A game for all seasons. In S. M. Fowler & M. G. Mumford (Eds.), *Intercultural sourcebook: Cross-cultural training methods, Vol.1.* Yarmouth: Intercultural Press. Pp.101-108.

Thiagarajan, S. & Steinwachs, B. 1990 *Barnga: A simulation game on cultural clashes.* A SIETAR International publication. Yarmouth: Intercultural Press.

Thiagarajan, S. & Thiagarajan, R. 2006 *Barnga 25th anniversary edition-A simulation game on cultural clashes.* Intercultural Press-A Nicholas Brealey Publishing Company.

山岸みどり・井下 理・渡辺文夫　1992　「異文化間能力」測定の試み　渡辺文夫（編）現代のエスプリ：国際化と異文化教育　至文堂　Pp.201-214.

渡辺文夫　1992　多極的世界に対応する異文化教育をめざして　渡辺文夫（編）現代のエスプリ：国際化と異文化教育　至文堂　Pp.9-21.

第8章 言葉の違いを中心とした異文化交流ゲームとその教育効果

第1節　言葉の違い

　「コミュニケーション」の辞書的な意味は、「社会生活を営む人間の間に行われる知覚・感情・思考の伝達」(広辞苑、第五版)である。「コミュニケーション」および「異文化間コミュニケーション」の学問上の定義はさまざまであるが(Porter & Samovar, 1997 などを参照)、ここでは簡単に「人と人の間で起こる情報や感情の交換」としておこう。コミュニケーションは、人間が社会生活を送るうえで重要な要素である。コミュニケーションがうまくできなければ、自分の意思や感情を伝えることができないため、周囲の人々とのつながりや関係性をもつこともできない。企業でさまざまな顧客を相手に営業活動をすることなど、もってのほかであろう。

　では、コミュニケーションを成功させるためには何が必要なのだろうか。第1に、相手と共通するコミュニケーションのための手段が必要であろう。伝わらなければ、コミュニケーションは成り立たない。コミュニケーションの形態としては、言語的形態と非言語的形態(顔の表情、ジェスチャー、声の調子など)があるとされているが(Matsumoto, 2000 など)、言語的形態は情報そのものを伝達するために、非言語的形態は感情や雰囲気を伝達するために不可欠となる。し

がって，異なる文化をもつ者どうしでは，コミュニケーション手段の形態が異なるため，困難をきたすこととなる。

「言葉の壁」という言葉がある。英語では "language barrier" と表現されるように，ここでの「壁」は，「障壁」や「障害物」として比喩的に用いられている。言葉が障害を生み出すことを表わす表現が，実に日常的な言葉の中にあることに驚かされる。自分の言語が通じない国や地域でコミュニケーションをとろうとするときに，人は「言葉の壁」を感じる。聴くことや話すことが不自由な場合など，言語を介したコミュニケーション自体が「壁」となることもあるだろう。

言葉，つまり言語は，道具的，感情的な目標を達成するために，表象的な情報を伝達する効果的な方法であるといわれている (Smith & Bond, 1998)。また，ベリーら (Berry et al., 2002) は，人間のコミュニケーションに最も重要なのは言語であり，共有する言語をもたなければ，その人々の相互作用はかなり制限されることに気づくであろうと述べている。言語の違いが生み出す目に見えない「壁」は，人と人のコミュニケーションを妨げる大きな要因であろう。また，「言語の違い」が生み出すのは，単に人と人とのコミュニケーションが不自由になることにとどまらない。それは人々のアイデンティティにも影響を与え，集団のカテゴリーを顕著なものにするはたらきがあることが示されてきた。たとえばパーネルら (Purnell et al., 1999) は，ある集団で話されている標準的な言語・コミュニケーションスタイルを使用しないことが，さまざまな差別を受ける原因になることを指摘している。スミスとボンド (Smith & Bond, 1998) も，ネイティブ話者・第二言語話者のスピーチで生じた誤解によって，相手の集団に対する好ましくないステレオタイプが助長される危険性があると述べている。言語習得研究の立場からは，ジャイルズとバーン (Giles & Byrne, 1982) が，学習者自身の言語と，目標言語に対して抱く心理的要因について観察している。彼らによると，言語習得のうまくいかない人には，自分の言語グループに固執する人，自分の言語グループが経済，社会，政治的に優れていると考える人が比較的多いという。

このように，言葉の違いは壁を生み出しやすく，いったん言葉の壁が生じると，やがてその言葉が話されている文化，社会に対する壁にも発展する可能性が高いと考えられる。「言葉の壁」に遭遇したとき，そこで感じる戸惑いや不安にどう対処すればよいのか。また，言語や文化の異なる相手に対する誤解や偏見に気づかせるトレーニングはいかに行なえばよいのか。ここで取り上げたいのが，異文化交流シミュレーションとよばれるゲーミング・シミュレーションである。

異文化交流をテーマとしたゲーミング・シミュレーションは，そもそも米国軍隊の内部での民族による差別やトラブルをなくそうといろいろな活動や教育が試された中で開発され，現在では企業における異文化トレーニングの研修を目的として利用されている（小池，2000）。この方法では，講師が一方的に知識を伝授する講義形式ものと異なり，参加者自身がシミュレーション中の自分の行動や感情をふり返り，異なる文化と接する際に必要な考え方，行動について体験的に考察する。プルジャーとロジャース（Pruegger & Rogers, 1994）は，講義形式（lecture based）のトレーニングと異文化交流シミュレーションによるトレーニングを実験的に比較し，後者のほうがより異文化感受性を肯定的に変化させるのに効果があることを示した。異文化交流シミュレーションの比較的著名なものとしては，シャーツのBaFáBaFá（Shirts, 1974）やThe Tag Game（Shirts, 1986），チアガラヤンとスタインワックス（Thiagarajan & Steinwachs, 1990）によるBarnga，などがある。フォウラー（Fowler, 1994）は異文化トレーナーとしての自身の経験からこれらを比較して，どういった場面にどのゲームが適切であるかを論じているので，興味のある方は参照されたい（異文化トレーニングや異文化教育の重要性については第7章を参照）。

第2節　異文化交流ゲーミング・シミュレーション

ここでは，筆者ら（前村ら，2005）の作成した，異なる言語をもつ集団間のコミュニケーションを模したゲーミング・シミュレーションについて解説し，次節ではその研究適用例を紹介する。

1. ゲームの目的

このゲームのおもな目的は，自分と異なった言語をもつ集団との出会いや交流を体験することにより，参加者に以下の3点について考えるきっかけを与えることである。
① 異なる言語をもつ相手に対してどのように感じ，行動するか。
② 誤解が生じるとしたら，なぜそうなるのか。
③ 異なる文化をもつ人々と理解し合うためにはどうすればよいか（応用）。

2.「異言語交流ゲーム」の概要

　Aチーム・Bチームの2グループを設定し，参加者をそれぞれに6～9名ずつランダムにふり分け，別々の部屋へ移動させる。それぞれの部屋では両チームとも同じルールのトランプゲームを行なう。ルールは，同じ色（赤：ハート・ダイヤ，黒：スペード・クラブ）のカードを2枚組み合わせて，その数字の合計が11になるペアを集めるというものである。参加者ははじめに4枚ずつカードを持ち，他の人とカードを交換し合ってペアをつくり，コイン1枚と交換する。コインと交換する際に，ファシリテーターから新しいカードを2枚受け取り，カードの取引を続ける。カードの交換の際は，自分のいらないカードを相手に見せながら自分のほしいカードの記号・数字を相手に言う，という形で行なう。同じ相手と何度取引してもかまわない。ただし，ここでは日本語（または英語など既知の言語）の使用が禁止され，AチームではA言語，BチームではB言語 という仮想言語を用いてゲームを進めなければならない。

　ゲーム開始からしばらくしたあと，各チームから2～3名ずつ相手のチームを訪れ，交流を試みる。一定の時間相手チームに滞在したら，自分のチームに帰って相手チームのようすを他のメンバーに報告する。メンバー全員が1度ずつ相手チームを訪問したら，1セッション終了とする。相手チームの言語ルールはいっさい知らされない。参加者は自分と相手の言語の違いを体感し，どのようにすればうまく取引できるかを考える。

3. ゲームの流れ

　このゲームは，およそ以下の進行表に従って進められる。ここでは例として，日本の大学において平均的な1コマの講義時間（90分）でひと通りのゲームができることをめやすに時間を配分した（図8-1）。

(1) オリエンテーション

　オリエンテーションの目的は，このゲーム全体の目的を簡単に述べ，ゲーム開始後の行動についてあらかじめ簡単に説明することである。また，ここで参加者のグループ分けを行ない，A・Bのいずれのチームかを確認させる（図8-2）。

　➡「これから，2つのチームに分かれてゲームをしてもらいます。ルールの説明はチームごとに行なわれますので，これからそのチーム分けを発表します」。

第8章　言葉の違いを中心とした異文化交流ゲームとその教育効果

<ゲーム進行表（1セッション約90分）>
①オリエンテーション（5分）
②A／Bの2チームに分かれてルールの説明（25分）
③各チームでゲームの練習（15分）

～ゲームの開始（開始から5分間は自分のチーム内で取引～
④メンバーの交換：交流（3分）・報告（2分）×チームの全員が交流する回数
※チームのメンバー全員が1回ずつ相手チームを訪問し，最後のメンバーが訪問し終えたら，1セッション終了
※ビジターの交換は必要に応じて，何セッションか行なってもよい

～ゲームの終了～
⑤ディブリーフィング（残りの時間）

図 8-1　ゲーム進行表

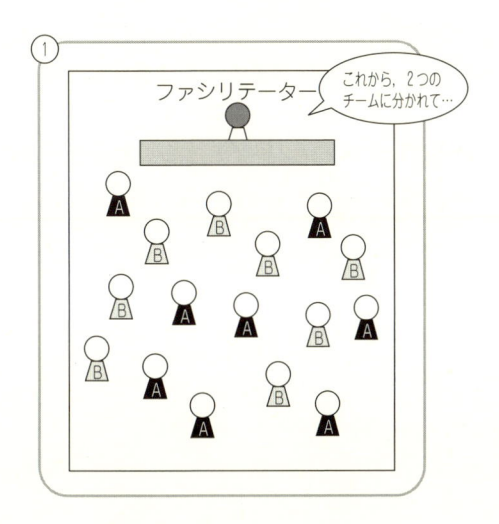

図 8-2　オリエンテーション

(2) Aチーム，Bチームに分かれてルールの説明

　A・Bそれぞれに分けられたチームのメンバーは別々の部屋に移動する。そこで，ルール説明用のテープ（またはファシリテーターによる説明）によりそのチームのルールが説明される。テープで教示を行なう場合は，要所でテープを止め，補足説明をしながら参加者にルールを十分理解させる（図8-3）。

165

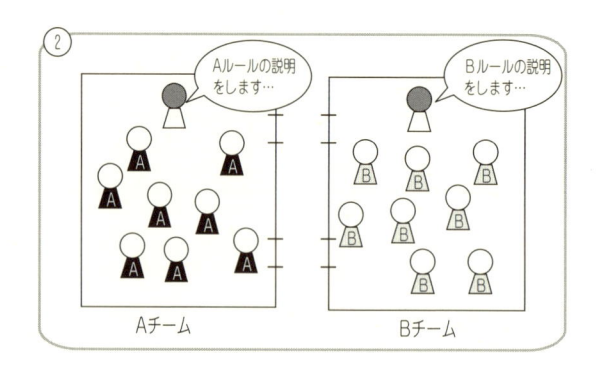

図8-3 Aチーム,Bチームに分かれてルールの説明

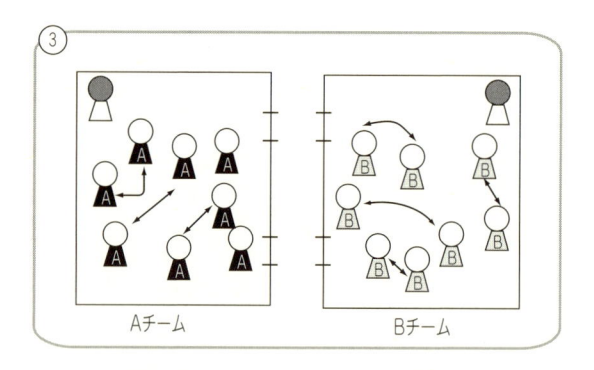

図8-4 各チームでゲームの練習

(3) 各チームでゲームの練習

ひと通り各ルールの説明が終わったら,実際にカードやトランプを使ってゲームの練習をする。参加者がゲームのやり方にとまどっているようであれば,ファシリテーターが説明する(図8-4)。

(4) メンバーの交換

両チームの練習がすんだら,各チームから2～3名ずつ相手チームにメンバーを派遣し合う。派遣されたメンバーには,相手チームの人とうまくやりとりをし,コインを集めることを目的とさせる。チームのメンバー全員が相手の地域を訪れたら,ゲームを終了する。(図8-5)。

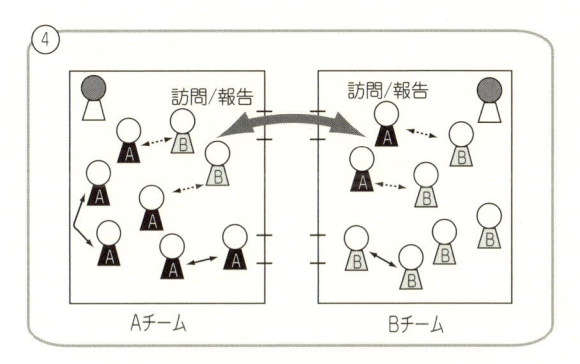

第8章 言葉の違いを中心とした異文化交流ゲームとその教育効果

図8-5　メンバーの交換

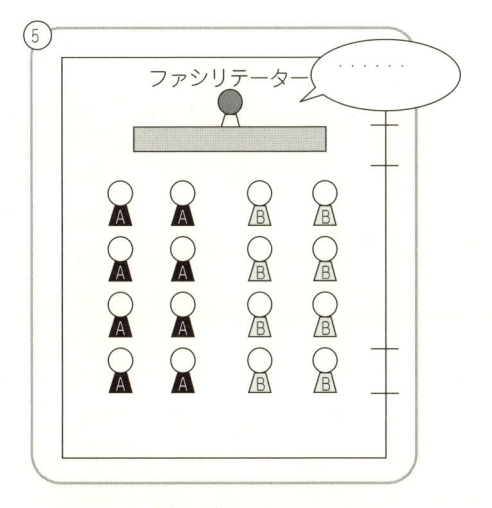

図8-6　ディブリーフィング

(5) ディブリーフィング
　ゲームが終了したら，参加者全員を1つの部屋に集める。ファシリテーターが何人かの参加者にインタビューを行ない，ゲーム中どんなことを感じたか，相手チームに対してどのように感じたかを答えてもらう。感想を聞き終わったら，このゲームの主旨を説明し，それぞれのチームがどのような言語ルールに従っていたかの種明かしをする。ゲームを通して，現実の社会において異なる言語間，異なる文化間でどのような問題が起こっているか，違いを受け入れることの重要性などについて考えさせることも重要である（図8-6）。

| 資料：参加人数のめやす |

　筆者がこれまで経験したゲームの進行状況から考えると，各チーム（A・B）の人数はそれぞれ10名までが望ましい。ファシリテーターの目が十分に行き届き，参加者にとっても同じチームのメンバーが誰であるかを認識しやすいからである。1チーム10名までの場合は，ファシリテーターも各チーム1名ずつ（計2名）でゲームの進行が行なえるだろう。ただし，1チームの人数が増えてもゲームが行なえないわけではない。実験の目的によっては，1チーム内で下位集団ができることを想定したうえで，チームの人数を増やすことも考えられる。しかしその場合には，1つのチームに複数のファシリテーターをつけておき，説明係と進行係，タイムキーパーなどといった具合に役割分担を徹底されることをおすすめしたい。

4. 使用器具

- トランプ　参加人数により，適量
- コイン　　適量
- A・Bいずれのチームの参加者かを区別するためのバッジ類
- カセットテープ（A・Bチームのルールを説明するためのもの）
- テープレコーダー　2台

第3節　適用研究例：コミュニケーションの成功・失敗が相手チームへの印象に及ぼす影響

1. 目　的

　相手の言語が理解できず，コミュニケーションがうまくいかなかった場合，その相手に対してよい印象をもつことは難しいだろう。反対に，わからなかった相手の言語が理解できるようになれば，相手に対する印象はよくなる可能性がある。
　ここでは，相手チームの言語を理解していく程度によって，相手チームに対する印象がどのように異なるかを，異言語交流ゲーム終了後の参加者の自由記述から分析することを目的とする。また，ゲーム中の交流直後に生じた参加者の心象表現から，ゲームの言語理解の程度とその教育効果についても考察する。

2. 方　法
(1) 実験参加者
大学生 133 名（男性 55 名，女性 78 名：平均年齢 19.45 歳，$SD = .67$）

(2) 調査時期
2004 年 5 月下旬〜6 月上旬

(3) 手続き
3 クラスの授業時間を利用して 8 コース（1 コースとは，交流する A・B の 2 チーム）でゲームを行なった。1 チームは 7〜9 名であり，チームごとの人数，性別は均一になるよう参加者を割りふった。また，それぞれのチームの部屋には 1 名ずつファシリテーターが待機し，ゲームがうまく進行するよう監視した。ゲームへの参加意欲を高め，コインを集めるという目的を明確にするためには，ルールの説明時に「獲得コインの枚数に応じて成績に加算点を与える」という説明がなされた。

また，事前にすべてのコースにおいてカードの割合（カードの数字 1〜5 と 6〜10 が各チームで 8 対 2 になるように）を操作した。これは，相手チームとの取引の必要性を高め，より積極的にゲームに参加させるためである。また，ゲーム上の取引の結果として得られるコインは，チームでできるだけ多く集めるように教示した。さらに，どちらのチームとの取引で得たコインかを識別するために A チーム・B チームの部屋では別の色のコインを配布し，最終的に相手チームとのコミュニケーションがどれだけ成功したかを調べられるようにした。

今回は，参加者の言語理解の程度による変化をみるために，異言語交流ゲームは 2 セッション（各メンバーが相手チームを 2 回訪問）行なった。後述の言語テストおよび質問項目には，セッション 1，セッション 2 それぞれのあとで回答させた。

(4) 測定項目
① 相手チーム言語理解度チェックテスト

各セッション終了後の時点で，それぞれの参加者が相手チームの言語ルールをどれだけ理解しているかを測定するテストを行なった（「テスト 1」「テスト 2」とよぶ）。これらは相手チーム言語が何を意味しているかを答えさせるもので，12 点満点であった。

② セッション直後の印象をひとことで表現

　各セッション終了後に「今の気持ちをひとことで表現してください」という質問項目に記述形式での回答を求めた。

③ ゲーム終了後の相手チームに対する印象・感想の自由記述

　ゲームがすべて終わった時点で質問紙を配布し，ゲームで交流した相手のチームに対する印象や感想について自由記述で回答を求めた。

3. 結果と考察

(1) 相手チームとのコミュニケーションの成功

　相手チームとのコミュニケーションの成功を表わす指標として，以下で示す「相手チーム言語の理解度」と「相手チームとの取引成立の程度（外貨率）」をもとに参加者を分類した。「言語の理解度」と「外貨率」がともに高い参加者を「成功群（$n=49$）」とし，ともに低い参加者を「失敗群（$n=44$）」，その他の参加者を「普通群（$n=40$）」とした。

① 相手チーム言語の理解度

　言語テスト1の得点はAチームの平均値（SD）は1.96（1.45），Bチームが1.93（1.50）であり，A言語・B言語の難易度は初期状態で同じであったとみなす（$t(131) = 0.12$, $n.s.$）。その後の言語の理解度はゲーム状況やそれぞれのチームの行動によって異なる。相手チーム言語の理解が深まる程度の違いによって参加者を区別するためには，テスト2とテスト1の点数差を算出し，その中央値（2.00）で参加者を2分した。

② 相手チームとの取引成立の程度

　相手チームとのカード取引の成功を表わす指標として，各チームで得たコインの総数のうち相手チームとの交渉で得たコインの割合を算出した。これを「外貨率」とする。外貨率の平均値は0.27であった。これをもとに，チームを高・低に2分した。

(2) ゲーム終了後の外集団に対する印象・感想（自由記述より）

　ゲーム終了後の参加者の相手チームに対する印象について，自由記述にどのように表わされているか分析を行なった。ここでは紙面の都合上，「成功群（$n=49$）」と「失敗群（$n=44$）」の回答を紹介し，これらを比較する。

　まず，成功群の自由記述で頻度の多いものをまとめると次のようになった。「相手チームはこちらの言語を理解しようと頑張ってくれた（6）」「相手チームはこ

ちらの言語を理解していた（6）」「積極的に話しかけてくれた（3）」「やさしかった（2）」「はじめはとっつきにくい感じがしたが，言語がわかってくるにつれてそうでもなくなった（2）」などである。さらに，KJ法により回答を構造化したものが図8-7である。この図によると，相手チームに対するポジティブな印象（34.7%），ポジティブな感想（10.2%）という相手チームに対するポジティブな回答が半数弱を占めていた。中立的な回答は，言語の理解について（18.4%），印象の変化（10.2%），相手チームに対する評価（4.1%）であった。否定的な回答は，相手チームに対するネガティブな印象（12.2%），ネガティブな感想（12.2%）であり，割合としては比較的少なかった。

　次に，失敗群の自由記述で頻度の多いものは次のようなものであった。「相手も必死に伝えようとしていた（4）」「明るく，積極的だった（4）」「意味不明，何もわからない（4）」「よい印象はない（3）」「異国の人のようで親近感がもてない（2）」などである。図8-8は，これらの回答をKJ法によって構造化したものである。相手チームに対して肯定的な回答としては，相手チームに対するポジティブな印象（25.0%），ポジティブな感想（4.5%）であった。中立的なものは，言語の理解について（13.6%），ゲームの仕方について（4.5%）であった。こちらのチームでは，相手チームに対するネガティブな印象（34.1%），ネガティブな感想（18.2%）であり，否定的な回答が過半数を占めていた。

　このように，全体の割合を比較すると，成功群では相手チームに対して肯定的・中立的な回答が多いのに対し，失敗群では否定的な回答が半数を超えていることが示されている。

　さらに，回答の具体的な内容についてみていく。肯定的回答では成功群，失敗群の両者とも「（相手チームの人々が）理解しようと頑張ってくれた」「積極的だった」「やさしかった」「（ゲームが）おもしろかった」など，相手チームの取引や言語の理解に対する積極性や，やさしく協力的な印象をあげている点で共通している。これに対し，中立的回答は，成功群の回答が多い点，内容がさまざまである点で異なっている。特に，「相手チームは（自分たちの）言語をよく理解していた」や「相手のほうが一方的に言語を理解されていた」など，印象というより相手チームの言語の理解に対する回答が多くみられた。否定的回答の内容では，失敗群で「良い印象はない」「親近感がもてない」「消極的」など相手チームが親しみにくいといった回答が多いのに対し，成功群では「居心地が悪く，不安になった」「すごくこわくて話したくないと思った」などであった。成功群の否定的回答は割合的には少ないものの，その内容は極端にネガティブなものも多い。当初

肯定的(ポジティブ)

相手チームに対するポジティブな印象　34.7%

- 理解しようと頑張ってくれた（6）
- 積極的に話しかけてくれた（3）
- やさしかった（2）
- いい人たちだなと思った（2）
- 感じがよかった
- とても協力的だった
- フレンドリーだった
- すごく話しやすい人たちだった

ポジティブな感想　10.2%

- 積極的に取引できた（2）
- 気楽だった
- おもしろかった
- 何度かやるうちに親しみがでてきて，お互いわかりあえてよかった

中立的

言語の理解について　18.4%

- 相手チームはよく言語を理解していた（6）
- 強かった
- 相手のほうが上手だった

相手チームに対する評価　4.1%

- ジェスチャーはなんとなくわかってくれているようだったが，数字はわかっていないようだった
- よい印象を得たのが不思議だった

印象の変化　10.2%

- はじめとっつきにくい感じがしたが，言語がわかってからそうでもなくなった（2）
- はじめはこわく感じたけど，2回目はちょっと違う印象
- 積極性が少なかったけど，最後は両者とも楽しかった
- 友好的だったけど，一方的に言語を理解されていたのが嫌だった

否定的(ネガティブ)

相手チームに対するネガティブな印象　12.2%

- 少しこわい
- あまりぱっとしなかった
- 表情が微妙な感じだった
- 本当に異国の人に感じた
- 居心地が悪く，不安になった
- あまり意欲的に話してはこなかった

ネガティブな感想　12.2%

- すごくこわくて話したくないと思った
- まったく通じなかった
- すごく不安で，コミュニケーションをとろうとしても無理だった
- 敵地に乗り込んだような気分
- 外国の人と会話しているような感じだった
- わからなすぎて，何もすることができなかった

図8-7　成功群の「相手チームに対する印象・感想」のKJ法による分類結果

第8章　言葉の違いを中心とした異文化交流ゲームとその教育効果

---- 肯定的（ポジティブ） ----

相手チームに対するポジティブな印象　25.0%

・相手も必死に伝えようとしていた（4）
・明るく，積極的だった（4）
・やさしい
・親しみ深い
・相手に悪い印象はない

ポジティブな感想　4.5%

・楽しくできた
・おもしろかった

---- 中立的 ----

言語の理解について　13.6%

・こちらの言語を理解しているようだった（2）
・言語を理解しようとしていた（2）
・相手の言語を理解したい（2）

ゲームの仕方について　4.5%

・相手チームはいろいろと考察しながら数字を言っている
・自分のチームは1対1でゲームをしていたが，相手は円になってやっていた

---- 否定的（ネガティブ） ----

相手チームに対するネガティブな印象　34.1%

・よい印象はない（3）
・異国の人のようで，親近感がもてない（2）
・はきはきしていない，消極的（2）
・少し威圧感があった（2）
・理解しようというより，とにかくコインを集めたいと思う人が多かった（2）
・印象は悪く，敵に見えた
・こわく感じた
・冷たいとまではいかないが，あっさりした印象
・自分のチームの雰囲気のほうがあたたかく感じた

ネガティブな感想　18.2%

・意味不明，何もわからない（4）
・コミュニケーションがとれない
・いやな感じがした
・あまり話はしたくなかった
・見抜かれていた気がした

図8-8　失敗群の「相手チームに対する印象・感想」のKJ法による分類結果

の予測では,相手チームとのコミュニケーションがうまくいけばいくほど,相手チームに対してポジティブになるとしていた。だが,本研究の結果からは,コミュニケーションが成功するようになったあとにも相手チームに対してネガティブな印象をもつ場合があり,その場合はより強く否定的な感情が引き起こされる可能性が示唆された。この点に関しては,より詳細な検討が必要であろう。

(3) 参加者の感想にみる,ゲームの教育効果について

　これまで異文化交流ゲーミング・シミュレーションは,おもに企業や学校の異文化トレーニングのツールとして用いられてきた。それは,ゲームを行なうことによる参加者への教育効果を期待されてのことである。つまり,ゲーミング・シミュレーションを用いることは,研究法としてだけではなく,その教育効果が期待されることでさらに意義深いものとなるであろう。

　そこで次に,本章で紹介した異言語交流ゲームを実施することによって,参加者にどのような効果があったかを調べるために,ゲーム直後の参加者の感想について検討する。

　各セッション終了直後の「今の気持ちをひとことで表現してください」という質問では,以下のような質的データが得られた。データ解析には,WordMinerを用い,テキストマイニング手法で分析した。ここでは,得られた構成要素のうち頻度2以上のものを対象に対応分析を行なった。表8-1は,頻度6以上の構成要素を示す。最も出現頻度の多かったのは「難しい」「わからない」であり,「楽しい」「おもしろい」がそれに続く。このことから,参加者はゲーム上で言葉が通じない状況を体験し,その状態でコミュニケーションすることの難しさと,理解しようとすることの楽しさを感じ取ったことが示唆される。

　次に,対応分析で得られた成分スコアをもとにクラスター分析を行ない,構成要素の類型化を試みた。また,得られた構成要素と相手チームとの交流段階やコミュニケーションの成功具合との関連をみるために,参加者の感想に使用された語句をコミュニケーションの成功(成功/失敗/普通)×交流段階(セッション1/セッション2)に対応させた座標を示した(図8-9)。また,図中にある楕円は,座標データをもとにクラスター分析を行なった結果を示す。2次元までの解釈で累積寄与率は62.22%である。

　横軸では,正の方向にネガティブな語句,負の方向にポジティブな語句が布置されており,相手チームとの言語ギャップを経験したあとの印象を判別する軸である。コミュニケーションの成功の程度から解釈すると,「成功群」「普通群」で

第8章 言葉の違いを中心とした異文化交流ゲームとその教育効果

表8-1 ゲーム直後の感想にみられる構成要素の例

構成要素	度数
難しい	60
わからない	37
楽しい	27
おもしろい	17
もどかしい	14
少し	12
くやしい	9
しんどい	8
意味	8
はがゆい	6
・	・
・	・
・	・

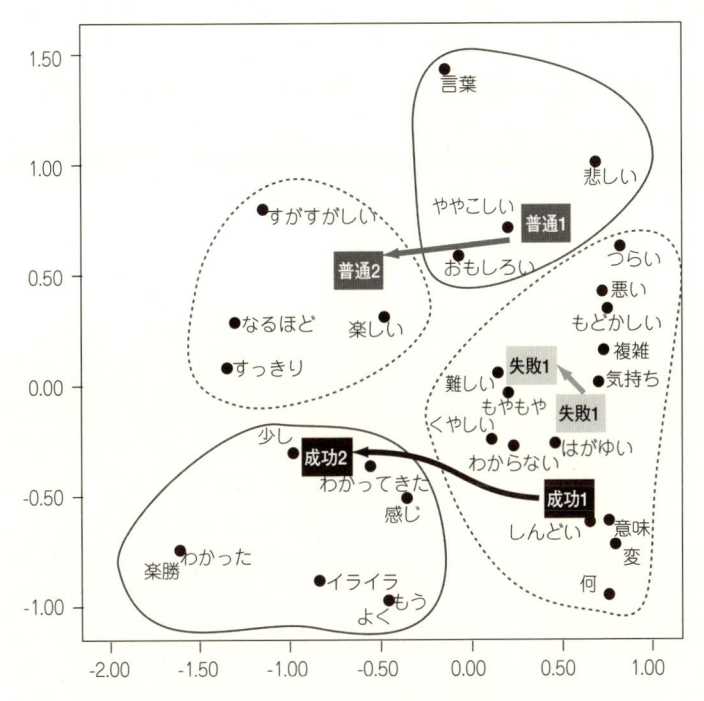

図8-9 対応分析によるゲーム直後の感想のパターン図

はセッション1からセッション2にかけてポジティブな印象に移行している。これに対し,「失敗群」ではセッション2になっても「もやもや」「難しい」といった印象が続く。このゲームを行なうことにより,参加者は言葉が伝わらないことのはがゆさやコミュニケーションの困難さと,言語を理解できたときの楽しさやおもしろさを体験できているといえるだろう。ただし,参加者によってはまったく理解できないままゲームが終了することもあるので,ディブリーフィングは最も重要である。ディブリーフィング時のインタビューで,参加者の率直な気持ちを答えさせ,なぜそのような気持ちになったかについてじっくり考察をさせることで,ゲームの効果はより高まるだろう。

このように参加者はこのゲームに参加することによって,言語が通じるということが相手とのコミュニケーションで重要な役割をもつこと,通じないといかにもどかしいものであるかを感じ,たとえば日本で言語の通じない外国人がどのように感じているかを体感した。そして,実験後のディブリーフィングによって,これまでの自分をふり返り,自分はどこを強化すべきかなどを改めて考えさせるきっかけを与えることができた。したがって,ここで紹介したゲームは,ある程度の教育効果が期待でき,ゲーミング・シミュレーションの1つの大きなメリットを保持しているといえるだろう。

本章では,言葉の異なる集団間のコミュニケーションに焦点をあてた異文化交流シミュレーションを紹介してきた。このゲームを行なうことによって,参加者は言葉が通じないことのはがゆさと,徐々に言葉が通じて相手のことが理解できるようになる楽しさを体験することができる。参加者本人にとっての言語の重要性を再認識するにとどまらず,言語が理解できない人への配慮の必要性に気づくことができれば,なおいっそう望ましい。しかし,当然のことながら,異文化間コミュニケーションも含めたすべての対人コミュニケーションは,言語の問題だけでは語れない。非言語的な要素もおおいに影響力をもつであろうし,言語によって表現される個人の信条や価値観こそが本質的には重要であろう。ゲームの体験をきっかけとして,異なる言語,文化をもつ人々に対する意識やふるまいに対して再考し,違いに対する寛容さを身につける一助としていただければ幸いである。

　＊本章で紹介した異言語交流ゲームのルールの詳細について興味のある方は,
　　筆者まで問い合わせて下さい。

引用文献

Berry, J. W., Poortinga, Y. H., Segall, M. H., & Dasen, P. R. 2002 *Cross-cultural psychology: Research and applications (2nd ed.)*. New York: Cambridge Press.

Fowler, S. M. 1994 Two decades of simulation game for cross-cultural training. *Simulation and Gaming*, **25**(4), 464-476.

Giles, H. & Byrne, J. 1982 An intergroup approach to second language acquisition. *Journal of Multilingual and Multicultural Development*, **3**(1), 17-40.

小池浩子　2000　異文化間コミュニケーション教育と研修　西田ひろ子（編）　異文化間コミュニケーション入門　創元社　Pp.310-334.

前村奈央佳・加藤潤三・藤原武弘　2005　異文化間コミュニケーションにおける言語理解が相手への態度に及ぼす効果　日本社会心理学会第46回大会論文集，472-473.

Matsumoto, D. 2000 *Culture and psychology: People around the world*. Belmont, CA: Wardsworth.

Porter, R. E. & Samovar, L. A. 1997 *Intercultural communication: A reader*. Belmont, CA: Wardsworth.

Pruegger, V. & Rogers, T. B. 1994 Cross-cultural sensitivity training: Method and assessment. *International Journal of Intercultural Relations*, **18**(3), 369-387.

Purnell, T., Idsardi, W., & Baugh, J. 1999 Perceptional and phonetic experiments on American English dialect identification, *Journal of Language and Social Psychology*, **18**, 10-30.

Shirts, R. G. 1974 *BaFáBaFá: A cross culture simulation Simile II*. CA: Del Mar.

Shirts, R. G. 1986 *Tag Game*. CA: Simulation Training Systems (formerly Simile II)

Smith, P. & Bond, M. 1998 *Social psychology across cultures (2nd ed.)*. London: Prentice Hall.

Thiagarajan, S. & Steinwachs, B. 1990 *Barnga: A simulation game on cultural clashes*. Yarmouth, ME: Intercultural Press.

第9章 異文化適応方略としてのソーシャルスキル学習

第1節　異文化間ソーシャルスキル学習とは

　アメリカ留学中の日本人学生が，キャンパス道路から出たところで，パトカーに車を止められた。そして高圧的な態度の警官に，「一時停止違反とスピード違反」の違反切符を切られた。帰宅して高額の罰金を嘆く彼女に，アメリカ人の友人は「警官に逆らわなかったのは正解よ，面倒になるから。でも黙って罰金を払うことないわ，裁判所へ行って申し開きをすればいい。当然の権利の行使だから」と言った。切符の裏面には，確かに「異議があれば裁判所へ」と書いてある。「日本では，違反切符で裁判所だなんて考えたこともないわ」と言う彼女に，友人は何をどう言うかを教えてくれたうえ，その練習相手もしてくれた。
　裁判所では，"言い訳ではないが申し開きになること"を，できるだけ"適切な言葉と態度"で表明するよう努力した。「見通しは良かった」「止まらなかったが減速はした」「十分注意していて危険はなかった」「表示が見にくかった（現場写真を用意）」「警官は1人（証拠がないことを示唆）」「スピード測定器はなかった（正確な速度ではない可能性を示唆）」等々。成果は上々で，「減速はして危険はなかった，と言うのですね」と，一時停止違反のみの罰金にしてくれた。半額以下の「バーゲン」になったのだ。彼女はおおいに友人に感謝した。

これは実は，筆者の留学時の実体験である。文化が違えば「常識の範囲にある行動」も異なる。どういう考え方のもとで，何をしてよいのか，何はしたらまずいのか。異文化滞在者には，聞くまでわからないことも多い。また考え方を知っていても，具体的な行動がわからなければ，あるいは要領を知っていても慣れていなければ，実際にできるとは限らない。こう考えると，模擬練習でもしたら役に立つかもしれないと思えてくる。

　筆者の友人がしてくれたような，異文化滞在者に対する「文化的背景をもった行動の説明と練習」は，「異文化間ソーシャルスキル学習」のセッションとして提供することができる。「ソーシャルスキル」は，強いて訳せば「社会的技能」で，社会生活や人づきあいの要領であり，その具体的な技能をさす。

　異文化環境への移行者が，当該文化で必要とされるものの見方や考え方および行動を学んでおくメリットは，1つには，問題の予防ができたり，トラブルがあってもより適切な対応ができることだろう。たとえば留学生が，その社会でどうふるまえばよいかわかってから留学できるなら，予想した事態に予習した行動で対応できるので安心だろう。背景の文化的なからくりが理解できることで，異文化ストレスも減るだろう。異文化間ソーシャルスキル学習はカルチャーショック防止になる，といわれるゆえんである。

　もう1つのメリットは，なめらかに社会生活を営み，すみやかに人づきあいを進めていくという点で，対人関係形成に役立つことである。その国の礼儀や常識・非常識をあらかじめ知り，喜ばれる行動や配慮のツボをわかっていたら，人に嫌がられることを避けたり，喜ばれることをしたりしやすい。異文化接触において相手と誤解なくわかりあう要領も，理想論や心得論にとどまらず，具体的な「行動」として身につけておけたら，便利に違いない。たとえば留学生がまわりの人とのつながりをすみやかに育めたら，異文化滞在のサポートもより多くしてもらえるだろう。対人関係は，トラブルを起こせばストレスだが，うまくできれば適応の支えになるため，良くも悪くも異文化適応の要といわれている。

　文化行動は，試行錯誤を通してしか身につかない経験知とは限らない。教育的セッションによって予習もできる'となれば，有益な異文化適応方略になると期待される。セッションの形で，異文化圏における対人行動の技術を知り，しかも練習もするという，実践的な学習が「異文化間ソーシャルスキル学習」なのである。

　ソーシャルスキルは，「対人関係をすみやかに形成・維持・発展するための対人的な技能」である。その中身を分けていくと，認知的な面と行動的な面が見つかる。「認知」は「行動」の解釈や判断であり，「行動」の実行と不可分の関係に

ある。たとえば「うまく挨拶する人」は，挨拶の言い回しや身ぶりが身についているのみならず，挨拶に適切な場面の判断もできている。だから挨拶したいときに，挨拶行動を的確に具体化できる。外国で「どんなタイミングで誰にどんなふうに挨拶すればいいんだ？」と迷うなら，判断や行動の一連の過程のどこかが滞っている。またお辞儀による挨拶が一般的な文化で，いきなりキスをしたら，社会的文脈に照らして不適切に思われる恐れがある。自分と相手のとる行為の意味や状況判断の仕方までわかってはじめて，適切な挨拶を選択できる。認知的理解と行動の遂行は，この意味でセットになっているといえる。

　ソーシャルスキル学習の背景には，行動論的な考え方がある。行動は学習性のものであり，習い覚えることができるとみている。行動は素質やセンスで決まってしまうわけではない。学習しそこなった行動があれば，また「学習」すればよい。そうすれば行動レパートリーは広げられる。後天的な学習の役割を重くみる，建設的でポジティブな行動観といえる。だから異文化滞在の予定が入ったならば，それから必要なソーシャルスキルを学習すればよいということになる。

第2節　異文化間教育における学習モデルとソーシャルスキル研究の概観

　ソーシャルスキル自体の心理学的な研究には，2つの流れがあるようだ。1つはソーシャルスキルを組み込んだ，対人行動や対人関係形成の「メカニズム」の説明に焦点をあててきた，社会心理学的視点である。もう1つは，足りないソーシャルスキルを学ばせる「ソーシャルスキル訓練」と，それによる社会的適応性の向上に焦点をあててきた，臨床心理学的視点である。後者では，スキル不足が不適応を招くという「スキル欠損仮説」にもとづき，不足するソーシャルスキルを学習させて，適応障害に陥っている患者を治療する。

　だがソーシャルスキルの学習は，健常者が対人関係形成の能力を向上する目的で，能力開発的な使い方もできる。また治療というより精神健康面の予防策としても，社会的関係にともなうトラブルの予防としても役に立つ面をもっている。つまり「臨床の技術を社会心理的な関心に向けて適用する」という使い方ができる。これを「臨床社会心理学的な応用」といってもよかろう。異文化圏での行動に限らず，さまざまな「ソーシャルスキル」について学習プランをつくっていき，

能力開発を意図して実用化をはかっていくなら，本書で掲げる「ゲームとして学べる対人行動」のバリエーションを，さらに増やしていくことができるだろう。

　従来，臨床領域で発展してきたソーシャルスキルの指導は，「医学モデル」に基礎をおくため，病的で不適切な行動の修正に力点がおかれている。しかし本章のような開発的意図で学習を構想する場合は，「教育モデル」に着想が転換されている。そこでは行動レパートリーの拡充による，さらなる能力の獲得に力点がおかれる。こうなると「ソーシャルスキル訓練」より，「ソーシャルスキル学習」の語感のほうがなじむように思う。異文化間ソーシャルスキル学習の場合も，母文化の行動を否定して修正するのではなくて，新たな文化での行動の選択肢を増やして，対応できる事態を広げることが目的なので，訓練というよりはやはり「学習」とよぶほうが似つかわしいだろう。

　教育モデルを意識して異文化間ソーシャルスキル学習を実施した例として，田中と中島（2006）がある。AUC-GS 学習モデルと名づけられた枠組みを使った，異文化間教育の実践報告である。文化学習の3段階と，文化的特性に関する2レベルを組み合わせた，計6セルの内容で学習を構成する（表9-1）。文化一般的レベルでの「気づき」（AG セル）は，自文化だけが唯一の文化ではなかったという気づき，文化特異的な「気づき」（AS セル）はこれが〇〇文化か，と特定文化についての気づきをうながす営みをさす。文化一般的な「理解」（UG セル）は，異文化接触に関する一般原則（例：異文化適応の U カーブ仮説など）を知らせること，文化特異的な「理解」（US セル）は，特定文化にまつわる現象を具体的に理解させること（例：間接的な断り方は意思が伝わりにくいなど）をさす。文化一般的な「対処」（CG セル）は，異なる文化の人とつきあうときの一般的な心得をさし（例：できるだけ寛容に接するなど），文化特異的な「対処」（CS セル）は，特定の文化での対応技術を学ぶことをさす（例：この文化のこの挨拶にはこう返礼すべしなど）。異文化間ソーシャルスキル学習は，この CS セルとのかかわりが深いとされている。

　ソーシャルスキルには，文化特定性（culture-specific）の高いものから低いもの，文化一般性（culture-general）の高いものから低いものまでが含まれる。われわれが日常的に使っているソーシャルスキルも，あるものは多くの文化圏で共通であろうし，あるものは日本独特のものかもしれない。「異文化接触場面で使われるソーシャルスキル」を異文化間ソーシャルスキルとよぶとするなら，そこでも，独特の挨拶の仕方など，ある文化で特徴的に使われる文化特定性の強いソーシャルスキルから，言葉のハンディを補う筆談など，異文化間交流の要領である，文

第9章 異文化適応方略としてのソーシャルスキル学習

表 9-1 AUC-GS 学習モデルによる学習内容の整理

		レベル	
		Culture General 文化一般	Culture Specific 文化特定
段階	Awareness 気づき	AG 異文化の存在への気づき	AS 自文化を含む特定文化の存在や影響への気づき
	Understanding 理解	UG 異文化接触一般現象の知識と理解	US 特定文化における適応・不適応現象や特定文化自体の理解
	Coping 対処	CG 異文化接触一般に求められる対応の仕方の原則	CS 特定文化の文化的特徴にかかわる対応の仕方

化一般性の高いソーシャルスキルまでが想定されよう。環境移行者の関心は，新奇な文化特異的ソーシャルスキルに向けられやすいが，それが CS セルの文化学習のニーズになると考えられる。

　AUC-GS 学習モデルは異文化間教育の範囲を整理する枠なので，教育的営みを構想する際には，特定のセルに照準を合わせてもよいし，全セルをカバーしたプログラムをつくってもかまわない。それぞれのセルに対応する，さまざまな教育的営みをシリーズで続けて，全セルを網羅したプログラムをつくったなら，異文化接触の一般論から特定文化への詳細な対応策までを含む教育ができあがる。従来の異文化接触にかかわる教育的試みは，一般原則を認知レベルで察知することに焦点をあてることが多く，個別の対応技術を対象にした学習方略の開発は遅れがちであった。一般論がわかれば個別論にも応用できるだろうという期待から，抽象化された能力の涵養を優先させたと推測されるが，それが個別の文化的知識の取得や具体的な行動の習得を経験まかせにしてしまった面も否めない。AUC-GS 学習モデルのような総合的な枠組みを使えば，認知的な学習から始めて，最後に行動次元での学習に結びつける学習プランがつくりやすい。抽象的で概念的な理解から，具体的な対応策までを導ける教育は，環境移行者にとって実用性が高い。臨床心理の治療にも，単独の治療技法のみでなく，効果がある営みを組み合わせるという，「治療パッケージ」がある。異文化接触に関しても，教育パッケージの考え方は一考に値するのではないだろうか。

　なおゲスト（異文化滞在者）との対人関係をすみやかに形成する，ホスト（受け入れ側）のソーシャルスキルも考えられる。その場合は，さまざまなゲストと

の文化差をこなしていく，異文化接触一般のソーシャルスキルに，より焦点が当てられよう（藤野ら，2006）。本章では異文化滞在者のソーシャルスキル学習に焦点をあてて，以下に述べてみたい。

異文化滞在者にソーシャルスキル学習を提案した研究として，ファーナム（Furnham, 1983）とファーナムとボシュナー（Furnham & Bochner, 1986）が知られている。彼らは在英留学生の社会的困難を調査した。正式のディナーに行く，医者に行くなどの場面をあげ，これらが学習が勧められるソーシャルスキルの領域だとした。そしてその対応策を練習すれば，「ソーシャルスキル訓練」（彼らは臨床領域の研究例にならって「訓練」という呼称を用いている）になると提案した。この質問紙をもとに在日留学生の困難を調べた佐野（1990）は，「行動療法研究」という臨床系の雑誌に，困難の領域を示唆する論文を発表した。しかし対処行動への言及はなく，英国と日本の文化面での差異は探求されていない。医学モデルと教育モデルの区別や，対処行動の詳細，ソーシャルスキルの文化差については，まだあまり注目されていなかったといえる。

在米日本人高校生を取り上げた八島と田中（1996）は，面接や自由記述による調査から項目を起こし，高校生の日常生活に密着したソーシャルスキルのリストとして示した。相手の服装や持ち物をほめる，親切に対して感謝の言葉を言うなどの行動があがっているが，具体的な言い回しは例示されていない。共分散構造分析の結果から，「語学力」は直接にではなく，「ソーシャルスキル」のパフォーマンスを介して，「適応」の向上に結びつくと述べている（Yashima & Tanaka, 2001）。これはスキル獲得による適応機制を示唆する結果といえる。八島と田中（1996）で，ファーナムとボシュナー（Furnham & Bochner, 1986）の英国の調査とは異なる場面があがっていることは，対象者の母文化や滞在先文化，生活パターンによって必要なソーシャルスキルも異なることを示唆していよう。

実践報告は少ないが，ファーナムの提案を意識して，異文化接触一般に必要な能力の涵養を試みた研究がある。異文化滞在者がホストを相手に，身近な問題や困難を言語化して対話するという"intercultural skills training"が，在オーストラリアの米国人やカナダ人を対象に試みられている（Baker et al., 2005）。ここでは対象者もホストも西洋文化圏に属し，言語や意思疎通スタイルに共通性をもつためか，コミュニケーションスタイルの文化特異性は特に意識されていない。

総じて文化間距離が遠いほど，文化特異性が意識されると予想される。かつて筆者は米国人と一緒に，在米アジア人学生を対象にアメリカン・ソーシャルスキルを教えてみたことがある（田中，1994）。参加者は，英語で詳細に言語化して明確に意

思表明する行為を,「アメリカ文化に特異的なもの」と受け止めていた。特定の行動が文化特異的か文化一般的かの判断は,文化間の組み合わせしだいと思われるが,少なくとも欧米的な異文化対処の知恵がユニバーサルとは限らないだろう。

第3節　異文化間ソーシャルスキル学習セッションの手引き

　筆者らは在日留学生の対人行動上の困難や,留学生と日本人による異文化葛藤の対処方略について,質的調査と質問紙調査を行なった結果をもとに,ソーシャルスキル学習の実験的セッションを構成してみた。在日留学生は出身国が多岐にわたるが,日本文化への対応という目的は共通している。セッション形態は,臨床心理分野での生活技能訓練（Liberman et al., 1975; Liberman et al., 1988; Liberman et al., 1989）や,スキルストリーミング（Goldstein et al., 1980）になった。パフォーマンスの評定は,ベッカーらのソーシャルスキル訓練（Becker et al., 1989）をもとに作成した。グループの指導技術の習得には,臨床系の学会や団体によるソーシャルスキル訓練の講習会やビデオ教材（SST 普及協会,制作年未詳; Lieberman, 1994; Gateway Scool of New York, 1991）が役立った。以下にその要領をまとめてみよう。

1. ゲームの設定と準備
(1) 設　定
　"Introduction to Japanese Behavior" "日本人の対人行動" "日本人との交流" "日本人とどうつきあうか" など,一般向けの題を設定するとわかりやすい。「講義だけではなくて,実技を取り入れて,実際にどうするかを考え学びます」と述べ,実習形式だと伝える。目的は日本人の行動を誤解なく理解し,自分の意図も誤解なく伝えることができるようになること,相互理解をしながらつきあいを深めていくこととする。文化特異的なソーシャルスキルを中心に,日本人との異文化交流のための技術を理解し,試行の機会を提供するものとして設定する。

(2) 構成員
　ファシリテーター（指導者）1人。コ・ファシリテーター（補佐役）数人（い

なくてもよいが，記録や会場設定の補助等に便利）。参加者は 5 〜 15 人程度がやりやすい。より多人数の場合は，講義は集団でもロールプレイを小グループに分けるとよい。

(3) 会　場

椅子を人数分 + α（椅子は物置き台や小道具にもなって便利），ホワイトボードとペン。円形に向き合って座る。ロールプレイ記録用ビデオと再生用モニターを部屋の隅に設置（なくてもできるが，演技のふり返りや記録に便利）。設定例を図 9-1 に示した。

(4) 準　備

初対面どうしなら名札があると便利。ロールプレイの小道具として，空箱（プレゼントや本に見立てる等），空ペットボトル（飲み物に見立てる等），紙コップ（飲食場面用），机(オフィスや家庭の演出用)などを適宜。アセスメント，パフォーマンス評定，記録等の用紙は，研究的セッションには必須だが，なくてもセッション自体はできる。

(5) 教　材

文化的行動の解説用に，日本文化の資料があると便利。日本人参加者の意見も，生きた教材になる。ロールプレイ場面を説明するときは，ビデオ，絵，黒板での

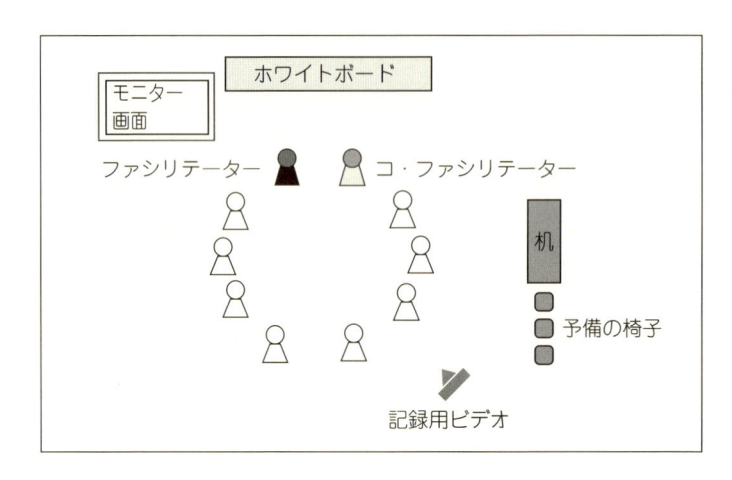

図 9-1　セッション会場の設定例

図解，実演などの方法を使う。筆者らは，行動解説用と場面説明用のビデオ教材を自作した。

(6) 使用言語
　参加者の理解可能な言語。在日留学生なら日本語や英語だが，片方しか理解できない者が混じっていれば，時間はかかるが日英語を併用する。

2. セッション手続き
(1) 導　入
　セッションの流れを図9-2に示した。導入部は，挨拶や自己紹介となる。雰囲気をほぐしながら，やり方を説明する。自己評定尺度で，現在の状態の把握や，

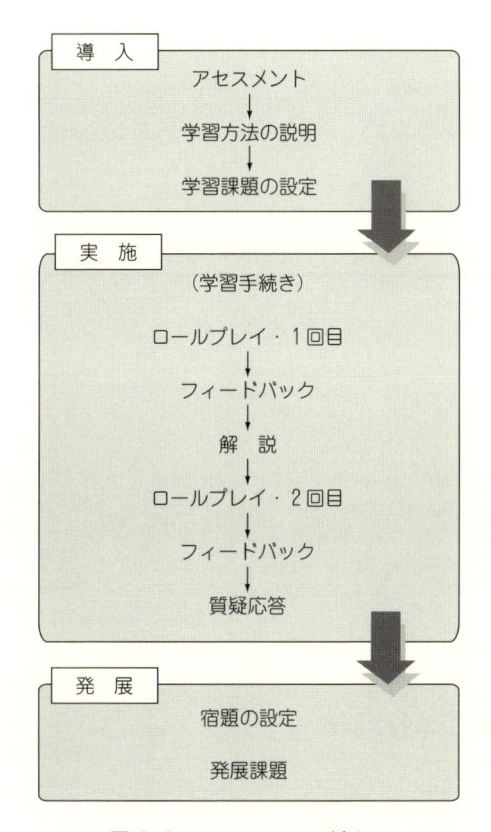

```
導　入
  アセスメント
    ↓
  学習方法の説明
    ↓
  学習課題の設定

実　施
  （学習手続き）
  ロールプレイ・1回目
    ↓
  フィードバック
    ↓
  解　説
    ↓
  ロールプレイ・2回目
    ↓
  フィードバック
    ↓
  質疑応答

発　展
  宿題の設定
  発展課題
```

図9-2　セッションの流れ

学習ニーズの確認をしておくと便利である。セッション前後に適応度評定をしておくと，セッション効果の検出に活用できるので，ソーシャルスキルの実施度，文化的態度，学習希望項目などを尋ねる用紙を用意するとよい。研究目的でない場合は，セッション自体の記録だけして，評定は省略することも可能。

(2) 学習方法の説明

社会的行動を学習することの意義を，わかりやすく説明する。

「どこの地域でも，社会的文脈の中で行動が選択されています。行動のパターンには文化的背景があって，それを知らないと，相手の意図を誤解してしまうかもしれません。また相手にとって未知の行動パターンで表現したなら，あなたの本当の気持ちを正確に受け取ってもらえるとは限りません。母文化の行動をとる場合は，それが相手にどう受け止められる可能性があるかを知っておきましょう。人と人との関係を育てるには，文化的背景を含めた相互理解の努力が大事です」と伝える。

学ぶ方法としては，「解説を聞いただけで，行動できるとは限りません。また言い回しを暗記しただけでは，どの場面で使ったらよいのかまではわかりません。行動して相手の反応を得てみて，初めてその行動がその社会でどのように機能するのかが実感できるでしょう。日本人の対人行動に関心があり，日本人でよくみられる交流の要領を知りたいというみなさんには，社会的文脈の判断の仕方や行動の選択のポイントを知る，行動を模擬的にやってみる，という順に試していく文化学習の方法を紹介しましょう」と説明する。

「教室で学習しておけば，現実場面で行動の選択という自由を得られます。知らなかったり，やり方がよくわからなかったりすれば，事実上選択肢はなくなってしまうでしょう」と，学習しておく利点を述べる。

最後に「セッションやロールプレイへの参加は，興味にもとづく自由意思です。教室では試しにやってみる機会を提供するにすぎません。現実の場面では，行動のもつ意味を知ったうえで，自分でどうするかを選んでください」と述べて，現実の行動は本人の自由意思にもとづくことを確認する。

(3) 学習課題設定方法の2形式

A 自由課題形式

「日本人とのつきあいで，困ったことや不思議に思ったことがあったら，あげてみてください」と尋ねて自由に言ってもらい，学習の題材として活用する。い

わば「その場での取材」方式。問題が比較的クリアで，文化的な行動パターンとして理解できそうな場面で，かつ対処行動を小分けにして練習できそうなものを選ぶ。たとえば「コンパに行ったらビールをつがれそうになった。飲みたくないけど，どうしたらよい？」「お辞儀されたけどどう返せばよい？」などが出たら，「ゼミで飲みに行ったときのコミュニケーション」「ホストファミリーとの初対面時の挨拶」といった具体的な課題場面として使う。前者は「ビールをつがれるとき」「つぎ足しを断るとき」などに分けて，なめらかなやりとりを練習する。後者なら「笑顔」「お辞儀」「挨拶の言い回し」などに分ける。意見は自由に挙手してもらったり，順番に言ってもらったりする。意見はホワイトボードに整理していく。この方法はニーズに即応できて臨機応変だが，適切な場面が出るまで時間がかかったり，ファシリテーターが慣れるまでは場面の選択や行動の分割の仕方に迷うかもしれない。

B 選択課題形式

設定した課題領域から選択してもらう。いわば，「事前準備」形式。構造化して教材を提供しやすいのが利点。たとえば，「在日外国人留学生の対人行動上の困難」（田中・藤原, 1992; 田中, 1991）にある，以下の6領域24下位カテゴリーを説明し，どの困難への対応策を学びたいかと尋ねる。間接性（直接性の回避，弱い主張性，細やかさ，事実と言うことの食い違い，調和の尊重），通念（挨拶，社交的おつきあい，儒教的上下関係，社交辞令，義理，規則遵守），開放性（おおらかな表現のなさ，慎ましい自己表現，楽しみの少なさ，禁欲的まじめさ，慎重な人づきあい），異性（異性への消極性，異性関係の解放度，女性に対するマナー），外国人（外国人の回避，外国人への対応の不慣れ，西洋や英語圏への注目過多），集団（周囲への同調，同質さへの配慮）である。「在日留学生はこのようなことが日本人とおつきあいするときに難しい，わからない，とよく言います。このような行動に気づいたことはありますか。自分もやってみたことはありますか。試しにやってみたいものはどれですか……」などと尋ねる。要望が多いものを優先し，やさしいものから始める。ロールプレイ用の課題を，何通りか用意しておくと便利である。たとえば「間接的な断り」には，「興味のない映画の誘いを断る」「翻訳を頼まれたが宿題があるので断る」などが考えられる。言い回しや行動の要領も，前もって考えておくと説明しやすい。

学習例を表9-2に示した。表中の項目に対応させた，場面設定の例を以下にあげる。

1-①「翻訳を頼まれたが断りたい」「映画に誘われたが断りたい」

表 9-2 日本における異文化間ソーシャルスキル学習内容例（田中・藤原, 1992 をもとに作成）

モジュール	技能分野	練習する行動	背景の認知的理解
1. 表現の周接性を使いこなす	①直接的表現を使わない拒否の伝達	周接的な表現で断りを示唆	非言語的な表現の察知
	②適度に主張する	主張性を和らげ穏やかに表現する／非言語的表現を活用する	主張や批判の場の選択／相手の意見の傾聴
	③相手に配慮する	柔らかく響く表現を補う／本音と建て前表現の使い分け	相手の要望や感情の察し
2. 社会通念にのっとった行動をとる	①礼儀にかなった挨拶をする	おじぎなどの礼を行なう／相手を適切な呼称で呼ぶ／初対面の挨拶をする	
	②社交をする	礼儀にかなう方法で飲食する／飲み会をこなす／訪問や招待をする	社交辞令の弁別
	③上下関係に配慮する	先輩と接する／目上の人に適切な言葉遣いをする	背景の儒教的規範の理解
	④義理や恩に対応する	お礼を言う／贈り物やお返しをする	
	⑤社会のマナーを守る	公共の規則を守る	周囲の迷惑への配慮
	⑥社会的な品格に配慮する	遠慮する，謙遜をする／潤滑油として謝罪表現を使う	相手の体面や負担に関する推測
3. 開放性とまじめさのバランスをとる	①適度な自己表現をする	状況に合わせた声の大きさ／オーバーすぎない感情表現／適度な接触・視線・距離	微妙な表現の解読
	②仕事に期待されるまじめさを示す	集合時間・勤務時間への配慮／適度なレクリエーションへの配慮	行為の精神的な意味あいの理解
4. 異性や同性と適切なつきあいかたをする	①異性と違和感のない接し方をする	言葉や話題を適切に選ぶ／公共の場に違和感ない態度	異性との個人的関係のゆっくりとした進展
	②流儀の違いに配慮する	互いの意思や解釈を確認	
	③同性と楽しくすごす	誘いあって一緒に出かける	同性交友の意味の理解
5. 日本人に外国人として扱われることに対応する	①自分から近づく	自分からきっかけをつくる	適切な相手の選択
	②会話を展開する	会話の決まり文句をこなす／なるべく日本語を用いる／質問してみる／相手の反応に話題を選択する／いやな質問をうまくかわす	日本人の陥りがちな会話パターンの原因の理解
	③言葉のハンディと文化的な差異への対応	不明なことは確認をとる／ハンディを話して援助を依頼／自分のやり方を説明する	相手に合わせた態度の選択
	④日本人の過剰な親切に対応する	遠慮をする／お礼をする	語学コンプレックスや歴史的事情などの背景を理解
	⑤日本人の偏見に対応する	効果的に説明する	異文化への心理的反応パターンの一般的知識
6. 集団行動の規範と折り合う	①周囲を尊重する	周囲の確認をとる／配慮をする	集団の機能の理解
	②共同歩調をとる	周囲を観察し同じようにしてみる／自分の意見の言い方を工夫する	個人を尊重する工夫の理解／バランスをとる努力

2-①「指導教官の部屋を訪問して勉強方法について相談する」
2-②「訪問して嫌いなお茶菓子を出される」「研究室の人たちとコンパに行って楽しむ」「ホストファミリーの家で新年会に参加する」
2-⑥「高価そうな膝掛けをくれるというのを遠慮する」
5-②「外国語が苦手な日本人に道を尋ねる」「年齢を聞きたがる日本人の質問をさりげなくかわす」
5-③「学生食堂でよくわからないメニューについて近くの学生に尋ねる」「授業でわからないことがあったら聞いてよいかと尋ねる」「食べられないものがあったとき食習慣の違いを説明して理解してもらう」
5-⑤「納豆食べられますか、など典型的な質問をくり返す日本人に対応する」
6-②「みんなが二次会に行くとき違和感なく抜ける」

(4) 学習の手順

　ロールプレイ方式で、実演を通じて要領を学ぶことを説明する。「場面設定を説明しますから、何人かの人に、寸劇方式で自分ならこうするだろう、というのを自由にやってみてもらいましょう。お相手はこちらの〇〇さんがします」と課題状況を説明する。たとえば「言葉のハンディを補う」という課題なら、「あなたは駅への道を聞きたいと思っています。向こうから日本人が歩いてきます。どう声をかけて、聞きたいことを聞きますか？」と問う。コ・ファシリテーターや参加者に、前方から歩いてくる日本人の役をやってもらい、ファシリテーターは迷いながら近づく留学生の役をやり、2人が出会う直前で止まる。そして「自分がこの留学生役だったらどうしますか？　では〇〇さん、やってみますか？」などと誘い、代わって自由に続きを演じてもらう。演じ手は、挙手で募っても、順番に回してもよい。

　相手役には、自然な感じで対応してくれるよう頼む。演技が終わるごとに、「はい、拍手！」とみんなで拍手をしてねぎらい、楽しく肯定的な雰囲気にする。続いて、「今やってもらったやり方の、"よかった点"を探してください」と尋ねる。肯定的フィードバックをもらって、正の強化とするのが目的。批判ではなく、よいところをみつけてもらうことで、受容的な試行錯誤の雰囲気をつくる。「自由に試しやすくするため、ほめることを基本にします。ここがだめ、という言い方は避けましょう」とうながす。たとえば、「最初にスミマセンと日本語で声をかけたのがよかった」「笑顔が親しみやすい」などの意見が出たら、ホワイトボードに整理していく。よい点が十分あがったら、コ・ファシリテーターや日本人参

加者，他の外国人参加者に，改善点の意見を募る。教示としては，「相手役として，どうでしたか？　どんなところがやりやすかったですか？」「さらにこうしたら話しやすいかも，ということはありますか？」などと尋ねる。たとえば，「筆談や地図を使ったら効果的では」「単語だけでもいいから日本語をまぜると緊張が和らぐのでは」「身ぶりを入れたらわかりやすくなる」などの助言が出てきたら，それらと用意しておいた項目を合わせて，「外国人から話しかけて，道を尋ねていくときの工夫や要領」をまとめて示していく。板書したり，説明を書いた紙を貼ったり，説明のビデオをつくっておいて見せたりするとよい。

　要領が理解できたら，モデリング（見本をまねること）のために，コ・ファシリテーターなどに，行動の要領を実際に演じてもらう。模範演技を入れた教材ビデオをつくっておくのもよい。教示は，「では今言ったようなやり方で，やっている例を見てみましょう」などと言う。続いて再度ロールプレイをする。教示は，「では要領がわかったところで，もう一度やってみませんか」とうながす。希望者からでも順番でもよい。その後は"向上した点"を他の参加者から指摘してもらい，正の強化とする。教示としては，「最初と比べて，ここがうまくなっているな，と思ったところを言ってくれますか？」と聞く。本人にも，「自分としては，1回目と比べて，どうですか。どうやってみようと思いましたか？　次はどうしたいですか？」などと聞く。意見はホワイトボードに整理していく。希望があれば，さらにロールプレイをしてもよい。他者の演技を見ることは，観察学習として役に立つ。ビデオテープでロールプレイを記録して再生すると，演技をリアルにふり返ることができる。研究的セッションなら，ロールプレイのビデオ記録が評定用のデータにもなる。演技は個人単位でもグループ単位でも，場面に合わせて編成する。たとえば「お酒のある場でのコミュニケーション」の練習として，「みんなでコンパに行く」という課題場面なら，指導教員，幹事，先輩，居酒屋の店員などの役を割り振って数名で演技する。ペットボトルやコップで，乾杯の練習などをする。

　最後に質疑応答の時間を設ける。現実への適用にかかわる質問，発展的な場面への対応，日本語の言い回しなど，自由に尋ねてもらう。日本人参加者などから参考になる意見を聞きながら，ファシリテーターがまとめていく。

(5) 宿題の設定

　現実場面で試す機会を探し，習ったスキルを実施してもらう。行動の般化をうながすのが目的。セッション時に宿題計画用紙（何をいつするかなどのプラン）

に記入し，次回に宿題報告用紙（いつどれをやり，どのくらいうまくできたかなど）で報告すると便利。

(6) 発展課題

時間の余裕があれば，「自文化紹介課題」や「ホスト側の対応の練習」などができる。

第4節　適用研究例：多文化集団における異文化間ソーシャルスキル学習に関する心理教育的セッションの試み

1. 目　的

異文化対応能力を向上させるための行動レパートリーの拡充をめざして，「異文化間ソーシャルスキル学習」のセッションを実施し，パフォーマンスの向上と認識の変化を確認する。以下では田中（2002a, 2002b），田中と中島（2004）より抜粋して報告する。

2. 方　法

(1) セッション設定

題：留学生向けの授業の一環で，"Introduction to Japanese Behavior"と題した。
対象者：大学の学部留学生12名。全員来日1年以内。英語と日本語が同じくらい得手の者2名，他は英語のほうが得手な者である。出身地域は北米，欧州，東南アジア，東アジア。日本人学生も数名参加。
使用言語：日本語と英語を併用。
スタッフ：司会進行役ファシリテーター1名。日本人学生がコ・ファシリテーター役を務めた。
時期：2001年11〜12月，1回90分×週1回×3週間。
課題の設定：どのような日本のソーシャルスキルを学びたいか1人ずつ尋ね，希望を入れながら個人場面3個，集団場面1個を設定した。毎回1〜2場面を学習した。機会があれば実際に試用することを宿題とした。
課題場面：I "訪問" ＝訪問して嫌いなお菓子を出される。II "遠慮" ＝もらい物を遠慮してから受け取る。III "飲酒" ＝お酒を飲みながらコミュニケー

ションする。IV "間接的断り" ＝翻訳を頼まれるが，間接的に断る。上記のうちIIIのみ集団場面，他は1対1の場面として練習した。

教材：アセスメント用紙，パフォーマンス記録用紙，宿題報告用紙を用意した。模範演技を録画したビデオテープと文化的背景を説明したビデオテープは，学習希望の多い課題を想定して，用意しておいたものから選んで，場面を再生した。

会場：長机をコの字型に配し，外側に椅子を置いて空間を囲み，着席位置は自由。開いた辺には黒板，ビデオモニター，ファシリテーターの立ち位置。真ん中の四角い空間でロールプレイをした。ビデオ撮影機材は会場の後方の端に設置。演技用小道具は箱，コップ，ペットボトル，椅子。

(2) セッション手続き

導　入
① セッションの目的と方法の説明。
② 異文化適応への対人関係形成の役割の講義。
③ 異文化間ソーシャルスキルについて解説。
④ スキルの学習希望の聞き取り。
⑤ スキルパフォーマンスのアセスメント。
⑥ セッションの具体的手続きと宿題のやり方の説明。

学習手続き
① 設定場面を説明。課題場面のビデオテープを再生し，画面を停止。
② 日本人を相手に1人ずつ自由にロールプレイ（録画記録）。
③ 文化的背景や行動の要領の録画されたビデオを再生。模範演技のビデオを再生。説明と質疑応答。
④ 2度目のロールプレイ（録画記録）。
⑤ 相手役の日本人にパフォーマンスの感想・評価を尋ねた。
⑥ 留学生は，自己評定用紙を用いて自分のパフォーマンスをふり返った。

発展課題
　　最終回に実施。文化行動の相対化のため，「自文化のソーシャルスキルを1つ取り上げて，自国を訪問する予定の日本人にそれを紹介して学習してもらう課題案」を作成してもらった。

宿　題
①「習った行動を実践するという宿題をやってみよう」と初回に説明。セッショ

ンの合間に適宜実施してもらった。
② 最終回冒頭に，宿題報告，報告へのコメントと質疑応答。
セッション評価
　最終回に，セッション全体をふり返って評価してもらった。

(3) 記録用紙

　留学生参加者によるセッション記録，宿題報告，自文化紹介，セッションの評価は，自己評価式の書き込み用紙を用いた（図9-3）。日本人学生には，感想を自由記述してもらった。

(4) パフォーマンスの他者評定

　手続き：セッションにおける1回目と2回目のロールプレイのパフォーマンスを，日本人大学生・大学院生38名（男性18名，女性20名）に，ビデオ記録を再生して評価してもらった。

　評定用紙：各場面で解説されたソーシャルスキルの要点をもとに，パフォーマンスを構成する細かい行動を評価する5項目（ミクロ評定項目），パフォーマンス全体の印象を評定する5項目（マクロ評定項目），計10項目について4件法（まったく当てはまらない：1〜非常に当てはまる：4）で評定。2種類の評定はベッカー（Becker et al., 1989）にならった。ミクロ項目は行動の詳細を意味するので各場面ごとに異なり，マクロ評定項目は全体の印象なので全場面共通。ミクロ項目は，対人行動上の困難への対処方略に関する予備調査（田中, 1992; 田中ら, 1993）および日本的な行動を解説した一般書籍類をもとに設定し，セッションにおける要領の解説内容と対応している。具体的なミクロ項目としては以下のことがあげられた。"訪問"では，「直接的な言い方をしていた」（逆転項目），「相手の感情を尊重していた」「感謝の気持ちがこもっていた」「否定的な感情を示していた」「嫌いなお菓子であることが感じ取れた」。"遠慮"では，「驚きを示していた」「ためらいを示していた」「一度軽く断っていた」「もらい物をすることについてあやまっていた」「本当にもらってよいか確認していた」。"飲酒"では，「座る位置を考えてから座っていた」「お酒を注いでもらっていた」「目上の人へ先にお酒を注いでいた」「グループの雰囲気はよかった」「グループで上手にコミュニケーションした」。"間接的断り"では，「ノーと言わずに断る意思を伝えていた」「はっきりした返事を避けていた」「先に理由を示唆

セッション記録(各課題ごと)
① 1回目と2回目を比べてどこが違いますか？
　(1) 自分のパフォーマンス
　(2) 自分の気持ち
② 2回目のとき，どのようにしようとしましたか？
③ 3回目ができるなら，どのようにしたいと思いますか？

宿題報告(各課題ごと)
① いずれかのスキルを実施する機会がありましたか？
② ある場合
　(1) それはどれですか？
　(2) そのときの社会的文脈は？　あなたはどうしましたか？　あなたがそのスキルを使ったら，何が起こりましたか？　どう感じましたか？　あなたのコメントを記してください。
　(3) そのスキルをどのくらいうまくやれましたか？
　　(大変よい・よい・まあまあ・うまくない)
　(4) 次の機会にはどうすべきだと思いますか？
③ ない場合
　(1) 日本でかつて似たような状況に出会ったことがありますか？　あれば例をあげてください。
　(2) もし機会があったらどのようにしますか？

自作のソーシャルスキル学習プラン "Introduction to ○○ culture"(発展課題)
① 目標とする行動
② 解説
③ 小段階　(1)　(2)　(3)　(4)
④ 学習のための状況例

セッション全体評価(セッション終了時)
① このクラスで何を学びましたか？
② ここで得たものを日本生活でどう使おうと考えていますか？
③ また学習の機会があったら何を学びたいですか？
④ あなたの出身文化と比べて社会的文脈における対人行動に関して，最も興味深い違いだとあなたが思うものは何ですか？　それを日本人の人にどう説明しますか？
⑤ クラスの感想を書いてください。

図 9-3　セッションにおける記録用紙の項目例

してから断った」「消極的な態度を示していた」「相手の気持ちに配慮していた」。またマクロ項目としては，「確信・自信をもってやっていた」「受け答えは自然であった」「自然な流れの中でやりとりできていた」「日本人的な態度であった」「態度に好感がもてた」などがあげられた。

(5) 学習の自己評定
　手続き：評定用紙に記入されたコメントについて内容分析をする。

3. 結果と考察
(1) パフォーマンスの他者評定
　各評定項目の値の変化，ならびに評定項目を場面ごとに因子分析してから，因子ごとの項目の平均値の変化をみた。"訪問"では，ミクロ項目（感謝の表現），マクロ項目（日本人的）とも1項目ずつしか有意に向上していない。因子でみても，「日本的間接性」因子（非直接的，日本人的）の向上のみが有意であった。つまり，日本的な礼の実行がより行なわれたものの，ぎこちなさが残って意図を十分に伝えられず，好感の向上にまで結びつかない。一方"遠慮""飲酒""間接的断り"では，ミクロ項目がすべて有意な向上を示した。マクロ項目も"遠慮"で3項目（自然な受け答え，自然な流れ，日本人的，好感），"飲酒"で4項目（自信・確信，自然な受け答え，日本人的，好感），"間接的断り"で3項目（自然な流れ，日本人的，好感）が有意に向上したが，"間接的断り"では1項目（自然な受け答え）が想定と逆に有意に低下した。総じてミクロ項目を実施すると日本人的な印象が高まり，全体に自然感と好感が向上しているといえよう。学習した行動が現実場面に般化すれば，対人的相互作用への肯定的影響が期待される。日本的な行為が行なわれることと自然な好感とが乖離した"訪問"は，自然さの評定が低いことから，行動の完成度を高めるさらなる練習が必要とも解せる。また日本的印象と好感は別因子に属していたので，日本的なふるまいとは別次元で好感を判断している可能性も考えられる。向上がみられにくいことからは，難易度の高さや複雑さが示唆される。

(2) パフォーマンスの自己評価
　ロールプレイは2回目のほうが，緊張や困惑の低減，リラックス，確信，自信の増加，安心感を報告している。行動がより子細で的確になった，文脈への違和感のないものになったなどと，行動の意味や影響力を認識したとする記述がみら

れる。「1回目はやむをえずとった行動をしたが，2回目には行動の選択肢が増えた」（行動の自由の獲得），「2度目のほうが相手を傷つけずに言えた」（相手を尊重したコミュニケーション）などがある。習った行動を実施する機会が，現実にあった者は60.0%，1人1〜3種類で，飲み会の要領の実践が多かった。「こうしたらおいしく食事ができた」「過去の私は不作法だった」「（みんなの行動が奇異でなく）普通に感じた」「次はもっと礼儀正しくやってみたい」「機会を見つけてやってみたい」などとふり返っている。行動とその背景を知れば使うことの興味と関心が芽ばえ，スキルを使うと反応が確認でき，自信や安心をもって暮らす1つの方法として機能しはじめると推測される。「自国のソーシャルスキル紹介」は，賛辞への返事のパターンや，偶然知り合いに会ったときの挨拶，先生と学生との食事会，"飲み"の場面などがあった。「日本と比べた場合の自国の社会文化的文脈における対人行動の文化差」には，日本的な間接性と自文化の率直性の比較などがあった。「このクラスで何を学んだか」には，「日本の社会的な状況での立ち居ふるまいがわかった」「遠慮についての感じがつかめた」「よく知らなかった，いくつかの状況に合わせた適切な行動について学んだ」「日本で日本人と一緒に和やかに食事する方法を学んだ」「日本人がどのようにしてしたくないことを断るか，どのようにしてものを受け取るかを学んだ」などが記された。今後は，「授業で学んだことを覚えておきたい」「できるだけ使っていきたい」「自信をもって他の人の家に行ったりできるようになったと感じる。誰かに断るときは相手の気持ちを傷つけないようにしたい」などと，実践意欲が高い。「感謝の示し方」「誰かを招待したとき」なども学びたいと記している。今回測定した反応はセッション終了直後のものなので，今後はフォローアップ時の効果の把握が課題である。

(3) まとめ

感想の自由記述をみると，「実用的だ」「刺激になった」「興味深い」とロールプレイによる学習を楽しむようすがみて取れる。難点としては，演技のくり返しが煩雑という指摘があったが，実験の記録用にくり返しが多かったためと思われる。参加者はよく笑い，リラックスしていて雰囲気は楽しげだった。楽しみながら学べる「ゲーム」的セッションの効用であろう。文化的な狭間にある特別区として，認知と行動の「お試し感覚」が許される，いわば文化的な緩衝空間で行なわれる試行であることに，少なからぬ意味があるように思われる。

引用文献

Baker, M., Mak, A., Troth, A., Woods, P., & Lund, D. 2005 Intercultural skills training in Australian higher education and community contexts. *Handbook of 6th biennial conference of the Asian Association of Social Psychology*, 56.

Becker, R. E., Heimberg, R. G., & Bellack, A. S. 1989 *Social skills training treatment for depression.* New York: Pergamon Press. 高山　巌（監訳）　1990　うつ病の対人行動療法　岩崎学術出版社

藤野瑠弥・田中共子　2006　ホームステイ場面におけるソーシャル・スキル：在日留学生とホストファミリーの視点から　留学生教育, **11**.

Furnham, A. 1983 Social difficulty in three cultures. *International Journal of Psychology*, **15**, 215-218.

Furnham, A. & Bochner, S. 1986 *Culture Shock.* London: Methuen & Co. Ltd.

Gateway School of New York 1991 Gateway social development program. 上野一彦（監修），名越斉子・森 洋子（訳）　1993　LDのためのソーシャルスキルトレーニング：ゲートウェイ社会性開発カリキュラム（ビデオテープ，手引き書）　日本文化科学社

Goldstein, A. P., Sprafkin, R. P., Gershaw, N. J., & Klein, P. 1980 *Skill streaming the adolescent: A structured learning approach to teaching prosocial skills.* Illinois: Research Press.

Lieberman, R. P.（オリジナル版監修）／安西信雄・池渕恵美（日本語版監修）　1994　自立生活技能（SILS）プログラム・モジュール編2・基本会話モジュール（ビデオ）　丸善株式会社

Liberman, R. P., DeRisi, W. J., & Mueser, K. T. 1989 *Social skills training for psychiatric patients.* Oxford: Pergamon Press. 池淵恵美（監訳）　1992　精神障害者の生活技能訓練ガイドブック　医学書院

Liberman, R. P., Jacobs, H., Boone, S., Foy, D., Donahoe, C. P., Fallon, I. R. H., Blackwell, G., & Wallace, C. J.（著）／中込和幸・福田正人・平松謙一・丹波真一（訳）　1988　分裂病患者の社会適応のための技能訓練　精神医学, **30**, 229-239.

Liberman, R. P., King, L. W., & DeRisi, W. J. 1975 *Personal effectiveness: Guiding people to express their feelings and improve their social skills.* Illinois: Research Press.

佐野秀樹　1990　異文化社会への適応困難に関する研究：社会場面に関する分析　行動療法研究, **16**, 37-44.

SST普及協会（監修）　制作年未詳　生きる力を創る：SSTの理論と実際（ビデオ全3巻）　ジエムコ出版株式会社

田中共子　1991　在日留学生の文化的適応とソーシャルスキル　異文化間教育, **5**, 98-110.

田中共子　1992　日本における対人関係面の適応のための異文化間ソーシャル・スキ

ル：異文化環境で在日留学生が用いた対人関係の形成・維持・発展に関する方略　広島大学留学生センター紀要, **3**, 53-73.

田中共子　1994　アメリカ留学ソーシャルスキル：通じる前向き会話術　アルク

田中共子　2002a　異文化間ソーシャルスキル学習の実験的セッションに関する研究ノート(1)：パフォーマンスの自己評価記録から　岡山大学文学部紀要, **37**, 97-108.

田中共子　2002b　異文化間ソーシャルスキル学習の実験的セッションに関する研究ノート(2)：課題の実施とセッションの評価　岡山大学文学部紀要, **38**, 77-87.

田中共子・高井次郎・神山貴弥・藤原武弘　1993　在日留学生に必要なソーシャル・スキル　情報行動科学研究・広島大学総合科学部紀要Ⅲ, **17**, 87-99.

田中共子・中島美奈子　2004　異文化間ソーシャルスキル学習の実験的セッションに関する研究ノート(3)：パフォーマンスの変化に関する他者評定　岡山大学文学部紀要, **41**, 19-29.

田中共子・中島美奈子　2006　ソーシャルスキル学習を取り入れた異文化間教育の試み　異文化間教育, **24**, 28-37.

田中共子・藤原武弘　1992　在日留学生の対人行動上の困難：異文化適応を促進するための日本のソーシャルスキルの検討　社会心理学研究, **7**(2), 92-101.

八島智子・田中共子　1996　ソーシャル・スキル訓練を取り入れた英語教育：アメリカに留学する日本人高校生を対象として　異文化間教育, **10**, 150-166.

Yashima,T. & Tanaka, T.　2001　Roles of social support and social skills in the intercultural adjustment of Japanese adolescent sojourners in the USA. *Psychological Report*, **88**, 1201-1210.

編者紹介

藤原武弘（ふじはら・たけひろ）

1946年	大阪府に生れる
1973年	広島大学大学院教育学研究科博士課程中退
現　在	関西学院大学社会学部教授（博士（心理学））
主　著	態度変容理論における精査可能性モデルの検証　北大路書房　1995年
	社会心理学（編著）　培風館　1998年
	社会的態度の理論・測定・応用　関西学院大学出版会　2001年
	個人主義と集団主義（編訳）　北大路書房　2002年
	芸術心理学の新しいかたち（共著）　誠信書房　2005年
	観光の社会心理学（共著）　北大路書房　2006年

執筆者一覧

藤原武弘	編者	第1章第1節，第3節
池内裕美	（関西大学社会学部）	第1章第2節
中里直樹	（関西学院大学大学院社会学研究科）	第1章第3節
森久美子	（関西学院大学社会学部）	第2章
小杉考司	（日本学術振興会特別研究員（ＰＤ））	第3章
岡本卓也	（関西学院大学大学院社会学研究科）	第4章
加藤潤三	（大阪国際大学）	第5章
野波　寛	（関西学院大学社会学部）	第6章
中川典子	（流通科学大学サービス産業学部）	第7章
前村奈央佳	（関西学院大学大学院社会学研究科）	第8章
田中共子	（岡山大学大学院社会文化科学研究科）	第9章

人間関係のゲーミング・シミュレーション
―共生への道を模索する―

| 2007年3月20日　初版第1刷印刷 | 定価はカバーに表示 |
| 2007年3月30日　初版第1刷発行 | してあります。 |

編著者　藤　原　武　弘
発行所　㈱北大路書房
〒603-8303　京都市北区紫野十二坊町12-8
電　話　(075) 431-0361 ㈹
Ｆ Ａ Ｘ　(075) 431-9393
振　替　01050-4-2083

©2007　制作／T. M. H.　印刷・製本／創栄図書印刷㈱
検印省略　落丁・乱丁本はお取り替えいたします
ISBN 978-4-7628-2548-4　　Printed in Japan